하루 한 장 공부 습관을 기르는 **학습 계획표**

1권	주제	진도	학습 계획일	목표 달성도
1 선사 시대와 고조선	역사란 무엇일까?	1주 1일	월 일	☆☆☆☆☆
	구석기 시대 사람들은 어떻게 생활하였을까?	1주 2일	월 일	☆☆☆☆☆
	신석기 시대 사람들은 어떻게 생활하였을까?	1주 3일	월 일	☆☆☆☆☆
	청동기 시대에 사람들의 생활 모습은 어떻게 달라졌을까?	1주 4일	월 일	☆☆☆☆☆
	고조선 건국 이야기에 숨겨진 이야기가 있다고?	1주 5일	월 일	☆☆☆☆☆
	우리 겨레의 첫 나라, 고조선은 어떤 모습으로 발전하였을까?	2주 1일	월 일	☆☆☆☆☆
	고조선 사람들은 어떤 삶을 살았을까?	2주 2일	월 일	☆☆☆☆☆
	철기의 사용으로 나타난 변화는 무엇일까?	2주 3일	월 일	☆☆☆☆☆
	철기 문화 위에 꽃핀 여러 나라를 살펴볼까?	2주 4일	월 일	☆☆☆☆☆
	도전! 한국사능력검정시험	2주 5일	월 일	☆☆☆☆☆
2 삼국의 성장과 발전	고구려를 세운 사람은 누구일까?	3주 1일	월 일	☆☆☆☆☆
	백제는 어디에 세워졌을까?	3주 2일	월 일	☆☆☆☆☆
	알에서 신라와 가야의 왕들이 나왔다고?	3주 3일	월 일	☆☆☆☆☆
	백제는 어떻게 삼국 중 가장 먼저 전성기를 맞이하였을까?	3주 4일	월 일	☆☆☆☆☆
	고구려는 어떻게 천하의 중심이 되었을까?	3주 5일	월 일	☆☆☆☆☆
	백제는 도읍을 왜 두 번이나 옮겼을까?	4주 1일	월 일	☆☆☆☆☆
	신라는 어떻게 한강의 마지막 주인이 되었을까?	4주 2일	월 일	☆☆☆☆☆
	철의 나라 가야는 왜 멸망하게 된 걸까?	4주 3일	월 일	☆☆☆☆☆
	도전! 한국사능력검정시험	4주 4일	월 일	☆☆☆☆☆
	삼국 시대 사람들은 어떻게 살았을까?	4주 5일	월 일	☆☆☆☆☆
	삼국의 고분에는 어떤 비밀이 숨겨져 있을까?	5주 1일	월 일	☆☆☆☆☆
	불교와 도교는 삼국에 어떤 영향을 미쳤을까?	5주 2일	월 일	☆☆☆☆☆
	삼국의 학문과 과학 기술의 발달은 어떠하였을까?	5주 3일	월 일	☆☆☆☆☆
	삼국은 다른 나라와 무엇을 교류하였을까?	5주 4일	월 일	☆☆☆☆☆
	도전! 한국사능력검정시험	5주 5일	월 일	☆☆☆☆☆
3 통일 신라와 발해	고구려는 수의 침입을 어떻게 물리쳤을까?	6주 1일	월 일	☆☆☆☆☆
	고구려는 당의 침입을 어떻게 물리쳤을까?	6주 2일	월 일	☆☆☆☆☆
	신라와 당은 왜 힘을 합쳤을까?	6주 3일	월 일	☆☆☆☆☆
	백제와 고구려는 왜 멸망하였을까?	6주 4일	월 일	☆☆☆☆☆
	신라는 삼국을 어떻게 통일하였을까?	6주 5일	월 일	☆☆☆☆☆
	발해는 어떻게 세워졌을까?	7주 1일	월 일	☆☆☆☆☆
	통일 신라는 어떻게 발전해 갔을까?	7주 2일	월 일	☆☆☆☆☆
	신라는 왜 흔들리기 시작하였을까?	7주 3일	월 일	☆☆☆☆☆
	후삼국 시대는 어떻게 시작되었을까?	7주 4일	월 일	☆☆☆☆☆
	도전! 한국사능력검정시험	7주 5일	월 일	☆☆☆☆☆
	통일 신라와 발해 사람들은 어떻게 생활하였을까?	8주 1일	월 일	☆☆☆☆☆
	통일 신라와 발해에서는 어떤 학문과 사상이 발달하였을까?	8주 2일	월 일	☆☆☆☆☆
	통일 신라와 발해의 불교문화에는 어떤 특징이 있을까?	8주 3일	월 일	☆☆☆☆☆
	통일 신라와 발해는 주변 국가들과 어떤 것들을 주고받았을까?	8주 4일	월 일	☆☆☆☆☆
	도전! 한국사능력검정시험	8주 5일	월 일	☆☆☆☆☆

한국사의 흐름이 한눈에 쏙!

하루한장 한국사 1권 **연대표**

구석기
- 먹을 것을 찾아 이동 생활
- 불의 사용
- 주먹도끼와 같이 돌을 깨뜨리거나 떼어 낸 뗀석기 사용

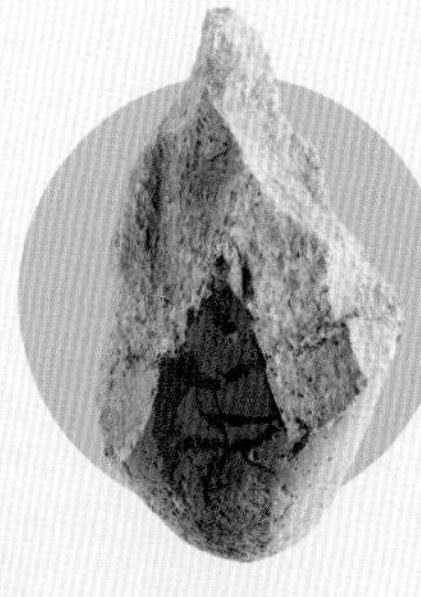

◀ **주먹도끼**
손에 쥐고 사용하는 돌도끼

신석기
- 농사와 목축을 시작하면서 정착 생활
- 강가나 바닷가에서 움집을 짓고 생활
- 밑이 뾰족한 빗살무늬 토기 사용
- 돌을 갈아 다듬어 만든 간석기 사용

◀ **빗살무늬 토기**
강이나 바다 주변의 모래에 꽂아 두고 사용한 토기

선사 시대

고조선

▶ **고인돌**
청동기 시대에 계급이 발생하였음을 나타내는 무덤

- 기원전 2333년 단군왕검이 건국
- 청동 방울, 청동 검, 청동 거울과 같은 청동으로 만든 도구 제작
- 계급의 발생
- 벼농사 시작
- 비파형 동검, 탁자식 고인돌, 미송리식 토기의 분포로 고조선의 문화 범위 확인
- 기원전 108년 한나라의 공격으로 멸망

▲ **비파형 동검**
악기인 비파처럼 생긴 청동기 시대의 대표 동검

한국사 학습을 위한 **나의 발자취**

1주 1일 1주 2일 1주 3일 1주 4일 1주 5일 2주 1일 2주 2일 2주 3일 2주 4일 2주 5일 3주 1일 3주 2일 3주 3일 3주 4일 3주 5일 4주 1일 4주 2일 4주 3일 4주 4일 4주 5일

▲ 백제 금동 대향로
화려하고 섬세한 금속 공예 기술을 보여 주는 백제의 향로

- 기원전 57년 박혁거세가 신라, 기원전 37년 주몽이 고구려, 기원전 18년 온조가 백제 건국
- 백제의 근초고왕, 고구려의 광개토 대왕과 장수왕, 신라의 진흥왕이 각각 영토를 확장하며 전성기
- 불교를 받아들이며 왕권 강화, 불교 예술 발달
- 백제 금동 대향로, 신라의 금관 등 금속 공예 기술 발달
- 신라와 당나라가 손잡은 나당 연합군에게 660년 백제 멸망, 668년 고구려 멸망

▶ 광개토 대왕릉비
장수왕이 아버지인 광개토 대왕의 업적을 기리기 위해 세운 6 m가 넘는 크기의 비석

삼국 시대 고구려 | 백제 | 신라

통일 신라와 발해

- 676년 신라의 문무왕이 삼국 통일
- 698년 대조영이 고구려를 계승한 발해 건국
- 불국사, 석굴암 등 불교문화 전성기
- 통일 신라는 신문왕 이후 혼란
- 900년 견훤이 후백제 건국
- 901년 궁예가 후고구려 건국
- 926년 발해 멸망

▶ 경주 불국사 삼층 석탑
세계에서 가장 오래된 목판 인쇄물 『무구정광대다라니경』이 발견된 3층 석탑

5주 1일 5주 2일 5주 3일 5주 4일 5주 5일 6주 1일 6주 2일 6주 3일 6주 4일 6주 5일 7주 1일 7주 2일 7주 3일 7주 4일 7주 5일 8주 1일 8주 2일 8주 3일 8주 4일 8주 5일

하루한장 한국사 주요 주제 미리 보기

2권	주제명
1 고려의 성립과 변천	고려는 후삼국을 어떻게 통일하였을까?
	태조 왕건은 고려를 어떻게 다스렸을까?
	광종과 성종은 국가 체제를 정비하기 위해 어떤 노력을 하였을까?
	두 번의 반란으로 고려가 위기를 맞게 되었다고?
	무신들이 고려의 권력을 잡았다고?
	도전! 한국사능력검정시험
	거란은 왜 고려를 침입하였을까?
	고려는 계속된 거란의 침입을 어떻게 막아 냈을까?
	고려와 여진의 관계는 어떻게 달라졌을까?
	고려는 몽골의 침입에 어떻게 저항하였을까?
	원의 간섭으로 고려 사회는 어떻게 변하였을까?
	공민왕은 원으로부터 벗어나기 위해 어떤 개혁 정책을 실시하였을까?
	도전! 한국사능력검정시험
	고려는 주변 나라들과 어떤 것을 교류하였을까?
	고려 시대의 사람들은 어떻게 생활하였을까?
	고려에서는 어떤 종교와 학문이 발달하였을까?
	고려의 불교문화를 대표하는 문화재를 살펴볼까?
	고려를 대표하는 공예품은 어떤 것이 있을까?
	고려는 어떻게 인쇄 강국이 되었을까?
	도전! 한국사능력검정시험
2 조선의 성립과 발전	조선은 어떻게 등장하였을까?
	한양은 왜 조선의 수도가 되었을까?
	조선은 나라의 기틀을 어떻게 세웠을까?
	조선은 제도를 어떻게 마련해 나갔을까?
	조선 전기에는 다른 나라와 어떻게 지냈을까?
	사림은 어떻게 성장해 나갔을까?
	도전! 한국사능력검정시험
	세종은 누구를 위해 훈민정음을 만들었을까?
	조선의 발전을 가져온 과학 기술은 무엇이 있을까?
	조선에는 어떤 신분 제도가 있었을까?
	조선 시대 유교 윤리와 양반 문화는 어떻게 발달하였을까?
	도전! 한국사능력검정시험
	임진왜란은 왜 일어났을까?
	의병과 관군은 일본에 어떻게 맞서 싸웠을까?
	7년간의 전쟁은 어떻게 막을 내렸을까?
	광해군은 조선을 일으키기 위해 어떤 노력을 하였을까?
	정묘호란은 왜 일어났을까?
	병자호란은 왜 일어났을까?
	왜란과 호란이 끝난 후 조선의 대외 관계는 어떻게 변화하였을까?
	도전! 한국사능력검정시험

3권	주제명
1 조선 사회의 새로운 움직임	전란을 극복하기 위해 조정은 어떤 노력을 하였을까?
	백성들은 어떻게 전란을 극복해 나갔을까?
	붕당 정치는 왜 발생하였을까?
	영조가 실행했던 탕평책에는 무엇이 있을까?
	정조가 실행했던 탕평책에는 무엇이 있을까?
	도전! 한국사능력검정시험
	조선 후기 시장은 어떤 모습이었을까?
	조선 후기 신분제는 왜 흔들렸을까?
	조선 후기 가족 제도와 여성의 삶은 어떻게 변하였을까?
	조선 후기에는 어떤 학문이 발달하였을까?
	조선 후기에 발달한 서민 문화에는 어떤 것이 있을까?
	조선 후기에 받아들인 새로운 문물에는 무엇이 있을까?
	도전! 한국사능력검정시험
	흥선 대원군이 집권했을 때 나라 안팎은 어떤 상황이었을까?
	서양 세력의 침략에 조선은 어떻게 대응하였을까?
	강화도 조약 이후 임오군란과 갑신정변은 왜 일어났을까?
	동학 농민 운동이 일어난 까닭은 무엇일까?
	갑오개혁과 을미사변은 왜 일어났고, 어떤 결과를 가져왔을까?
	독립 협회는 고종이 대한 제국을 선언하는 데 어떤 영향을 미쳤을까?
	개항 이후 들어온 새로운 문물에는 어떤 것이 있을까?
	도전! 한국사능력검정시험
2 근대 국가 수립을 위한 노력	을사늑약은 왜 체결되었을까?
	일제에 맞서 국권을 지키기 위해 어떤 노력을 하였을까?
	일제의 무단 통치에 대응하여 어떤 민족 운동이 일어났을까?
	3·1 운동이 어떻게 일어났으며, 어떤 의의를 가질까?
	대한민국 임시 정부와 한인 애국단은 어떤 활동을 하였을까?
	도전! 한국사능력검정시험
	3·1 운동 이후 일제의 통치는 어떻게 변화하였을까?
	1920년대 국내 민족 운동은 어떻게 전개되었을까?
	국외의 무장 독립 투쟁은 어떻게 전개되었을까?
	1930년대에 일제는 어떤 방법으로 통치하였을까?
	민족 문화를 지키기 위해 어떤 노력들을 하였을까?
	도전! 한국사능력검정시험
3 대한민국의 수립과 발전	광복과 대한민국 정부 수립은 어떤 과정을 거쳤을까?
	6·25 전쟁은 왜 일어났고, 어떤 결과를 가져왔을까?
	4·19 혁명과 5·16 군사 정변이 일어난 이유는 무엇일까?
	5·18 민주화 운동과 6월 민주 항쟁으로 어떤 변화가 나타났을까?
	우리나라 경제는 어떻게 발달하였을까?
	남북 평화 통일을 위해 남과 북은 어떤 노력을 하고 있을까?
	도전! 한국사능력검정시험

역사란 무엇일까?

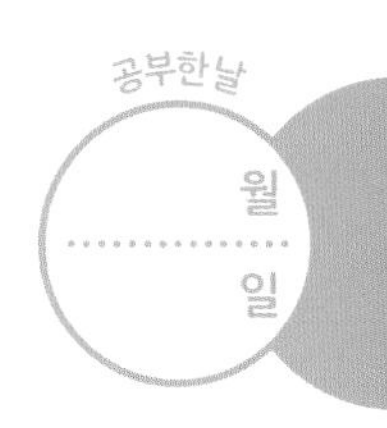

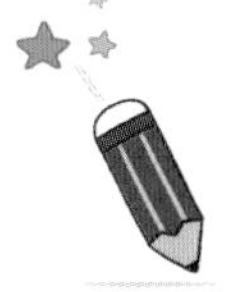

다음은 인류가 탄생하여 이동한 길을 나타낸 세계 지도이다. 인류가 이동한 길을 점선을 따라 이어 보고, 우리나라는 어디에 있는지 동그라미 해 보자.

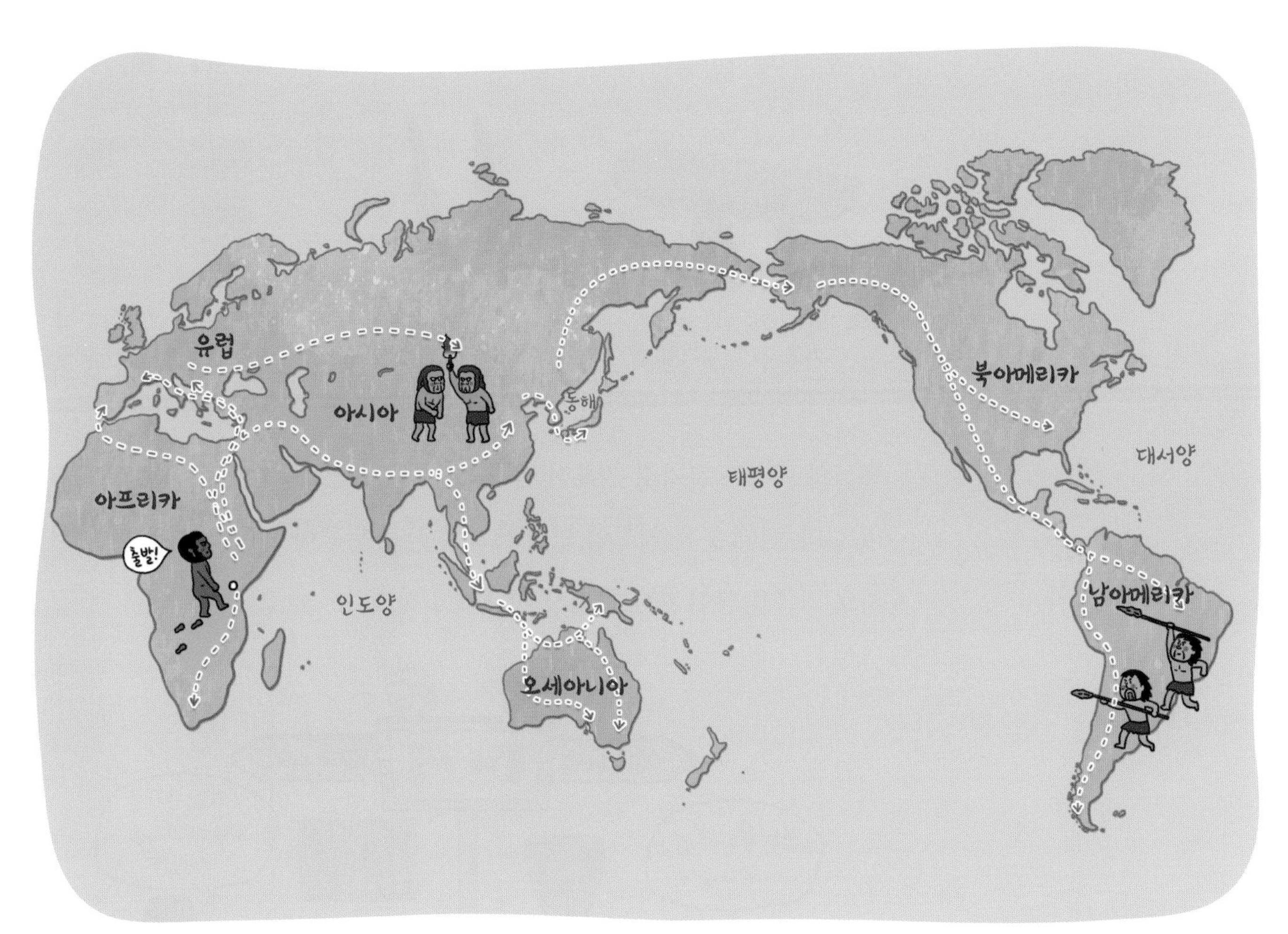

인류가 걸어온 길을 잘 따라가 보았니?
처음의 인류는 지금 너희들의 모습과는 조금 다른 생김새이지만, 그들은 우리의 먼 조상이기도 하지. 아프리카에서 나타난 인류는 오랜 시간에 걸쳐 전 세계로 이동했단다.
우리가 살고 있는 한반도는 우리 부모님의 부모님, 그 부모님의 부모님들이 살아온 터전이지. 이 터전에서는 오랜 시간, 많은 일들이 있었을 거야. 그 일들이 바로 '역사'란다.
수천 년간 이어진 우리의 역사를 이해한다면 현재를 지혜롭게 살아갈 수 있고, 미래를 준비할 힘을 얻을 수 있지. 우리에게 주어진 '역사'라는 보물 상자를 함께 열어 보자!

선사 시대와 역사 시대가 나뉘다

역사는 인류가 지금까지 살아온 발자취란다. 하지만 과거의 사실은 이미 지나가 버렸기 때문에 타임머신을 타고 가지 않는 이상 직접 확인할 수가 없겠지? 그래서 우리는 옛날에 남긴 흔적들을 가지고 과거를 짐작해 보는 거란다. 사람들이 살아오면서 남긴 유물과 유적 등을 통해 우리는 아주 먼 옛날의 일도 알 수 있지. 옛사람들이 남긴 유물, 유적, 문자 기록 등을 **사료**라고 해.

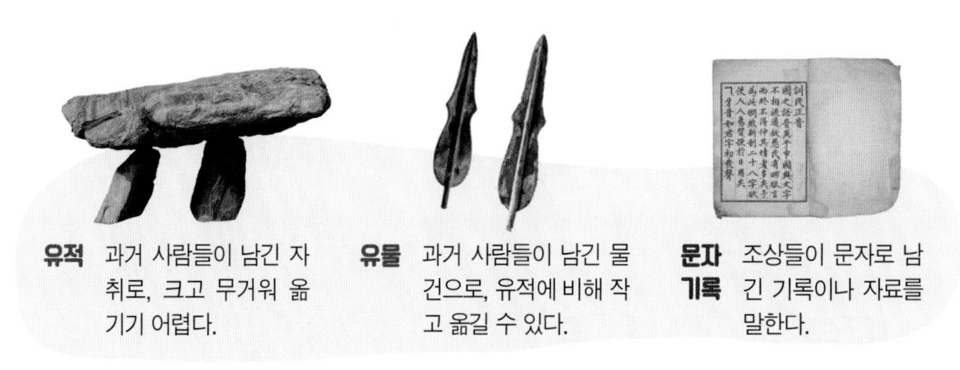

유적 과거 사람들이 남긴 자취로, 크고 무거워 옮기기 어렵다.

유물 과거 사람들이 남긴 물건으로, 유적에 비해 작고 옮길 수 있다.

문자 기록 조상들이 문자로 남긴 기록이나 자료를 말한다.

인류의 역사는 문자로 기록이 남아 있는 시대와 그렇지 않은 시대로 구분할 수 있단다. 이때 문자 기록이 없이 유적과 유물만 남아 있는 시대를 **선사 시대**, 문자로 기록을 남긴 시대를 **역사 시대**라고 하지.

'석기 시대, 청동기 시대' 같은 말도 있던데요?

도구를 만든 재료에 따라 시대를 나누기도 한단다. 구석기 시대와 신석기 시대처럼 돌로 도구를 만들면 석기 시대, 청동기로 도구를 만들면 청동기 시대, 철로 도구를 만들면 철기 시대라고 하지.

문자도 없던 선사 시대의 일은 어떻게 알 수 있을까? 바로 그 당시 살았던 사람들이 남긴 **유물과 유적**을 살펴보고 그들의 삶을 짐작해 보는 거지. 한편 문자가 있던 역사 시대는 책, 일기, 비석 등 그 시대 사람들이 **문자로 남긴 기록**을 살펴보거나 선사 시대와 마찬가지로 유물과 유적을 통해 삶을 짐작해 볼 수도 있어.

두 발로 걷는 사람이 나타나다

인류의 조상은 아프리카의 숲속 나무 위에서 살았단다. 하지만 기후가 변하면서 숲이 줄어들자 나무에서 내려와 두 발로 서서 살아가는 인류가 나타났지.

나는 맹수처럼 날카로운 발톱이나 강한 이빨은 없지만,
손을 자유롭게 쓸 수 있어서 도구를 사용할 수 있지!

약 390만 년 전에 아프리카에서 최초의 인류인 **오스트랄로피테쿠스 아파렌시스**가 등장했어. 이는 '남쪽의 원숭이'라는 뜻이지. 이 인류는 다른 동물들과 달리 두 발로 서서 걷고, 간단한 도구도 만들었다고 해.

그리고 약 180만 년 전에 등장한 **호모 에렉투스**는 불과 언어를 처음 사용했던 인류지. 곧바로 서서 걸었기 때문에 '곧선 사람'이라고도 해.

약 40만 년 전에는 **호모 네안데르탈렌시스**가 등장했단다. 이들은 전보다 더 발달된 도구를 사용하고, 죽은 사람을 땅속에 묻었대. 지금 우리나라의 장례 풍습과도 비슷하지?

한편 약 20만 년 전에는 우리의 직접적인 조상이라고 할 수 있는 **호모 사피엔스**가 나타났지. '슬기로운 사람'이라고 할 만큼 진화한 인류로 볼 수 있단다. 이들은 정교한 도구를 사용했고, 동굴에 벽화를 남겼지.

아프리카에서 등장한 인류는 유럽과 아시아로 계속 이동해 갔어. 그리고 그들 가운데 한 무리는 **한반도**에 도착했지.

지금 우리가 살고 있는 한반도에 원시 인류가 살기 시작한 것은 약 70만 년 전으로 보고 있단다. 70만 년 전이라니 상상도 하기 힘든 까마득히 먼 옛날이지? 우리나라의 역사가 어떻게 발전해 왔는지 앞으로 자세히 알아보기로 하자.

인류의 등장과 진화

오스트랄로피테쿠스 아파렌시스
(남쪽의 원숭이)

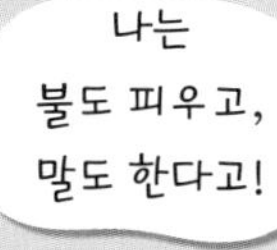

호모 에렉투스
(곧선 사람)

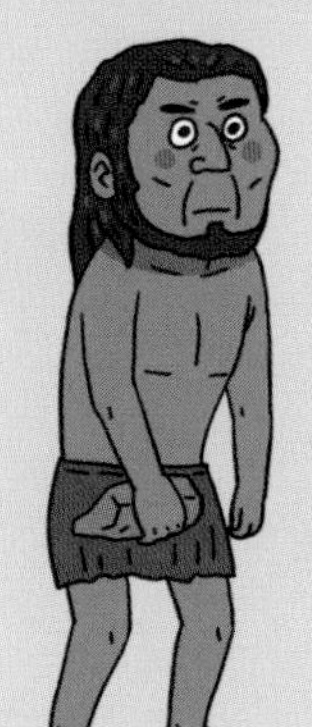

호모 네안데르탈렌시스
(네안데르탈인)

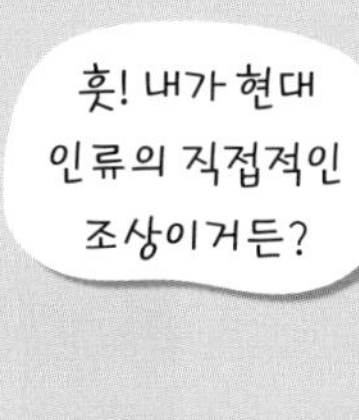

호모 사피엔스
(슬기로운 사람)

| 선사 시대와 역사 시대, 인류의 등장과 진화 |

❶ 문자 기록이 없이 유적과 유물만 남아 있는 시대를 ☐☐ 시대라고 해.

❷ 문자로 기록을 남긴 시대를 ☐☐ 시대라고 해.

❸ 약 20만 년 전에 등장한 ☐☐ ☐☐☐☐는 인류의 직접적인 조상이야.

1 옛사람들이 남긴 흔적인 사료의 종류를 바르게 선으로 이으시오.

(1) 조상들이 문자로 남긴 기록이나 자료를 의미한다.

(2) 과거 사람들이 남긴 자취로, 크고 무거워 옮기기 어렵다.

(3) 과거 사람들이 남긴 물건으로, 상대적으로 작고 옮길 수 있다.

㉠ 유적 ㉡ 유물 ㉢ 문자 기록

2 다음은 시대를 나누는 기준을 설명한 것이다. ㉠에 들어갈 알맞은 말을 쓰시오. (   )

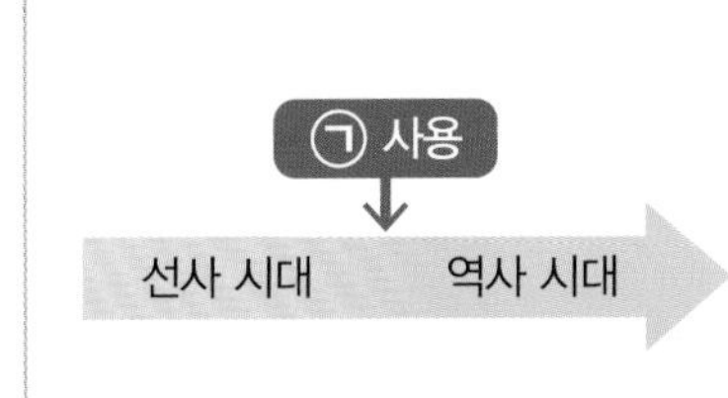

인류의 역사는 선사 시대와 역사 시대로 구분할 수 있다. 이러한 시대 구분의 기준은 [㉠]의 사용에 따라 나뉜다. [㉠]로 기록을 남기지 않은 시기는 선사 시대, [㉠]로 기록을 남긴 시기는 역사 시대라고 한다.

3 다음 중 약 20만 년 전에 등장한, 우리의 직접적인 조상이라고 할 수 있는 인류를 골라 기호를 쓰시오. (   )

㉠ 호모 네안데르탈렌시스

㉡

오스트랄로피테쿠스 아파렌시스

㉢

호모 사피엔스

㉣

호모 에렉투스

오늘 나의 실력은?

확인

구석기 시대 사람들은 어떻게 생활하였을까?

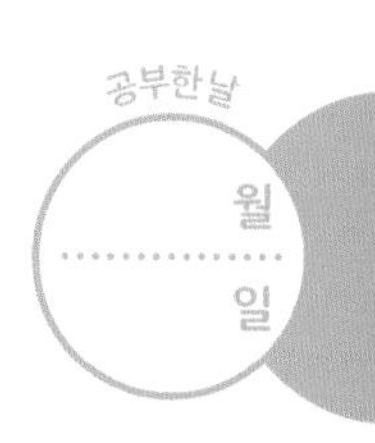

다음은 구석기인을 그린 퍼즐이다. 퍼즐의 빈칸에 들어갈 조각으로 알맞은 것을 모두 골라 ✓표 해 보자.

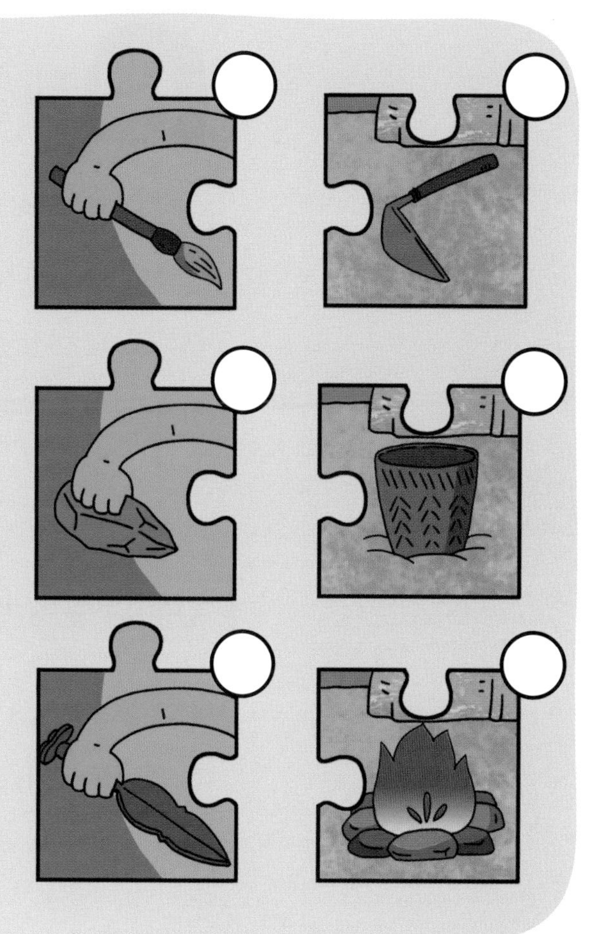

구석기인을 그린 퍼즐을 잘 완성해 보았니?
지금 너희들의 모습과는 다른 부분이 많지? 한반도에 구석기인들이 살기 시작한 것은 무려 70만 년 전이라고 해! 정말 상상도 하기 힘든 옛날이지만 그 시대 사람들이 살았던 자리에 유물이 남아 있고, 그것으로 우리는 그 당시 구석기인의 모습을 상상해 볼 수 있단다.
구석기인을 그린 퍼즐 조각에 돌을 깨뜨리거나 떼어 내 만든 도구와 불이 있지?
구석기 시대 사람들은 원시인이지만 네 발로 걷는 동물과는 다른 삶의 지혜가 있었단다.
그럼 구석기인의 삶 속으로 우리 함께 들어가 볼까?

구석기 시대 사람들의 삶

인류가 처음 등장했을 때에는 필요한 것을 대부분 자연에서 얻었지. 그들에게는 먹을 것을 구하는 게 가장 큰일이었을 거야. 또 커다란 동물의 공격을 피해 안전하게 머무를 수 있는 곳도 필요했지. 그래서 구석기인들은 먹을 수 있는 풀과 열매를 쉽게 구할 수 있고 작은 동물을 사냥할 수 있는 **산자락에서 생활**했어.

산자락에 있는 동굴에 들어오니 무시무시한 호랑이도 피할 수 있어!

산에는 추위와 더위를 막고 사나운 동물들을 피해 안전하게 머무를 수 있는 **동굴**이 있었으니 더욱 좋았을 거야. 동굴에서 생활하면서 주변에서 먹을 것을 구하고, 더 이상 풀과 열매를 구할 수 없으면 또 다른 곳으로 미련 없이 떠나는 거지. 그렇게 **이동 생활**을 하다가 동굴을 찾지 못하면 **막집**이라는 간단한 집을 짓기도 했어.

막집
임시로 간단하게 지은 집으로, 나뭇가지와 가죽, 돌 등으로 만든 구석기 시대의 집이다.

인류의 삶을 바꾼 불!

큰 동물들보다 덩치도 작고, 날카로운 이빨도 없는 사람들은 어떻게 스스로를 지키고 살아갔을까? 구석기인들에게는 특별한 무언가가 있었단다. 그중 하나는 바로 **불**이었어. 사람들은 동물들이 무서워한 불을 이용해 자신들을 보호하고, 따뜻하게 생활할 수 있었어.

또 불을 이용해 음식을 익혀 먹을 수도 있었어. 사냥한 고기를 불에 익혀 먹으면 맛도 좋지만, 많은 해충을 없앨 수 있어서 사람들은 건강하고 오래 살 수 있었지. 인류가 지구의 긴 역사 속에서 지금의 특별한 존재가 될 수 있었던 데에는 불의 역할이 매우 컸지.

돌을 깨뜨리거나 떼어 내 만든 도구, 뗀석기!

인류는 두 발로 걸으면서 두 손이 자유로워져 **도구를 사용**하기 시작하였어. 주변에서 쉽게 구할 수 있는 돌, 동물 뼈, 나무 등을 필요에 맞게 사용한 것이지. 그러다가 사람들은 돌을 깨뜨리면 뾰족하고 날카로워진다는 것을 알게 되었어.

구석기인들은 돌을 자신이 원하는 모양으로 깨뜨리거나 떼어 내서 사용하였는데, 이것을 **뗀석기**라고 한단다. 뗀석기는 단단했을 뿐만 아니라 날카로웠기 때문에 구석기인들에게 아주 쓸모 있는 도구였지. 뗀석기는 다음과 같이 만든단다.

주먹도끼

주먹도끼는 손에 쥐고 사용하는 돌도끼로, 찍는 날과 자르는 날이 모두 있는 만능 도구란다. 사냥하거나 짐승의 털과 가죽을 벗겨 내는 데 주로 사용했지.

돌을 쥐고 큰 돌에 내리쳐 떼어 낸다.

돌을 쥐고 망칫돌로 때려 떼어 낸다.

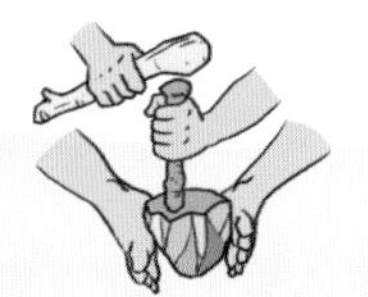
뼈나 뿔을 이용하여 돌을 떼어 낸다.

뾰족한 뿔 도구로 돌을 잔손질한다.

돌을 다루는 기술이 늘자 사람들은 쓰임새에 따라 찌르개, 찍개, 주먹도끼, 밀개, 긁개 등 여러 형태의 뗀석기를 만들었단다.

| 구석기 시대의 생활 모습 |

❶ 구석기 시대 사람들은 먹을 것을 찾아 [ ][ ] 생활을 하며 동굴과 막집에서 생활했어.

❷ 구석기 시대부터 사람들은 [ ]을 사용하여 추위를 피하고 음식을 익혀 먹기 시작했어.

❸ 구석기 시대 사람들은 돌을 깨뜨리거나 떼어 내서 만든 [ ][ ][ ]를 사용했어.

1 다음 중 구석기 시대 사람들의 생활 모습으로 알맞지 않은 것을 골라 기호를 쓰시오. ( )

㉠ 주먹도끼나 찌르개로 동물을 사냥하였다.

㉡ 불을 이용해 추위를 막고 음식을 익혀 먹었다.

㉢ 농사를 지어 곡식을 먹고 한곳에 머물러 생활하였다.

2 다음 글의 ㉠에 들어갈 알맞은 말을 쓰시오. ( )

구석기 시대 사람들은 돌을 깨뜨리거나 떼어 내서 도구를 만들어 썼는데, 이와 같은 도구를 [㉠]라고 한다. 쓰임에 따라 찍개, 주먹도끼, 긁개 등 여러 형태로 만들어 사용하였다.

찍개 주먹도끼 긁개

한국사능력검정시험 기출

3 (가)에 들어갈 유물로 옳은 것은? ( )

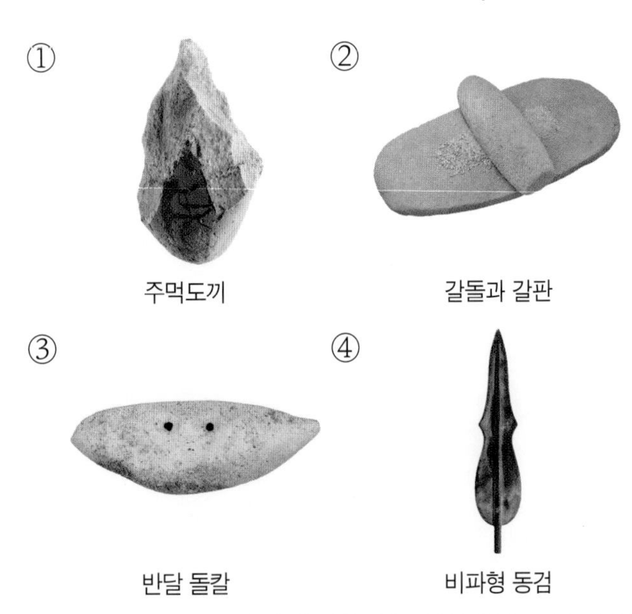
① 주먹도끼
② 갈돌과 갈판
③ 반달 돌칼
④ 비파형 동검

정답 확인

오늘 나의 실력은?

확인

신석기 시대 사람들은 어떻게 생활하였을까?

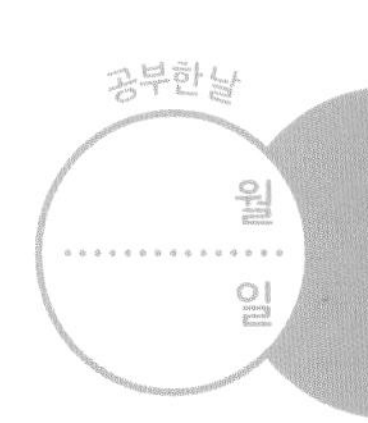

다음은 신석기 시대의 유물 카드이다. 카드 뒷면에 나와 있는 유물 설명에서 힌트를 얻어 카드 앞면의 □□□□ 안에 들어갈 말을 써 보자.

카드 앞면

카드 뒷면

유물 설명

이 유물은 신석기 시대에 흙으로 만든 그릇이다. 신석기 시대 사람들은 흙을 빚어 불에 구워 단단한 그릇을 만들기 시작했는데, 그릇을 구울 때 겉면에 '빗살무늬'를 새겨 넣었다. 토기의 이름은 이 무늬의 이름을 따서 지어졌다.

이 토기는 밑바닥을 뾰족하게 만들어 강가나 바닷가의 모래에 꽂아서 썼다.

위 유물 카드에 있는 토기의 이름은 빗살무늬 토기란다.
지금 우리가 사용하는 그릇은 밑면이 평평하지? 그런데 빗살무늬 토기의 밑면은 뾰족한 것이 특이한 점이지.
왜 바닥이 뾰족했을까 연구해 보았더니, 이 토기는 바다나 강가 모래에 꽂아 두기 좋도록 바닥을 뾰족하게 만들었을 거라고 해. 이것을 바탕으로 신석기인들은 바닷가나 강가에 많이 살았다는 것을 알 수 있지.
그럼 신석기 시대 사람들이 어떻게 생활했는지 우리 함께 자세히 알아볼까?

농사를 짓기 시작하다

'구석기'와 '신석기' 같은 시대 이름은 어떻게 정한 거예요?

돌을 깨뜨리거나 떼어 내서 만든 뗀석기를 사용한 시대는 더 옛날이기 때문에 '옛 구(舊)'를 사용하여 '구석기 시대'라고 하고, 돌을 갈아서 만든 간석기를 사용한 시대는 구석기 시대보다는 덜 옛날이기 때문에 '새 신(新)'을 사용하여 '신석기 시대'라고 부른단다.

길었던 빙하기가 끝나고 지구의 온도가 올라가면서 불어난 물은 강과 바다를 풍요롭게 했어. 자연의 변화는 사람들의 생활을 바꾸어 놓았지. 구석기 시대가 끝나고 새로운 시대, 즉 **신석기 시대**가 시작된 것이야.

지구의 환경이 변하면서 사람들은 산자락의 동굴을 떠나 물고기와 조개 등 먹을거리가 많은 물가로 내려가 살기 시작했어. 사람들은 식물의 열매나 뿌리를 채집해서 먹고 버린 씨앗에서 새싹이 돋아난 것을 보았단다.

이거 우리가 먹었던 열매와 똑같은데?
이 자리는 우리가 열매를 먹고 씨앗을 버렸던 자리 아닌가?

씨앗을 땅에 뿌리면 그 자리에 새싹이 자라난다는 것을 알게 되었지. 이후 신석기 시대 사람들은 땅을 일구어 **농사를 짓기 시작**했어. 우리가 지금도 먹는 조, 기장 등이 신석기 시대에 농사로 거둔 곡식들이란다. 그리고 가축을 기르는 **목축**도 시작했지. 농사와 목축을 하면서 사람들은 한곳에 **정착 생활**을 하였어.

물가로 내려간 사람들은 **움집**을 지었어. 움집은 땅을 판 후 나무를 엮어 기둥을 만들고, 갈대나 억새로 지붕을 덮어 만든 집이야. 구덩이 형태의 집은 차가운 겨울바람을 막고 여름을 시원하게 지내기에 적당했어. 또 움집의 중앙에는 **화덕**을 만들어 불을 피우고, 한쪽에는 재배한 곡식을 저장할 수 있는 저장 구덩이도 만들었어.

돌을 갈아서 만든 도구, 간석기!

생활이 달라지면서 신석기 시대 사람들은 좀 더 정교하고 다양한 도구가 필요했어. 그래서 돌을 갈아 다듬어 원하는 모습의 도구를 만들기 시작했지. 이를 **간석기**라고 한단다. 돌괭이나 돌낫 등을 만들어 땅을 일구고, **갈돌과 갈판**으로 곡식의 껍질을 벗기거나 가루를 만들었어.

▲ **갈돌과 갈판**
곡식이나 열매를 가는 도구로, 갈판 위에 곡식이나 열매를 놓고 갈돌로 그 위를 왕복하여 잘게 부수었다.

사람들은 **토기**에 음식 재료를 넣어 삶거나 쪄서 먹었고, 남은 음식은 보관하였어. 물가에서 쉽게 구할 수 있는 찰흙으로 토기 모양을 만들고, 불에 구워 단단하게 만들었어. 토기는 냄비나 그릇, 남은 곡식을 저장하는 저장기 등 다양하게 제작되었어.

신석기 시대의 대표적인 토기는 바로 **빗살무늬 토기**란다. 겉면에 빗금을 친 것 같은 무늬가 있어서 붙여진 이름이지. 이 토기는 **밑이 뾰족**한 것이 특징이야. 빗살무늬 토기를 사용하던 사람들은 주로 **강가나 바닷가**에서 살고 있었기 때문에 밑이 뾰족하면 강이나 바다 주변의 모래에 토기를 꽂아 두고 사용하기 편했을 거야.

이렇게 빗살무늬를 새겨 넣으면
불에 토기를 구울 때 잘 깨지지 않는다고!
그리고 이왕이면 예쁜 게 좋잖아?

한편 신석기 시대 사람들은 실을 뽑아 옷을 만들기 시작했어. 가운데 구멍이 뚫려 있는 **가락바퀴**에 막대를 꽂아 돌려서 실을 뽑았단다.

| 신석기 시대의 생활 모습 |

❶ 신석기 시대 사람들은 씨앗을 뿌려 □□를 짓고 가축을 기르는 목축을 했어.

❷ 신석기 시대부터 사람들은 정착 생활을 하며 □□을 짓고 살았어.

❸ 신석기 시대 사람들은 □□□□ 토기를 만들어 곡식을 저장했어.

1 다음 설명에 해당하는 것을 바르게 선으로 이으시오.

(1) 매끄러운 돌판에 단단한 껍질의 열매를 갈 때 쓰는 간석기

(2) 겉면에 빗살 형태의 무늬가 그려져 있는, 밑이 뾰족한 토기

(3) 땅을 파서 기둥을 세운 다음 갈대나 억새로 지붕을 덮은 집

㉠ 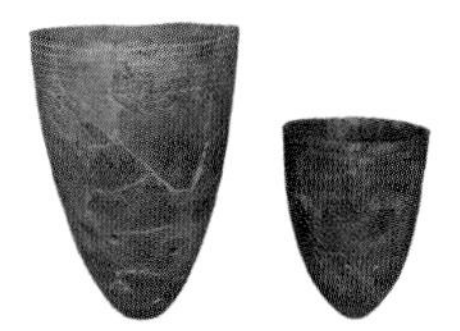

㉡

㉢ 

2 다음 힌트 를 보고 밑줄 친 '이것'은 무엇인지 쓰시오. (　　　　　　　)

힌트

[힌트 1] 이것은 둥근 모양으로, 가운데 구멍이 나 있다.

[힌트 2] 이것은 구멍에 막대기를 넣고 돌려서 실을 뽑는 도구이다.

한국사능력검정시험 기출

3 (가)에 들어갈 내용으로 옳은 것은? (　　　)

조사 보고서

1. 주제: 신석기 시대 사람들의 생활
2. 방법: 인터넷 검색, 박물관 견학
3. 내용
   - 움집을 지어 정착 생활을 하였다.
   - (가)
4. 유물 및 유적

▲ 갈돌과 갈판

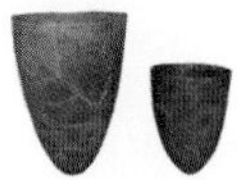
▲ 빗살무늬 토기

▲ 움집

① 철제 무기를 사용하였다.
② 청동으로 장신구를 제작하였다.
③ 가락바퀴를 사용하여 실을 뽑았다.
④ 지배자의 무덤으로 고인돌을 만들었다.

정답 확인 

오늘 나의 실력은?  확인

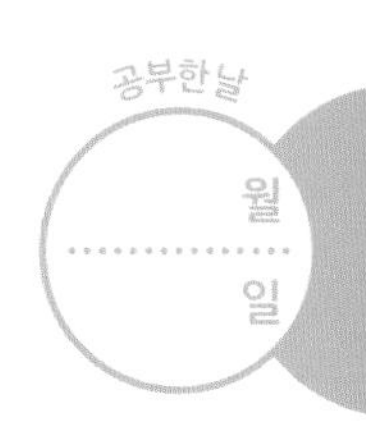

청동기 시대에 사람들의 생활 모습은 어떻게 달라졌을까?

다음 그림은 청동기 시대의 마을 모습이다. 그림 속에서 왼쪽 숨은 그림 의 두 지배자를 찾아 동그라미 해 보자.

청동기 시대의 각 마을에서 지배자를 잘 찾아보았지?

구석기 시대와 신석기 시대는 평등한 사회였어. 그런데 청동기 시대에는 지배자가 나타났지. 지배를 하는 사람과 지배를 받는 사람이 나뉜 것을 보면 청동기 시대는 불평등한 사회였다는 것을 알 수 있단다.

청동기 시대의 지배자들은 번쩍이는 목걸이나 장신구를 하고, 번쩍이는 무기를 들고 있지. 이것이 바로 청동으로 만든 청동기란다. 청동기 시대에 어떻게 계급이 발생하고, 어떠한 변화가 생겨났는지 우리 함께 자세히 알아볼까?

청동기 시대가 열리다

돌로 만든 도구를 사용하던 사람들은 불을 피우면서 우연히 돌 속에 섞여 있는 금속을 발견했어. 그리고 불을 사용하는 기술이 발달하면서 금속을 녹일 수 있을 만큼 높은 온도의 불을 피울 수 있게 되었지. 이러한 과정을 통해 사람들은 **청동**을 만들었단다. 청동은 구리에 주석과 아연 등을 섞어 불에 녹여 만든 금속이야. 이제 청동으로 만든 도구를 사용하는 **청동기 시대**가 열린 것이지.

사람들이 처음 본 청동은 대단했어. 청동기는 돌과 달리 빛을 내며 사람들을 눈부시게 만들었지. 하지만 청동기는 재료를 구하는 것이 어려웠고, 특별한 기술이 있는 사람만 만들 수 있었어. 그래서 청동기는 아무나 쓸 수 있는 게 아니었지.

청동기는 만들고자 하는 모양으로 거푸집이라는 틀을 만든 다음, 청동을 녹여 거푸집에 부어서 만든단다. 청동기는 주로 거울이나 방울과 같이 제사를 지내는 도구로 쓰이기도 했고, 지배자의 무기나 장신구 등으로도 쓰였어. 이러한 청동기는 매우 귀했기 때문에 **지배자들만 사용**할 수 있었지.

반달 돌칼

반달 돌칼은 곡식의 이삭을 자르는 데 사용된 돌로 만든 칼이야. 두 구멍에 줄을 달아 손에 끼고 사용했단다.

▲ 청동 방울

▲ 청동 검(비파형 동검)

▲ 청동 거울(거친무늬 거울)

청동기 시대에도 일상생활에 필요한 농기구 등과 같은 도구는 여전히 돌과 나무로 만들었지. **반달 돌칼**은 청동기 시대 대표적인 도구로, 곡식을 수확하는 데 사용했어.

계급이 발생하다

농사짓는 기술이 발달하면서 사람들은 농경과 목축을 하기 좋은 낮은 구릉 지대로 옮겨 생활하기 시작했어. 일부 지역에서는 **벼농사도 시작**되었지. 생산량이 늘어나면서 먹고 남는 농작물이 생겼고, 모든 사람이 농사에 매달리지 않아도 되었지. 사람들은 남는 농산물을 차지하거나 농사가 더 잘되는 땅을 차지하려고 싸움을 시작했어. 이에 따라 누군가는 앞장서서 마을을 지켜야 했지. 힘 있는 사람은 우두머리가 되어 청동 검을 들고 전쟁을 이끌었단다. 이렇게 청동기 시대에는 지배자와 지배를 받는 사람이 생겨났어. **계급이 발생**한 것이지.

쌀밥은 언제부터 먹기 시작했나요?

우리의 주식인 쌀이 청동기 시대에 처음 재배되었단다. 쌀은 재배하기가 쉽지 않았어. 씨를 뿌려 벼를 기르고, 잡초를 뽑고, 제때 물을 주고, 알곡이 익기를 기다리기까지 오랜 기다림과 노력이 필요했지. 청동기 시대부터 재배된 쌀이 지금까지 우리 식탁에 오르고 있다니, 따뜻한 쌀밥이 청동기인들의 선물같이 느껴지는 걸!

나는 특별한 사람이니까 내 무덤도 특별해야 해!

청동기 시대에 만들어진 무덤인 **고인돌**은 계급을 나타내는 상징이야. 받침돌을 세우고 수십 톤의 거대한 덮개돌을 얹는 것은 아주 어려운 일이었어.

고인돌을 만드는 방법

❶ 받침돌을 운반하여 세우고 흙을 다진다.

❷ 커다란 덮개돌을 받침돌 쪽으로 끌어온다.

❸ 덮개돌을 받침돌 위에 올린다.

❹ 받침돌 주변 흙을 치우고 시신을 묻는다.

많은 사람을 동원해야 만들 수 있는 무덤인 고인돌의 주인은 당연히 계급이 높은 사람이었을 거야. 즉 청동기와 고인돌은 평등한 시대가 끝나고, 이제 누군가는 지배하고 누군가는 지배를 받는 불평등한 시대가 시작되었다는 증거란다.

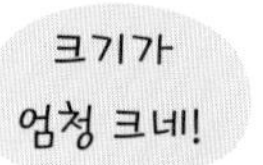

| 청동기 시대의 생활 모습 |

❶ [ ][ ][ ]는 귀했기 때문에 주로 제사를 지내는 도구나 지배층의 무기, 장신구로 쓰였어.

❷ 청동기 시대에는 지배자와 지배를 받는 사람이 생기며 [ ][ ]이 발생했어.

❸ 청동기 시대에는 계급이 높은 사람의 무덤인 [ ][ ][ ]이 나타났어.

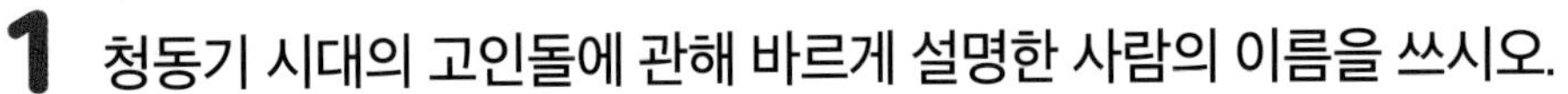

1 청동기 시대의 고인돌에 관해 바르게 설명한 사람의 이름을 쓰시오. ( )

일호: 누구나 죽으면 만들어 준 무덤이야.

예린: 계급이 높은 사람의 무덤이야.

선희: 크기가 크지 않아서 한두 사람이 쉽게 들어서 옮길 수 있어.

2 다음은 청동기 시대의 유물 전시회에서 본 설명이다. ㉠에 들어갈 알맞은 유물의 이름을 쓰시오.
( )

- 유물 이름: ㉠
- 시대: 청동기 시대
- 재질: 돌
- 용도: 곡식의 이삭을 자를 때 사용한다.

한국사능력검정시험 기출

3 다음 축제에서 전시될 유물로 적절하지 않은 것은? ( )

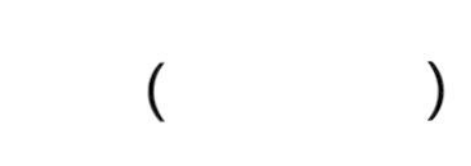

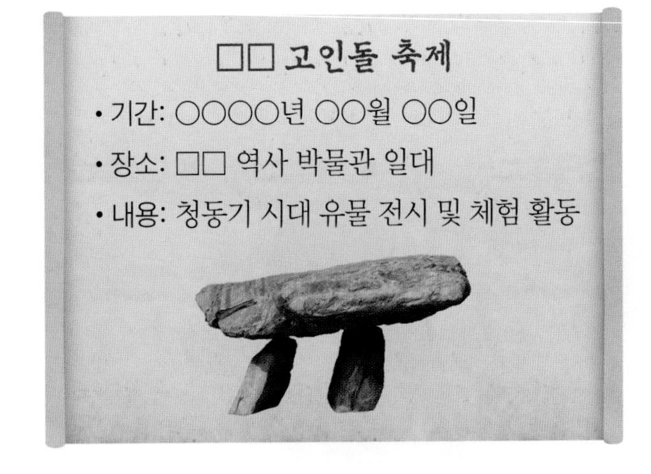

①

②

③

④

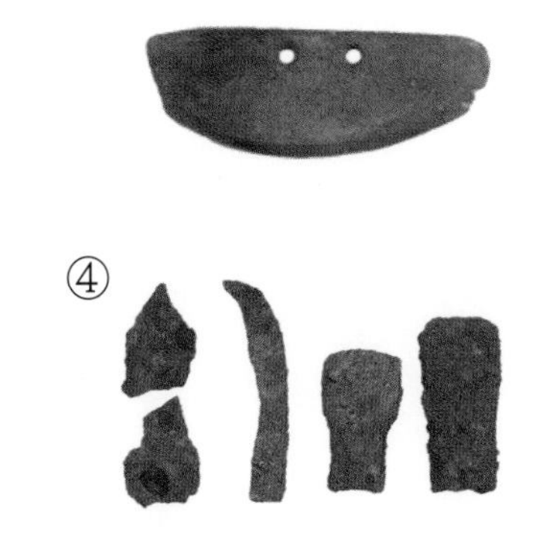

정답 확인

오늘 나의 실력은? 확인

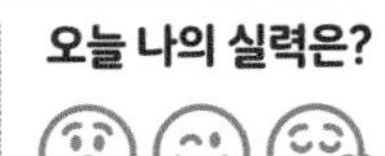

1. 선사 시대와 고조선

고조선 건국 이야기에 숨겨진 이야기가 있다고?

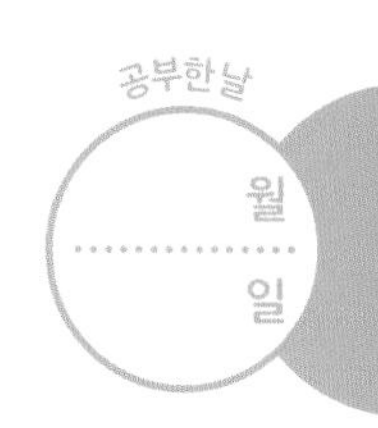

다음 그림은 고조선 건국 이야기에 담겨 있는 내용 중 한 장면이다. 힌트를 보고 환웅을 찾아 동그라미 해 보자.

그림에서 고조선 건국 이야기에 나오는 환웅을 잘 찾아보았니?
청동기 시대에 지배자가 등장했다고 했지? 지배자들은 더욱 큰 힘을 갖고자 했어. 그래서 전쟁을 통해 주변 마을을 통합하며 세력을 키워 나갔지. 이 과정에서 나라가 생겼어.
만주와 한반도 북쪽의 넓은 땅에도 나라가 생기고 지배자가 있었단다. 이 지배자가 바로 너희들이 한 번쯤 들어 봤을 단군왕검이지. 고조선 건국 이야기에 따르면 환웅은 단군왕검의 아버지라고 해. 또 곰이 사람이 되었다는 것은 믿을 수 없는 이야기 같지만, 여기에는 아주 많은 의미가 담겨 있지. 이제부터 그 이야기를 들려 줄게.

단군왕검이 세운 고조선

고조선은 청동기 문화와 농경 문화를 바탕으로 세워진 우리 역사 속 최초의 국가란다. 세계 여러 나라에는 처음 나라를 세울 때의 신화가 있지. **단군의 건국 이야기**를 기록한 가장 오래된 역사책은 고려 시대 일연 스님이 쓴 『삼국유사』라는 책이야. 단군의 건국 이야기에는 어떤 내용이 담겨 있는지 살펴볼까?

신화(神 신 **신**, 話 이야기 **화**)
예부터 전해 내려오는 역사나 역사적 이야기를 담고 있는 신성한 이야기이다.

❶ 옛날에 환인의 아들 환웅이 자주 인간 세상에 관심을 두었다. 이에 환인이 환웅을 내려 보내 그곳을 다스리게 하였다.

❷ 환웅이 바람, 비, 구름을 다스리는 신하와 3천여 명의 무리를 거느리고 내려와 인간의 일을 다스렸다.

❸ 환웅은 사람이 되고자 하는 곰과 호랑이에게 백 일 동안 쑥과 마늘만 먹으며 햇빛을 보지 말라고 하였다.

❹ 곰은 21일 동안 조심하여 사람이 되었으나, 호랑이는 참지 못하여 사람이 되지 못하였다.

❺ 여자가 된 곰(웅녀)은 환웅과 결혼하여 자식을 낳았는데, 이 아들을 단군왕검이라고 하였다.

❻ 단군왕검은 자라서 아사달을 도읍으로 정하고 나라를 세워 '조선'이라고 하였다.

이야기에 따르면 **단군왕검**은 무려 1500년 동안 고조선을 다스렸다고 해.

말도 안 돼요! 사람이 어떻게 1500년을 살 수 있어요?

사실 '단군왕검'은 어느 한 사람의 이름이 아니란다. '단군'이라는 말과 '왕검'이라는 말이 합쳐진 단어이지. **'단군'은 제사장**을 뜻하는 말이야. 하늘에 제사를 지내는 신성한 사람이라는 뜻이지. 한편 **'왕검'은 임금**이라는 뜻이란다.

청동기 시대의 군장은 제사와 나랏일을 모두 담당했어. 고조선도 정치 지배자가 종교 지도자를 겸하는 **제정일치 사회**였어. 즉, 단군왕검은 고조선 대대로 나라를 다스리며 제사를 지내던 지배자들을 통틀어 부르는 이름이지. 고조선은 1500년 동안 40여 명의 단군왕검이 나라를 다스렸다고 해.

고조선 건국 이야기에 담긴 뜻

어떻게 곰이 사람이 될까? 단군의 건국 이야기는 믿을 수 없는 이야기처럼 들리지만, 그 속에서 우리는 고조선의 진짜 모습을 찾아볼 수 있단다. 그럼 단군의 건국 이야기가 알려 주는 고조선 건국 당시의 모습을 함께 찾아보자!

하늘에서 환웅이 내려왔다는 것은 고조선을 건국한 단군왕검이 하늘의 자손임을 내세워서 신성한 존재임을 강조하려고 한 것이야.

신성(神 신 **신**, 聖 성스러울 **성**)
함부로 가까이할 수 없을 만큼 고결하고 거룩하다는 뜻이다.

농사를 지을 때 가장 중요한 것은 날씨야. 환웅이 바람, 비, 구름을 다스리는 신하와 함께 내려왔다는 이야기는 고조선이 농사를 중시하였다는 것을 알려 줘.

곰이 웅녀가 되어 환웅과 결혼했다는 것은 하늘을 상징하는 부족인 환웅족과 곰을 믿는 부족이 연합하여 고조선을 이루었다는 것을 의미해.

이렇게 보니 믿을 수 없는 내용 같기만 한 신화에도 사실은 숨겨진 이야기가 담겨 있다는 것을 알 수 있겠지? 이러한 신화에서는 지배자들의 권력이 하늘에서 내려온 것이고 따라서 **지배자가 신성한 존재라는 것을 강조**하고 있지. 단군의 건국 이야기도 마찬가지란다. 비록 단군의 건국 이야기가 실제로 일어난 일이라고 보기는 어렵지만, 우리 민족은 단군의 후손이라는 점을 강조함으로써 우리 민족이 힘들 때마다 그것을 이겨 낼 수 있는 힘을 주기도 했단다.

◀ **참성단**
참성단은 하늘을 숭배하고 제사를 지내던 곳이다. 단군왕검이 제사를 지내기 위해 제단을 지었다고 알려져 있다.

| 고조선 건국 |

❶ 기원전 2333년에 우리 역사 속 최초 국가인 ☐☐☐이 세워졌어.

❷ 고조선은 ☐☐☐ 문화를 바탕으로 건국되었어.

❸ 고조선은 1500년 동안 40여 명의 ☐☐☐☐이 나라를 다스렸어.

1 고조선 건국 이야기를 통해 당시 고조선에 대해 파악할 수 있는 것을 바르게 선으로 이으시오.

(1) 

환웅과 웅녀가 결혼하여 단군왕검을 낳았다.

● ● ㉠ 

(2) 

환웅은 바람, 비, 구름을 다스리는 신하를 데리고 내려왔다.

● ● ㉡ 

2 '단군왕검'의 뜻은 '단군'과 '왕검'으로 나뉜다. 각 의미에 해당하는 말을 낱말 카드에서 골라 쓰시오.

단군

왕검

(1) 정치를 담당하는 지배자를 의미한다.

( )

(2) 제사를 담당하는 제사장을 의미한다.

( )

한국사능력검정시험 기출

3 그림의 건국 이야기가 전해지는 나라에 대한 설명으로 옳은 것은? ( )

첫 번째 장면

하늘에서 내려오는 환웅과 그 일행

두 번째 장면

마늘과 쑥을 먹는 곰과 호랑이

세 번째 장면

나라를 다스리는 단군왕검

① 우리나라 최초의 국가이다.
② 소도라는 신성 구역이 있었다.
③ 영고라는 제천 행사가 있었다.
④ 엄격한 신분 제도인 골품제가 있었다.

정답 확인  오늘 나의 실력은?  확인

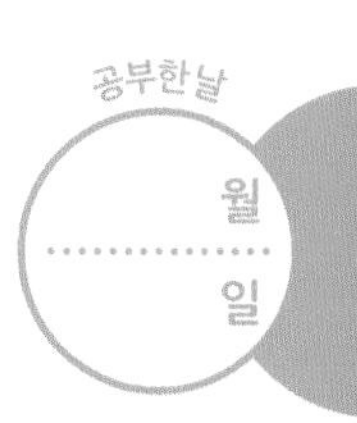

1. 선사 시대와 고조선

우리 겨레의 첫 나라, 고조선은 어떤 모습으로 발전하였을까?

다음 지도에서 탁자식 고인돌, 비파형 동검, 미송리식 토기 그림이 퍼져 있는 곳을 살펴보고, 고조선의 문화 범위를 색칠해 보자.

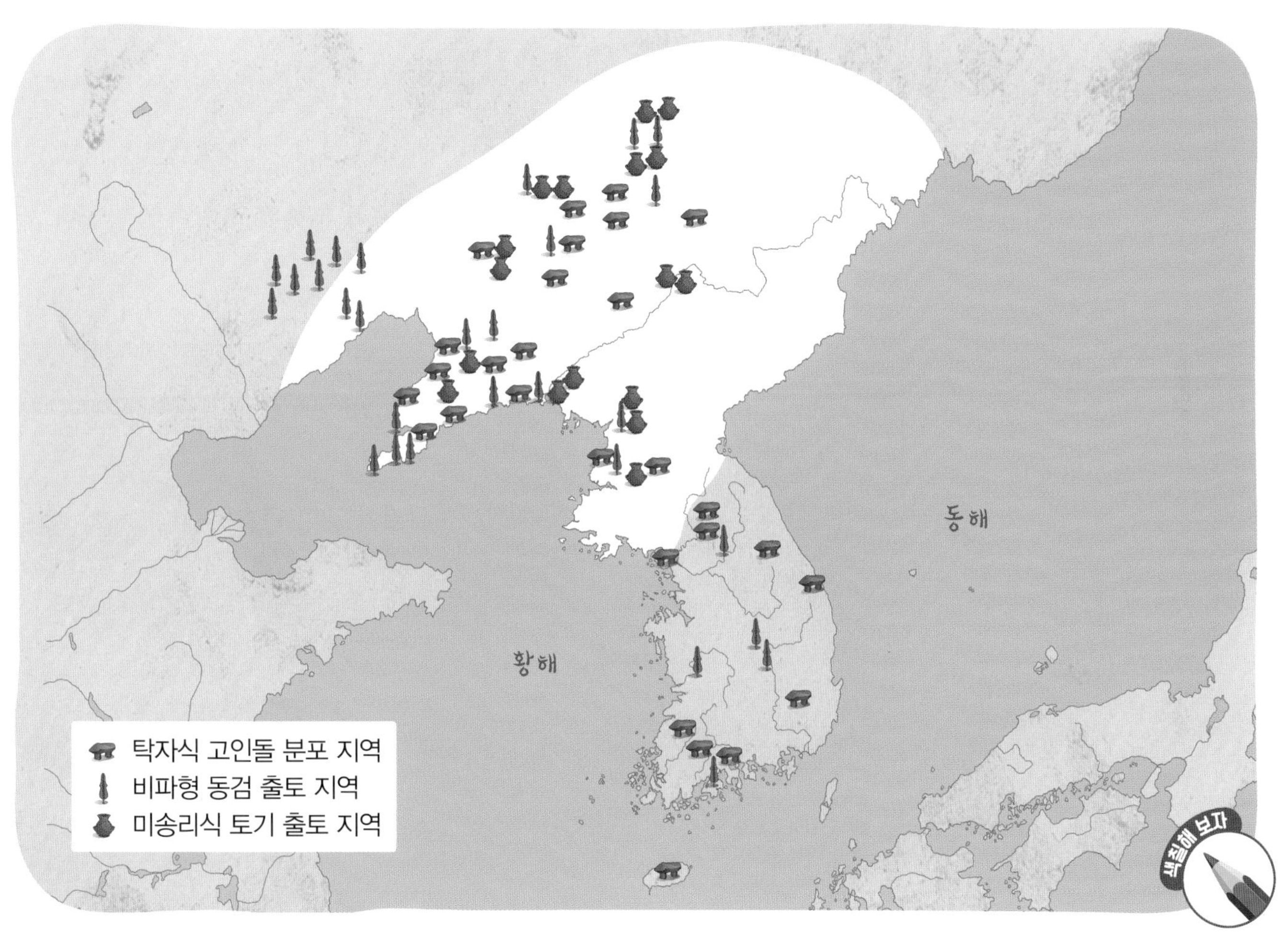

탁자식 고인돌, 비파형 동검, 미송리식 토기 이 세 유적과 유물이 발견된 위치로 고조선의 문화 범위를 짐작할 수 있단다. 탁자식 고인돌 그림은 탁자 모양을 닮은 고인돌인 탁자식 고인돌이고, 비파형 동검 그림은 악기인 비파 모양을 닮은 청동 검인 비파형 동검, 미송리식 토기 그림은 미송리식 토기란다. 세 유적과 유물이 공통적으로 발견된 지역이 바로 고조선의 문화 범위이지.

이렇게 넓은 지역은 부족이나 씨족이 이루는 마을이라기보다는 국가였을 거야. 그 국가가 바로 고조선이지. 그럼 고조선이 어떻게 성장하고 멸망하였는지 우리 함께 알아보자!

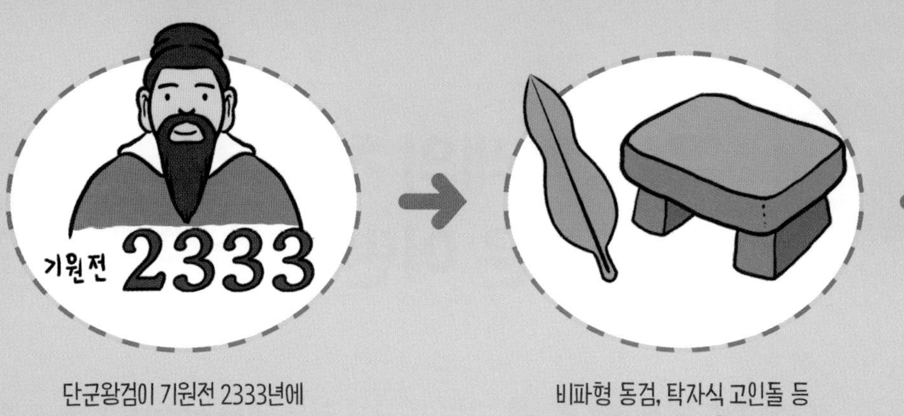

단군왕검이 기원전 2333년에
고조선을 건국하였다.

비파형 동검, 탁자식 고인돌 등
독자적인 청동기 문화를 발전시켰다.

고조선이 건국되어 멸망하기까지

고조선은 비파형 동검과 탁자식 고인돌, 미송리식 토기 등으로 대표되는 독자적인 청동기 문화를 발전시켰단다. 이후 철기 문화를 바탕으로 강력한 세력으로 더 성장해 나갔지.

지도에 표시된 지역이 고조선의 문화 범위이다. 이 지역에는 고조선을 대표하는 유물인 비파형 동검, 탁자식 고인돌, 미송리식 토기가 널리 퍼져 있다.

그런데 기원전 2세기, 고조선에는 커다란 변화가 일어났어. 중국 연나라 사람인 **위만**이 무리를 이끌고 고조선으로 들어온 거야.

내가 살고 있는 중국이 어지러우니
무리를 데리고 고조선으로 넘어가야겠어!

위만은 고조선과 이웃한 중국 연나라의 관리였어. 당시 고조선의 왕이었던 준왕은 위만과 무리들을 받아들이고 위만에게 국경의 수비를 맡겼지. 그런데 위만은 힘을 키워 준왕을 몰아내고 왕위를 빼앗았던 거야. 이후 그의 후손들이 왕위를 이어간 시기를 **위만 조선**이라고 해.

단군 조선과 위만 조선

고조선은 단군의 후손들이 나라를 다스렸던 단군 조선과 위만 및 그 후손들이 다스렸던 위만 조선으로 나눌 수 있어.

위만이 힘을 키워 준왕을 몰아내고 왕위에 올랐다.

한과 진 사이에서 중계 무역을 하며 크게 성장하였다.

한의 공격에 대항하였으나 기원전 108년 고조선이 멸망하였다.

위만은 우리 민족의 고유한 풍습이었던 상투를 틀고 흰옷을 입고 고조선으로 넘어왔다고 해. 그래서 일부 학자들은 위만을 연나라에 살던 고조선 사람으로 보기도 해. 위만은 '조선'이라는 나라 이름을 그대로 사용하고, 고조선의 문화를 유지했단다. 한편 위만은 중국의 철기 문화를 적극적으로 받아들여 점점 힘을 키우고 영토를 넓혀 갔지. 이후 고조선은 **철기 문화를 바탕으로 더욱 발전**하였어.

고조선은 중국의 한나라와 한반도 남쪽의 진나라 사이에서 물건을 사고파는 **중계 무역을 통해서 크게 성장**했어. 고조선이 점점 강한 나라가 되자, 한나라는 이를 경계하기 시작했지. 한나라 황제인 무제는 고조선이 못마땅했어. 당시 한나라는 강력한 힘을 가지고 사방으로 영토를 넓히고 있었는데, 고조선이 이를 방해한다고 생각한 거지.

중계 무역(中 가운데 **중**, 繼 이을 **계**, 貿 무역할 **무**, 易 바꿀 **역**)
다른 나라로부터 사들인 물건을 그대로 다른 나라에 수출하는 방식의 무역이다.

강력해지는 고조선을 가만히 둘 수 없다!
고조선은 우리 한나라를 섬기도록 해라!

위만의 손자인 나, 우거왕은 한나라에 머리 숙이지 않겠다!

결국 한나라는 엄청난 군대를 이끌고 고조선을 공격했지. 한나라의 침략에 맞서 우거왕과 고조선 사람들은 약 1년 동안 용감하게 싸웠어. 하지만 전쟁이 길어지면서 백성들은 조금씩 지쳐 갔고, 한나라는 이 틈을 노려 고조선 관리들을 꾀어냈어. 결국 우거왕은 항복을 주장하는 관리들에게 죽임을 당했고, 고조선의 수도인 **왕검성이 한나라 군대에 함락**되면서 2천여 년간 이어 오던 고조선의 역사 역시 막을 내렸어(기원전 108년).

| 고조선의 성장과 발전 |

❶ 고조선의 문화 범위는 ☐☐☐ 동검, 탁자식 고인돌 등의 분포 범위로 알 수 있어.

❷ ☐☐ 은 고조선으로 들어와 준왕을 몰아내고 왕이 되었어.

❸ 고조선은 중국의 한과 한반도 남쪽의 진 사이에서 ☐☐ 무역을 하며 크게 성장했어.

1 다음 중 고조선의 문화 범위를 알려 주는 문화유산을 모두 골라 기호를 쓰시오. (　　　　)

㉠ 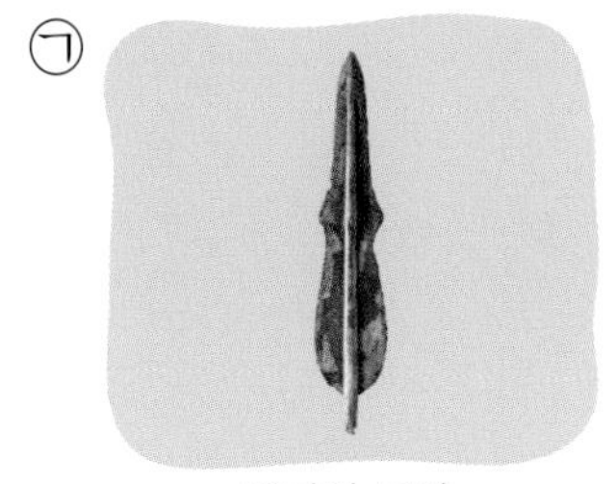
비파형 동검

㉡ 
빗살무늬 토기

㉢ 
탁자식 고인돌

2 다음은 고조선의 발전 과정을 정리한 것이다. 일어난 순서대로 나열하시오.

(　　　　) → (　　　　) → (　　　　)

(가) 
위만이 준왕을 몰아내고 왕이 되었다.

(나) 

한의 침략으로 왕검성이 함락되었다.

(다) 

한과 진 사이에서 중계 무역을 하며 크게 성장하였다.

한국사능력검정시험 기출

3 선생님의 질문에 대한 학생의 대답으로 옳지 않은 것은? (　　　　)

정답 확인 | 오늘 나의 실력은? | 확인

고조선 사람들은 어떤 삶을 살았을까?

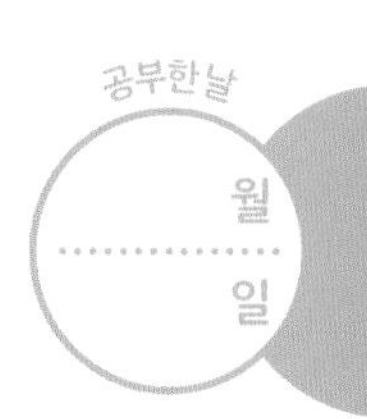

다음은 청동기 시대의 농경 무늬 청동기이다. 이 청동기에 새겨진 그림이 의미하는 것이 무엇일지 점선을 따라 그리며 생각해 보자.

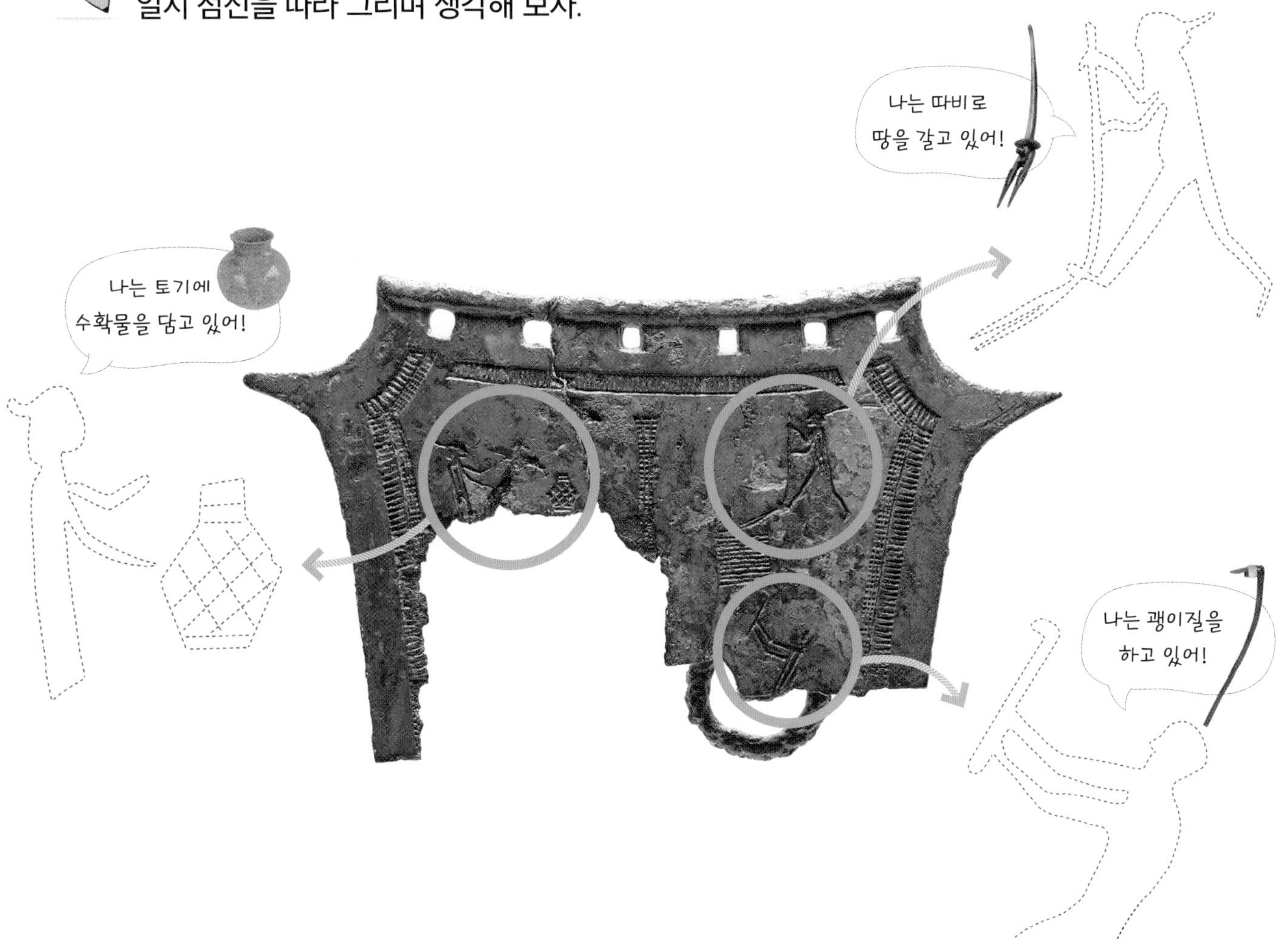

위의 청동기는 대전에서 출토되었다고 전해지는데, 정확한 제작 시기는 알 수 없지만 청동기 시대 유물로 보고 있어. 이 청동기는 부서지고 일부만 남아 있지만, 남아 있는 부분에서 여러 가지 그림을 찾아볼 수 있단다.
토기에 수확물을 담는 모습, 괭이질하는 모습, 따비로 땅을 가는 모습 등이지.
이 모습들의 공통점이 무엇이라고 생각하니? 바로 당시 사람들이 농사를 지었다는 것이야. 청동기 시대에도 벼농사를 지어 쌀을 먹었다고 하니, 더 가까운 느낌이 들지 않니?
그럼 청동기 문화를 바탕으로 세워진 고조선에서는 사람들이 어떻게 생활했는지 알아보자!

법을 지키며 살았던 고조선 사람들

우리 역사 속 최초의 국가인 고조선은 나라가 점점 커지고 복잡해지면서 법을 만들어 사회 질서를 유지하고자 했어. 고조선에는 여덟 가지 법인 '8조법'이 있었는데, 그중에서 지금까지 전해지는 것은 세 가지란다. 남아 있는 세 가지 조항을 통해 고조선 사회의 모습을 짐작해 볼 수 있지.

고조선의 8조법

사람을 죽인 자는 사형에 처한다.

고조선 사회가 생명을 중요하게 생각했고, 큰 죄를 지은 사람에게 죄를 물어 엄격하게 다스렸음을 알 수 있다.

남에게 상처를 입힌 자는 곡식으로 갚는다.

곡식이 죄를 갚는 수단이었다는 것은 고조선이 농경 사회였음을 보여 주고, 개인이 재산을 가질 수 있었다는 것도 짐작할 수 있다.

도둑질한 자는 노비로 삼는데, 죄를 면하려면 50만 전을 내야 한다.

고조선은 노비 제도가 있는 신분제 사회였음을 알 수 있고, 개인의 재산을 보호했다는 것도 알 수 있다.

고조선의 지배층은 이러한 법을 바탕으로 사회 질서를 바로잡아 갔단다.

고조선 사람들의 삶

고조선의 백성은 삼베옷을 입고 짚신을 신고 다녔다고 해. 반면 지배자들은 비단옷을 입고 가죽신을 신었지. 거기에 옥이나 비취 등의 보석으로 만든 장신구들을 착용하였단다. 고조선 사람들은 미송리식 토기와 같은 민무늬 토기에 곡식이나 음식을 저장하였고, 땅 위에 올려 지은 움집에서 살았지.

위의 농경 무늬 청동기를 보면 농기구인 따비로 밭을 가는 모습, 토기에 곡식을 담는 모습, 괭이질하는 모습 등이 나타나 있지? 이 그림들을 통해 당시 사람들이 **농사를 지었다**는 것을 알 수 있어. 고조선 사람들은 콩, 조, 수수, 팥 등의 곡식을 먹었단다. 그리고 우리가 지금 쌀밥을 먹듯이 그 당시 사람들도 벼농사를 지어 **쌀밥을 먹기 시작**했지.

고조선 사람들은 청동기를 사용했다고 했지? 오랜 기간 동안 발전해 온 고조선은 **청동기를 만드는 기술**도 발전시켰어.

▲ 세형 동검과 거푸집

▲ 잔무늬 거울

청동기를 만드는 기술이 발달함에 따라 한반도 내에서도 독자적인 청동기를 만들 수 있게 되었지. **세형 동검**을 제작하는 틀인 거푸집의 출토가 이를 뒷받침한단다.

세형 동검
청천강 이남 지역에서 출토되는 청동 검의 하나로, 한국식 동검이라고도 한다.

고조선은 독자적인 청동기 문화와 함께 **철기 문화**를 발전시켰단다. 한반도 전역에서 고조선 후기의 철기가 발견되고 있지. 중국에서 철기가 들어온 뒤 철이 풍부했던 우리나라는 점차 무기와 농기구를 철로 만들기 시작하였고, 고조선의 철기 문화는 더욱 발전하였단다.

| 고조선의 생활 모습 |

❶ 고조선의 [ ] 조법에 따르면 도둑질은 한 사람은 노비로 삼았어.

❷ 남을 다치게 한 자는 곡식으로 갚게 한 것으로 보아 고조선은 [ ][ ] 사회였음을 알 수 있어.

❸ 고조선 사람들은 미송리식 토기와 같은 [ ][ ][ ] 토기에 곡식이나 음식을 저장하였어.

1 고조선에 신분 제도가 있었음을 알 수 있는 고조선의 법 조항을 골라 기호를 쓰시오. ( )

㉠

사람을 죽인 자는 사형에 처한다.

㉡

남에게 상처를 입힌 자는 곡식으로 갚는다.

㉢

도둑질한 자는 노비로 삼는데, 죄를 면하려면 50만 전을 내야 한다.

2 다음 글의 ㉠, ㉡에 들어갈 알맞은 말을 쓰시오.

㉠: ( ), ㉡: ( )

한국식 동검이라고도 불리는 [㉠]과 청동기를 제작하는 틀인 [㉡]의 발견으로 한반도 내에서 독자적인 청동기 문화가 발달하였음을 알 수 있다.

한국사능력검정시험 기출

3 밑줄 그은 '이 나라'에 관한 설명으로 옳은 것은? ( )

① 8조법으로 백성을 다스렸다.
② 낙랑과 왜에 철을 수출하였다.
③ 신분 제도인 골품제가 있었다.
④ 혼인 풍습으로 민며느리제가 있었다.

정답 확인 | 오늘 나의 실력은? | 확인

1. 선사 시대와 고조선

철기의 사용으로 나타난 변화는 무엇일까?

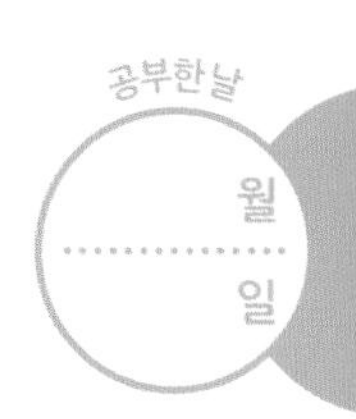

다음 그림은 시대별 인물을 나타낸 것이다. 철로 만든 물건을 골라 색칠해 보자.

가락바퀴로 실을 뽑는 사람

쇠 낫으로 밭을 가는 사람

비파형 동검을 들고 있는 사람

주먹도끼로 동물 가죽을 떼어 내는 사람

주위를 둘러보면 철로 된 물건을 쉽게 찾을 수 있을 거야.
쇠망치와 같은 철기는 단단하지? 하지만 청동기는 철기보다 무르고 약했단다. 청동기를 만들던 사회보다 철기를 만들던 사회는 더 높은 기술을 가진 사회였지.
철로 도구를 만드는 기술은 사회를 크게 변화시켰단다. 단단한 철제 무기를 가진 국가가 전쟁에서 이기고, 철제 농기구를 가진 국가는 더 많은 수확물을 얻을 수 있었지.
위의 그림 중 '쇠 낫'이 철기에 해당해. 가락바퀴와 주먹도끼는 석기, 비파형 동검은 청동기에 해당하지. 철기를 사용하면서 사람들의 생활이 어떻게 달라졌는지 자세히 알아보자!

돌과 청동보다 강한 철!

청동기는 매우 귀해서 힘 있는 사람만 쓸 수 있다고 했지? 그래서 청동기 시대에는 농기구 등 일상생활에 필요한 도구를 돌이나 나무로 만들어 썼어. 그런데 청동으로 농기구를 만들어 쓰지 못한 이유는 또 있어. 바로 청동이 농기구로 쓸 만큼 단단하지 않았기 때문이야.

시간이 지나면서 사람들은 새로운 금속인 철을 발견하게 되었어. 철기는 청동기보다 쉽게 녹슬기는 했지만 훨씬 더 단단하고 날카로웠지. 또한 철은 청동의 재료가 되는 구리나 주석보다 높은 온도에서 녹아 녹이기는 힘들지만 땅속에 훨씬 많이 매장되어 있단다. 그래서 특별한 사람들만이 가질 수 있었던 청동기와 달리 많은 사람이 철기를 사용할 수 있었지.

철은 얼마나 높은 온도에서 녹나요?

청동기는 800℃ 정도의 온도에서 만들지만 철기는 1000~1500℃ 정도의 온도에서 만든단다. 불을 다루는 기술이 그만큼 발달했기 때문에 철기를 제작할 수 있게 된 거지.

철기와 청동기는 어떻게 다를까?

▲ 청동기보다 철기가 더 단단하다. ▲ 청동보다 철을 구하기 더 쉽다. ▲ 청동기보다 철기가 더 날카롭다.

철기의 사용이 가져온 변화

청동기 시대의 농기구는 돌로 만들어 무겁고 쉽게 깨졌어. 반면에 철로 만든 농기구는 훨씬 더 가볍고 단단했어. 또 철을 녹여 만들었기 때문에 다양한 형태의 농기구를 만들 수도 있었어. 단단한 **철제 농기구**를 사용하면서 자갈과 수풀이 우거진 거친 황무지를 좀 더 쉽게 갈 수 있게 되었고, 사람들은 더 넓은 땅을 경작할 수 있게 되었단다.

또 날카롭고 뾰족한 농기구로 땅을 깊게 팔 수 있게 되면서 땅은 비옥해졌지. 철제 농기구의 사용으로 **농업 생산량이 늘어나고** 이로써 인구 역시 크게 늘어날 수 있었던 거란다.

철로는 농기구뿐만 아니라 무기도 만들었어. **철제 무기**를 먼저 사용한 세력은 강력한 군사력을 갖게 되었지. 철제 무기를 만들면서 전쟁 기술 역시 발달했어. 강력한 철제 무기를 통해 전투력이 향상되었고, **정복 전쟁은 더 활발**하게 벌어졌어. 고조선이 중국 한나라의 견제를 받을 정도로 성장한 이유도 우수한 철기 문화를 받아들여 발전시켰기 때문이야. 이러한 철기 문화는 고조선 주변으로 퍼져 나갔지. 철기 문화를 바탕으로 고조선 주변에도 **새로운 나라들이 등장**하기 시작했어.

청동기 시대에는 지배자 무덤으로 고인돌을 만들었는데,
철기 시대 무덤은 어떻게 만들었나요?

철기 시대에는 무덤을 만드는 양식도 바뀌었단다. 땅을 파고 나무관에 시신을 넣어 흙을 덮은 **널무덤**이나 두 개의 항아리를 옆으로 이은 **독무덤** 등을 만들었지.

철기 시대의 유적들에서는 철기와 함께 **명도전**과 같은 중국 화폐가 발견되었고, 이를 통해 고조선이 중국과 교류했다는 것도 알 수 있단다. 또한, 경상남도 창원의 유적지에서는 **붓이 발견**되어, 고조선이 중국으로부터 건너온 한자를 사용했다는 것도 알 수 있지. 고조선이 멸망한 뒤 한반도 주변에 있던 철기 문화 세력은 여러 지역으로 퍼져 나가 발전했단다.

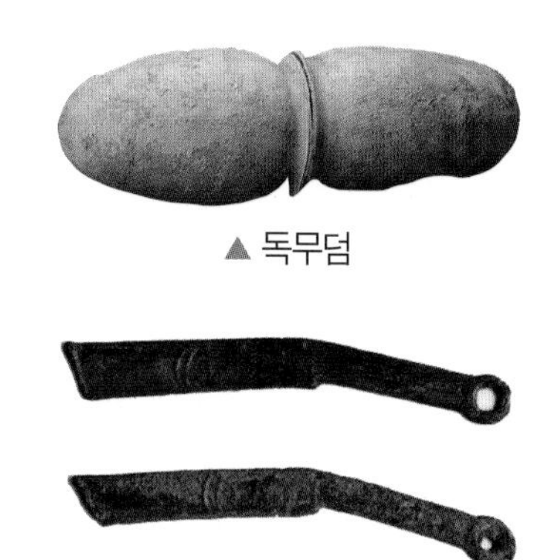
▲ 독무덤

▲ 명도전

철기를 만드는 과정

| 철기 사용으로 나타난 변화 |

❶ 철기 시대에는 ☐☐ 농기구 사용으로 농업 생산량이 증가했어.

❷ 철기 시대가 되면서 ☐ 무덤이나 독무덤이 만들어졌어.

❸ 철기 시대 유적에서 발견된 ☐☐☐을 통해 중국과 교류했음을 알 수 있어.

1 다음 중 철기 시대의 유물이 아닌 것을 골라 기호를 쓰시오. (　　　)

㉠ 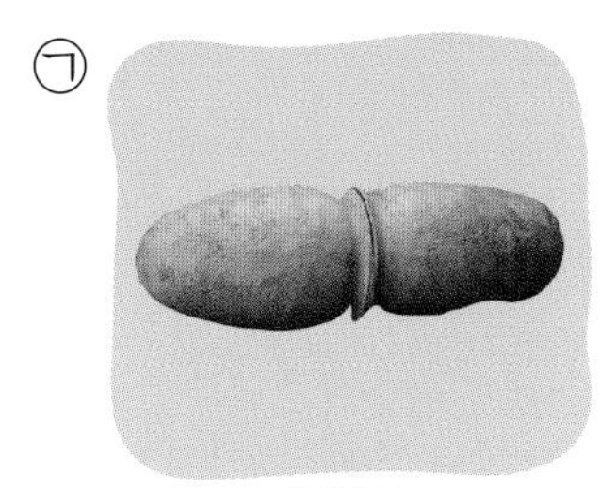
독무덤

㉡ 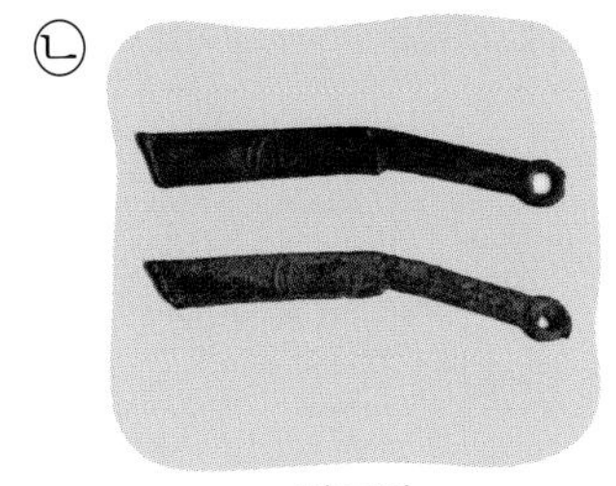
명도전

㉢ 
빗살무늬 토기

2 다음 중 틀린 설명을 한 사람의 이름을 쓰시오. (　　　　　　)

철기는 청동기보다 단단하여 농기구를 만들어 쓰기 좋았어.

소은

철기 시대에는 시신을 널무덤이나 독무덤에 넣고 매장하였어.

성구

거친무늬 거울의 출토를 통해 철기 시대에 중국과 교류했음을 알 수 있어.

이랑

3 다음 도구를 사용했던 시대에 관한 설명으로 옳은 것은? (　　　)

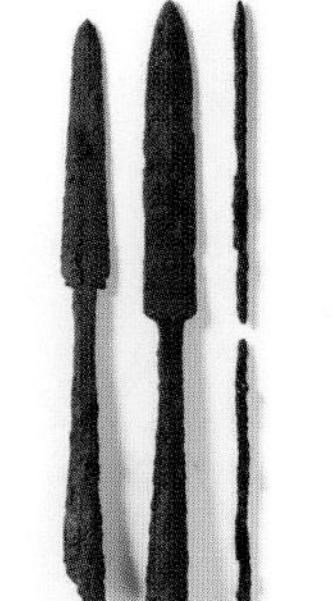

① 철제 농기구를 사용하여 농사를 지었다.

② 음식을 저장하기 위해 빗살무늬 토기를 만들었다.

③ 주로 동굴이나 바위 그늘에서 무리 지어 생활하였다.

④ 지배자의 힘을 보여 주는 고인돌이 제작되기 시작하였다.

정답 확인 

오늘 나의 실력은? 

확인

철기 문화 위에 꽃핀 여러 나라를 살펴볼까?

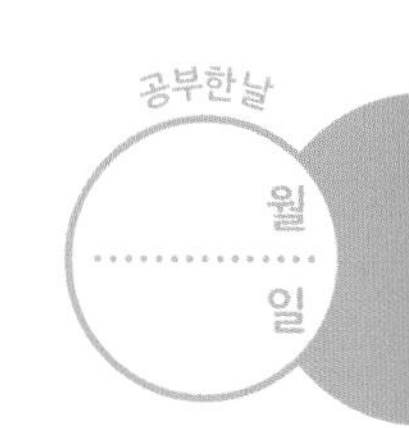

다음 지도는 고조선의 뒤를 이어 등장한 나라들을 나타낸 것이다. 초성 힌트와 낱말 카드를 이용하여 나라 이름을 채워 보자.

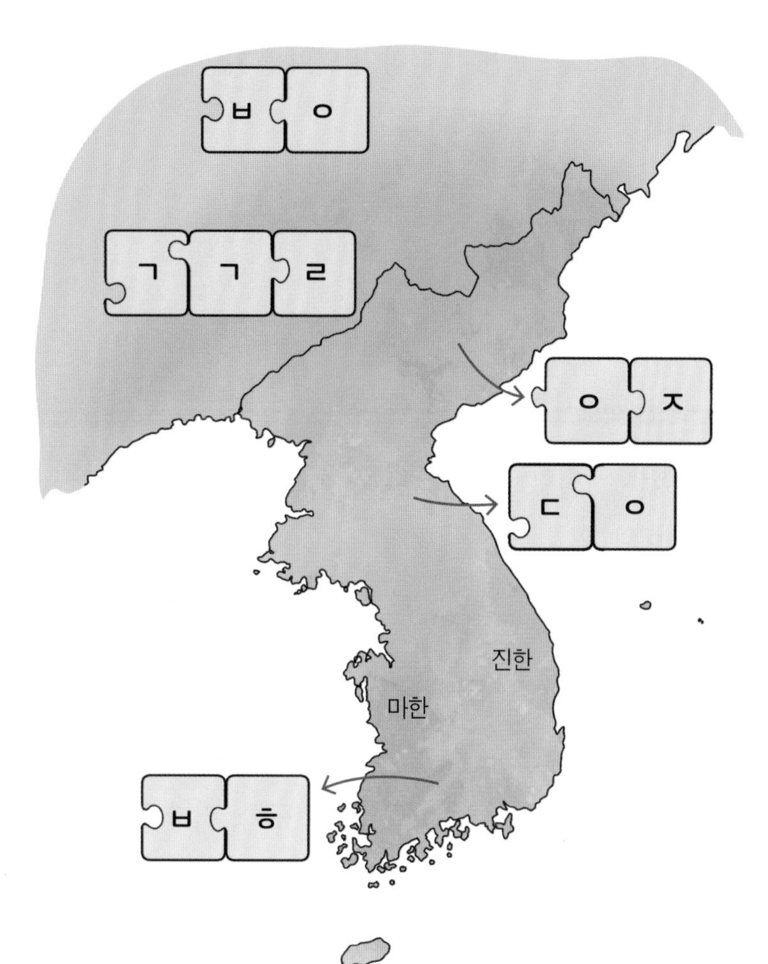

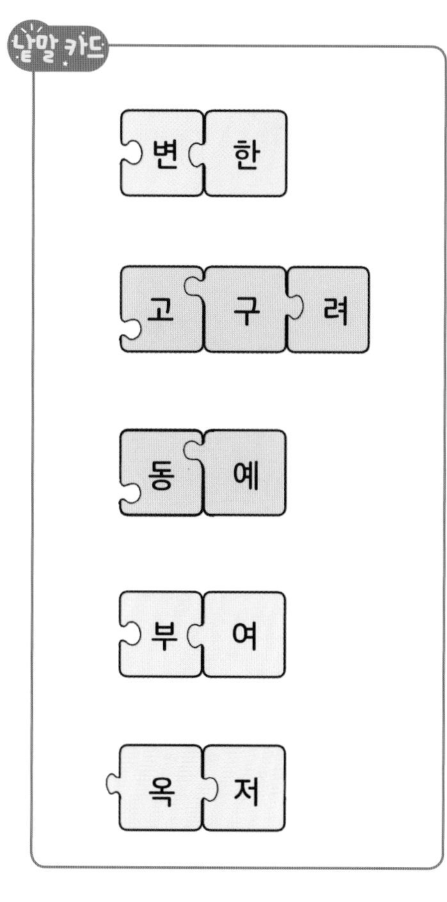

고조선의 문화가 퍼져 나가면서 주변 지역도 발전하기 시작했어. 또한, 고조선 멸망 후 고조선의 유민들이 한반도 남쪽으로 이동하여 이 지역의 문화 발전에 영향을 주었지. 그래서 만주와 한반도 지역에는 철기 문화를 바탕으로 여러 나라가 성장하였단다.
지도 맨 위의 나라는 부여란다. 그 아래는 삼국 시대까지 이어진 고구려, 그 아래는 각각 옥저와 동예이지. 한반도의 남쪽에는 마한, 진한, 변한이 삼한을 이루었는데, 지도의 맨 아래 나라가 변한이지.
그럼 이러한 여러 나라가 어떠한 모습으로 발전했는지 우리 함께 자세히 알아볼까?

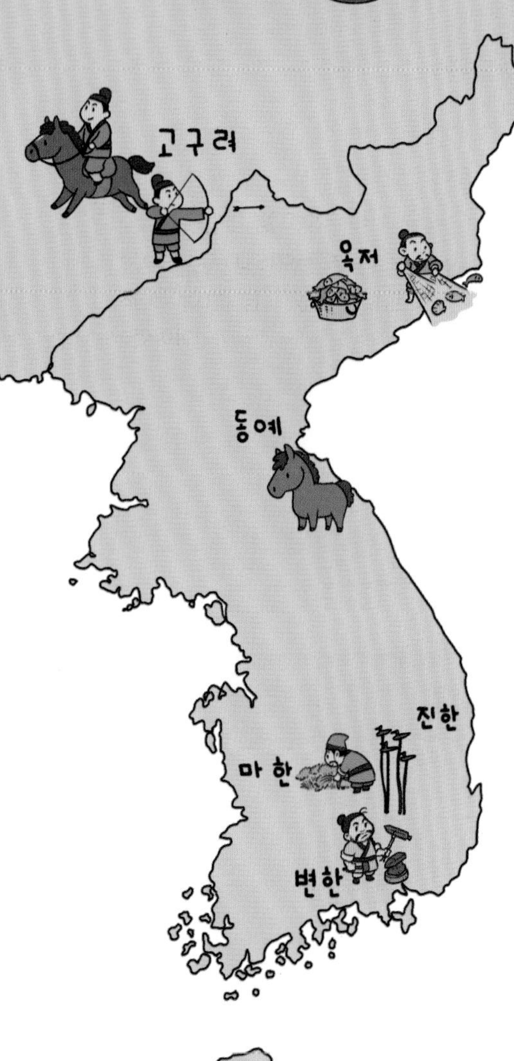

철기 문화 위에 꽃핀 여러 나라

철기를 잘 다루는 집단은 철제 무기로 주변 지역을 정복하고 통합하면서 세력을 확장하였고, 영토가 확대되면서 점차 국가로 성장하였단다. 이러한 **철기 문화의 발전과 사회 변화를 배경**으로 만주와 한반도에서 부여와 고구려를 비롯해 옥저, 동예, 삼한이 등장하였지. 왼쪽 지도를 보면 각 나라의 위치를 확인할 수 있겠지? 그럼 함께 각 나라의 특징을 알아보자!

부여

만주 땅 너른 벌판에 세워진 **부여**는 고조선이 멸망할 무렵, 만주 일대에서 가장 힘이 센 나라였지. 부여는 법이 엄격한 것으로도 유명했어. 이러한 부여는 다섯 부족이 힘을 합쳐 하나의 나라를 이룬 **연맹 왕국**이란다.

나는 왕이지만 나라 전체를 다스리는 것은 아니라오.

부여의 왕은 중앙을 다스리고, 마가, 우가, 구가, 저가 등의 '가'들이 사출도를 나누어 다스렸단다. 나라의 중요한 일은 '가'들이 회의를 해서 결정했어. 그리고 왕이 죽으면 왕을 모시던 사람들도 함께 묻는 **순장** 풍습이 있었단다.

부여에서는 왕이 죽으면 정말 그 신하들도 같이 묻었나요?

내가 그 신하였으면 정말 무서웠겠다. 그런데 이 풍습은 정말 있었다고 해. 부여에서는 왕이나 귀족이 죽으면 그를 모시던 사람들도 함께 묻었지. 이것을 '순장'이라고 해. 이때 왕이나 귀족이 사용하던 장신구 등도 무덤에 같이 묻었다고 하는구나.

고구려

고구려도 부여와 같이 다섯 부족이 힘을 합친 **연맹 왕국**이었단다. 하지만 고구려는 부여와 달리 산이 많았어. 그래서 농사지을 땅이 부족했고, 먹을거리를 얻으려고 주변 나라를 자주 쳐들어갔단다. 그래서 고구려 사람들은 말타기, 활쏘기 등을 어려서부터 연습했어.

한편, 고구려는 **서옥제**라는 혼인 풍속이 있었어. 혼인을 하면 신랑이 신부의 집 뒤꼍에 마련된 작은 집에서 아이를 낳고 살다가, 자식이 자라면 아내와 자식을 데리고 자기 집으로 돌아가던 풍습이지.

옥저와 동예

우리나라의 동해 바다에 가 본 적 있니? **옥저**와 **동예**는 동해안 지역에 자리 잡고 있던 나라들이란다.

옥저와 동예에는 왕이 없었고, 각 지역을 군장들이 다스렸지. 이 지역들은 **땅이 비옥해서 농사도 잘되었고, 해산물도 풍부**했어. 그렇지만 군사력이 약해서 고구려의 간섭을 받았고, 고구려에 특산물을 바쳐야 했지. 옥저는 해산물과 소금을 바쳤고, 동예는 과하마라고 하는 작은 조랑말과 반어피라고 하는 바다표범 가죽 등을 바쳤지. 하지만 결국에는 **고구려에 정복**되고 말았단다.

군장(君 임금 **군**, 長 어른 **장**)
부족 국가의 우두머리이다.

옥저의 민며느리제

여자아이를 남자 집으로 데려와 키우다 성인이 되면 혼인시키는 풍습이 있었다.

동예의 족외혼과 책화

같은 씨족끼리는 결혼하지 않는 족외혼이라는 혼인 풍속이 있었다. 또한 서로의 경계를 침범하면 노비나 소, 말로 배상하는 책화라는 풍속이 있었다.

제천 행사

고조선 이후 등장한 나라들의 모습이 조금씩 다르지? 그렇지만 비슷한 점도 있었단다. 그 중 하나는 온 나라 사람이 모여서 하늘에 제사를 지내는 것인데, 이것을 '제천 행사'라고 한단다. 부여에는 영고, 고구려에는 동맹, 동예에는 무천, 삼한에는 5월 · 10월 계절제와 같은 제천 행사가 있었지.

삼한

한반도 남쪽에는 수십 개의 작은 나라들이 생겨났지. 이 나라들이 모여서 **마한**, **진한**, **변한**으로 발전하였고, 이 모두를 합쳐 **삼한**이라고 하지.

삼한은 일찍부터 **벼농사가 발달**했어. 변한에서는 특히 **철이 풍부**하게 나서 다른 나라에 철을 팔아 이익을 남기기도 했지. 삼한에서는 군장이 각각의 작은 나라들을 통치하였는데, 천군이라는 제사장이 따로 있어서 '소도'라는 지역에서 제사를 지냈단다.

소도는 신성한 지역으로 여겨졌으며, 군장의 힘이 미치지 않아서 죄인이라도 소도로 도망치면 함부로 잡아들일 수 없었다고 해. 이를 통해 삼한은 정치 지배자와 종교 지도자가 분리된 **제정 분리 사회**였다는 것을 알 수 있단다.

◀ **솟대**
삼한의 소도에 세우던 것에서 유래한 것으로 추정된다. 긴 장대 위에 새가 올라가 있는데, 고대인이 새를 하늘과 땅을 연결해 주는 존재로 여긴 것과 관련이 있다.

| 철기 시대에 등장한 여러 나라 |

❶ 부여와 고구려는 여러 부족이 힘을 합쳐 만들어진 [ ][ ] 왕국이었어.

❷ 고구려에는 혼인 풍습으로 [ ][ ][ ]가, 옥저에는 [ ][ ][ ][ ][ ]가 있었어.

❸ 삼한에는 천군이 다스리는 [ ][ ]라는 신성한 구역이 있었어.

1 다음 설명에 해당하는 나라를 낱말 카드에서 골라 쓰시오.

부여 | 고구려 | 옥저 | 동예 | 삼한

(1) 여자아이를 남자 집으로 데려와 키우다 성인이 되면 혼인시키는 풍습이 있었다.

( )

(2) 신랑이 신부의 집 뒤꼍에 마련된 작은 집에서 자식이 클 때까지 지내는 풍습이 있었다.

( )

2 삼한의 천군에게 소도의 존재를 통해 알 수 있는 사실을 물었다. 밑줄 친 부분을 채우시오.

삼한에는 종교적 지도자인 천군과 신성 지역인 소도가 존재하였다. 이를 통해 삼한이 ________

____

알 수 있다.

한국사능력검정시험 기출

3 (가)~(다)에 있었던 나라로 옳은 것은? ( )

	(가)	(나)	(다)
①	동예	부여	진한
②	부여	동예	진한
③	부여	진한	동예
④	진한	부여	동예

(가) 백두산 고구려 옥저 (나) 동해 황해 마한 (다) 변한

◀ 고조선 이후 세워진 여러 나라

정답 확인

오늘 나의 실력은? 확인

마무리 학습

도전! 한국사능력검정시험

문자를 사용하기 이전의 시대는 선사 시대, 이후의 시대는 역사 시대라고 한단다.
만주와 한반도 지역에 나타난 문화와 국가들을 정리해 보자!

구석기 · 신석기 · 청동기 시대

구분	구석기 시대	신석기 시대	청동기 시대
사용 도구	• 돌을 깨뜨리거나 떼어 내 만든 ★뗀석기를 사용함. • 나무, 동물 뼈를 도구로 사용함.	• 돌을 갈아서 만든 간석기를 사용함. • ★빗살무늬 토기를 사용함.	• 청동기: 지배 계급의 무기나 제사용 도구로 사용함. • 농기구: 돌과 나무로 만든 도구를 이용함(반달 돌칼).
생활 모습	• 동굴이나 강가 막집에서 생활함. • 채집이나 사냥을 해서 먹을 것을 구함. • 이동 생활을 함.	• 농사와 목축이 시작됨. • 움집에서 정착 생활을 함. • 가락바퀴, 뼈바늘로 옷을 만들어 입음.	• 계급이 발생함. • 국가가 등장함. • 지배자의 무덤으로 ★고인돌을 만듦.

우리 역사 속 최초의 국가, 고조선

건국	기원전 2333년, 우리 역사 속 최초의 국가인 고조선이 건국됨.
성장	• 기원전 5세기경 중국에서 철기가 전래됨. • 위만이 준왕을 몰아내고 왕위를 차지함(기원전 194년). • 철기 문화가 확산하고, ★중계 무역이 발달함. → 중국의 한과 대립함.
사회 모습	사회 질서를 유지하기 위한 ★8조법이 있었음. → 생명 존중, 농업 사회, 노동력 중시, 신분제 사회 등을 알 수 있음.
멸망	한의 침략으로 왕검성이 함락되면서 멸망함(기원전 108년).

▲ 고조선의 문화 범위

여러 나라의 성장

부여	고구려	옥저와 동예	삼한(마한, 진한, 변한)
• 중앙은 왕이 통치하고, 각 '가'들이 사출도라는 각자의 영역을 다스리는 연맹 왕국임. • 농경과 목축이 발달함. • 왕이 죽으면 많은 사람을 함께 묻는 순장이라는 풍습이 있음.	• 왕과 각 부의 대가들이 각자의 영역을 다스리는 연맹 왕국임. • 제가 회의에서 국가의 중요 사항을 결정함. • 무예를 중시함. • ★서옥제 풍습이 있음.	• 왕이 없고, 군장이 부족을 다스림. • 옥저: 민며느리제, 가족 공동 무덤과 같은 풍습이 있음. • 동예: 족외혼, 책화와 같은 풍습이 있음.	• 왕이 없고, 군장이 부족을 다스림. • 종교 지도자인 천군이 관할하는 ★소도가 있음. • 벼농사가 발달함. • 변한은 철이 풍부함.

1 (가)에 들어갈 유물로 옳은 것은? (　　　　)

조사 보고서

1. 주제: 구석기 시대 사람들의 생활
2. 방법: 인터넷 검색, 박물관 견학
3. 내용
   - 주로 동굴과 막집에서 살았다.
   - 식량을 찾아 이동 생활을 하였다.
4. 유물 및 유적

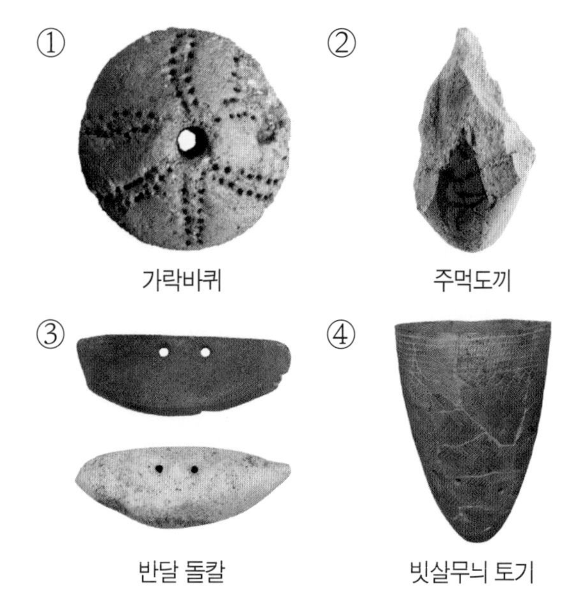

2 (가)에 들어갈 내용으로 가장 적절한 것은? (　　　　)

신석기 문화 축제

- 기간: ○○○○년 ○○월 ○○일~○○일
- 장소: ○○○ 선사 박물관 일대
- 내용: 신석기 시대 유물 전시 및 생활 체험
- 체험 프로그램
  - 갈돌과 갈판으로 곡식 갈기

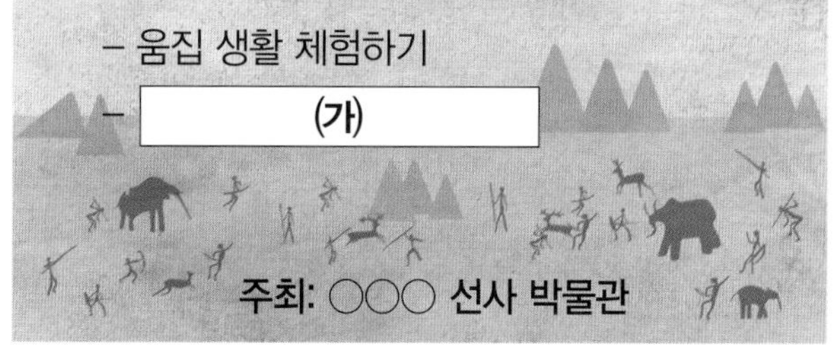

① 빗살무늬 토기 만들기
② 고인돌의 덮개돌 끌기
③ 반달 돌칼로 이삭 따기
④ 철제 농기구로 밭 일구기

3 (가) 시대의 생활 모습으로 적절하지 <u>않은</u> 것은? (　　　　)

고인돌은 (가) 시대 지배자의 무덤이에요. 많은 사람이 동원되어 만든 거대한 고인돌을 통해 강력한 힘을 가진 지배자가 나타났음을 알 수 있어요.

① 벼농사를 짓기 시작하였다.
② 비파형 동검을 제작하였다.
③ 주로 동굴과 막집에서 살았다.
④ 반달 돌칼을 이용하여 곡식을 수확하였다.

4 그림의 건국 이야기가 전해 내려오는 나라에 관한 설명으로 옳은 것은? (　　　)

① 순장의 풍습이 있었다.
② 고구려의 간섭을 받았다.
③ 8조법으로 백성을 다스렸다.
④ 낙랑과 왜에 철을 수출하였다.

5 밑줄 그은 '이 나라'에 관한 설명으로 옳은 것은? (　　　)

① 영고라는 제천 행사를 열었다.
② 서옥제라는 혼인 풍습이 있었다.
③ 제가 회의에서 국가의 중요한 일을 결정하였다.
④ 중국의 한과 한반도 남부의 나라들 사이에서 중계 무역을 하였다.

6 밑줄 그은 '이 나라'에 관한 설명으로 옳은 것은? (　　　)

영고라는 제천 행사를 열었던 이 나라에 대해 이야기해 보자.

전쟁이 나면 하늘에 제사를 지내고 소를 잡아 발굽을 보고 점을 쳤어.

왕이나 신분이 높은 사람이 죽으면 다른 사람을 함께 묻는 순장 풍습이 있었어.

① 사출도가 있었다.
② 책화라는 풍습이 있었다.
③ 한의 침입으로 멸망하였다.
④ 과하마, 반어피 등을 고구려에 바쳤다.

7 (가) 나라에 관한 설명으로 옳은 것은? (　　　)

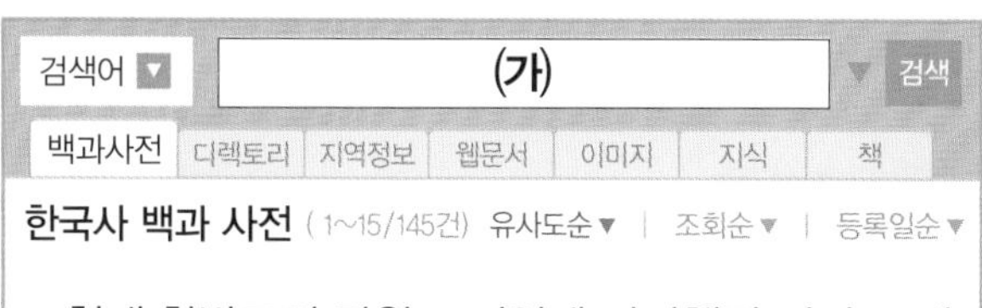

현재 한반도의 강원도 지역에 자리했던 나라로 해산물이 풍부하였다. 고구려의 간섭으로 크게 성장하지 못하고 결국 고구려에 정복당하였다.
활, 조랑말, 바다표범 가죽이 특산물로 유명하였으며, 다른 부족의 영역을 침범하면 배상하는 책화라는 제도가 있었다.

① 소도라는 신성 지역이 있었다.
② 제가 회의라는 제도가 있었다.
③ 무천이라는 제천 행사를 열었다.
④ 민며느리제라는 혼인 풍습이 있었다.

다음은 한국사능력검정시험에 자주 출제되는 핵심 낱말을 뽑아 구성한 가로세로 퍼즐이다. 공부한 내용을 떠올리며 퍼즐을 완성해 보자.

가로 열쇠

❶ 구석기 시대 사람들은 이동 생활을 하면서 ○○에서 살았다.

❷ 표면에 빗금무늬가 있고, 그릇의 밑바닥이 뾰족한 토기이다.

❸ 청동기 시대의 농경 문화를 바탕으로 세워진 우리 역사 속 최초의 국가이다.

❹ 고조선을 건국한 사람이다.

❺ 신석기 시대에는 돌을 갈아 만든 도구인 ○○○를 만들어 사용하였다.

❻ 제사와 정치를 같은 인물이 담당한다는 뜻이다.

세로 열쇠

❶ 철기 시대에 등장한 국가로, 족외혼·책화와 같은 풍습이 있었다.

❷ 철기를 사용한 시기를 말한다.

❸ 덮개돌을 받침돌로 괴어 만든 거대한 무덤으로, 지배자의 무덤으로 추정된다.

❹ 청동기 시대에는 계급이 생기면서 부족민을 다스리는 ○○이 등장했다.

❺ 청동기 시대의 검으로, 고조선의 영역을 짐작해 볼 수 있는 유물이다.

❻ 돌을 깨뜨려 만든 도구로, 구석기 시대에 사용했다.

정답 확인

오늘 나의 실력은?

확인

고구려를 세운 사람은 누구일까?

다음 그림은 부여에서 열린 활쏘기 대회 모습이다. 가장 높은 점수를 받은 사람을 찾아 동그라미 해 보자.

활쏘기 대회에서 가장 높은 점수를 받은 사람을 찾았니?
활을 쏘았다 하면 백발백중일 정도로 활 쏘는 솜씨가 뛰어났던 역사 속 인물이 있어. 바로 고구려를 건국한 '주몽'이야. 주몽이 건국한 고구려는 고조선이 멸망한 이후 한반도에 등장한 나라야. 고구려뿐만 아니라 백제, 신라도 등장하지. 그리고 이 세 나라가 있던 시기를 삼국 시대라고 부른단다. 아참! 삼국과 함께 한반도에는 가야라는 나라도 있었어.
이제부터 삼국과 가야에 전해 내려오는 신기한 건국 이야기를 살펴볼 거야. 먼저 주몽이 어떻게 고구려를 세우게 되었는지 우리 함께 자세히 알아볼까?

부여 출신 주몽, 고구려를 건국하다

시조(始 처음 **시**, 祖 조상 **조**)
한 겨레의 맨 처음이 되는 조상을 뜻한다. 쉽게 말하면 '어떤 나라를 세운 사람'이라고 할 수 있다.

고구려의 시조인 동명왕의 이름은 '**주몽**'이야. 부여에서 태어난 주몽은 탄생부터 특별했지. 고구려를 세운 주몽이 어떻게 부여에서 태어났냐고? 그건 주몽이 태어나기 전, 주몽의 어머니 유화가 부여의 금와왕을 만나게 되었기 때문이란다.

주몽의 탄생 이야기

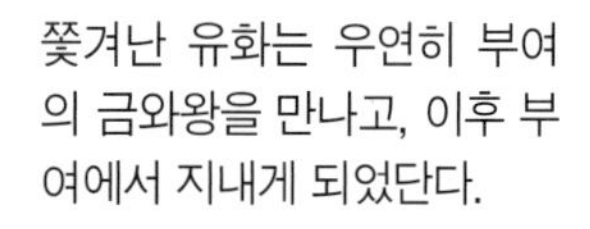

주몽은 어릴 때부터 영리하고 재주가 뛰어났어. 일곱 살 때부터는 활과 화살을 직접 만들어 쐈는데, 활을 쏘는 솜씨에 있어서는 따라올 자가 없었대. 주몽이라는 그의 이름도 부여에서 '**활을 잘 쏘는 사람**'이라는 뜻이었지. 금와왕의 왕자들은 재주가 뛰어난 주몽을 시기하고 미워했어. 자신들을 제치고 주몽이 부여의 왕이 될까봐 두려웠던 거지. 두려움에 눈이 먼 왕자들은 주몽을 몰아낼 기회만 노렸어. 결국 주몽은 왕자들 몰래 부여를 떠나 새로운 나라를 세우기로 마음먹었어.

주몽은 그를 따르는 무리와 함께 부여를 몰래 빠져나가려고 했어. 하지만 왕자들이 주몽의 계획을 눈치채고 주몽을 뒤쫓았지. 한참을 쫓기던 주몽은 커다란 강을 맞닥뜨리고 말았어. 위기에 빠진 주몽은 하늘을 향해 도움을 청했지.

나는 하늘의 신과 물의 신의 손자이다. 나를 도와라!

그러자 강에서 물고기와 자라들이 나타나 다리를 만들어 주었어. 주몽은 물고기와 자라들이 만든 다리로 무사히 강을 건널 수 있었지. 그렇게 부여를 떠나 **졸본**에 도착한 주몽은 졸본 지역에 살고 있던 사람들과 힘을 합하여 나라를 세웠어. 그리고 나라 이름을 '**고구려**'라 하였어.

정복 활동을 통해 나라의 힘을 키우다

고구려는 유리왕 때 압록강 유역의 **국내성**으로 도읍을 옮겼어. 국내성은 졸본보다는 농사지을 땅이 넓었지만 여전히 산이 많은 지역이었지. 그래서 고구려는 영토를 넓히기 위해 꾸준히 정복 활동을 벌였어.

태조왕 때에는 동해안의 **옥저를 정복**하여 비옥한 땅에서 나는 곡식과 해산물을 얻었어. 또한, 이웃해 있던 중국과 싸우면서 용맹하고 강인한 국가로 성장해 갔지. 고구려는 이러한 과정을 통해 왕의 권력을 더욱 강화하고 체계적인 국가 체제를 갖추게 되었단다.

▲ 고구려의 도읍 이동

▲ **오녀산성**(중국 라오닝성)
고구려의 첫 도읍지인 졸본의 흘승골성으로 추정되는 곳이다.

▼ **환도산성**(중국 지린성)
고구려의 두 번째 도읍지인 국내성을 보호하고 적의 공격을 막기 위해 가까운 산에 지은 성이다.

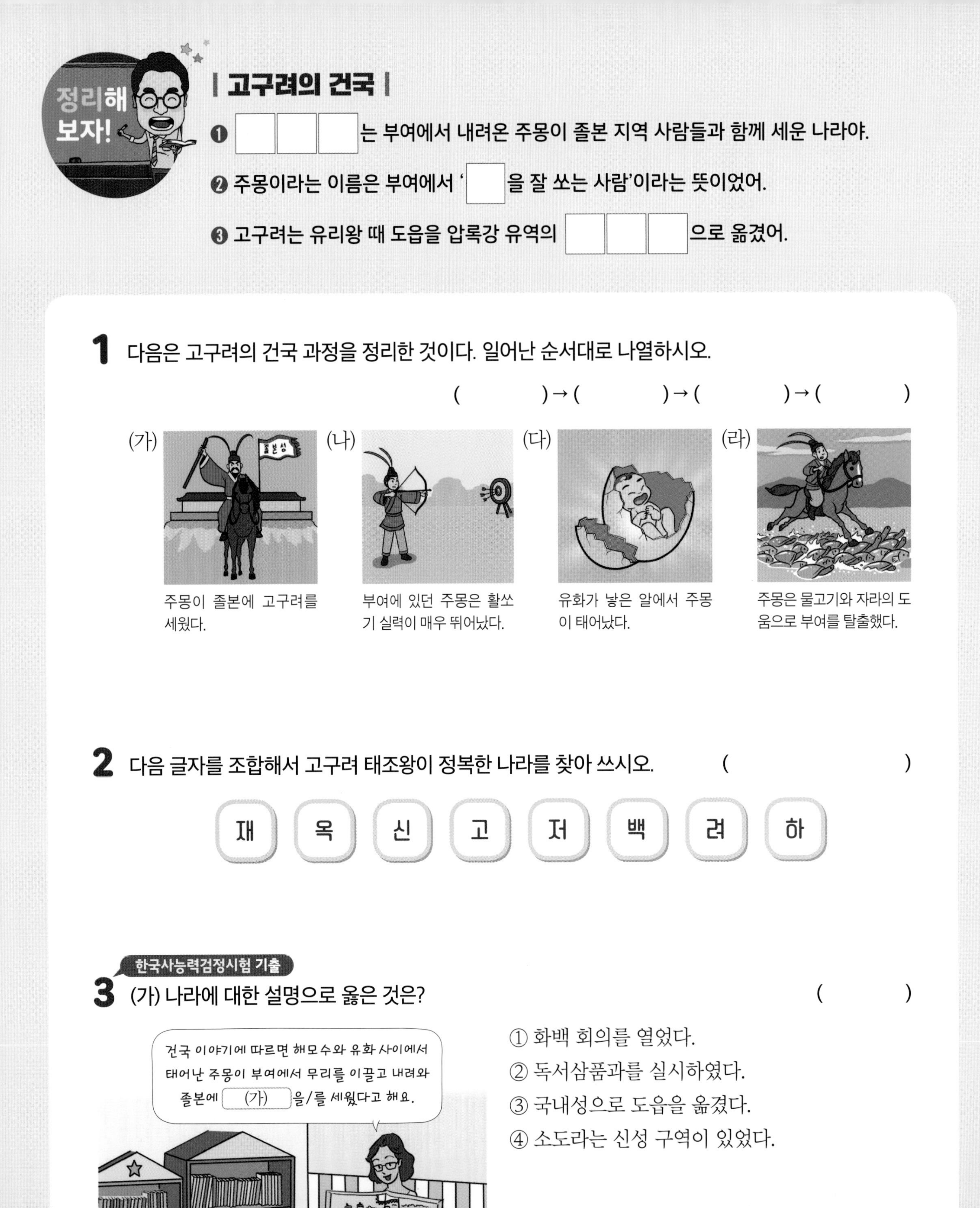

정리해 보자!

| 고구려의 건국 |

❶ □□□는 부여에서 내려온 주몽이 졸본 지역 사람들과 함께 세운 나라야.

❷ 주몽이라는 이름은 부여에서 '□을 잘 쏘는 사람'이라는 뜻이었어.

❸ 고구려는 유리왕 때 도읍을 압록강 유역의 □□□으로 옮겼어.

1 다음은 고구려의 건국 과정을 정리한 것이다. 일어난 순서대로 나열하시오.

( ) → ( ) → ( ) → ( )

(가) 주몽이 졸본에 고구려를 세웠다.

(나) 부여에 있던 주몽은 활쏘기 실력이 매우 뛰어났다.

(다) 유화가 낳은 알에서 주몽이 태어났다.

(라) 주몽은 물고기와 자라의 도움으로 부여를 탈출했다.

2 다음 글자를 조합해서 고구려 태조왕이 정복한 나라를 찾아 쓰시오. ( )

재 옥 신 고 저 백 려 하

한국사능력검정시험 기출

3 (가) 나라에 대한 설명으로 옳은 것은? ( )

① 화백 회의를 열었다.
② 독서삼품과를 실시하였다.
③ 국내성으로 도읍을 옮겼다.
④ 소도라는 신성 구역이 있었다.

정답 확인  오늘 나의 실력은?  확인

2. 삼국의 성장과 발전

백제는 어디에 세워졌을까?

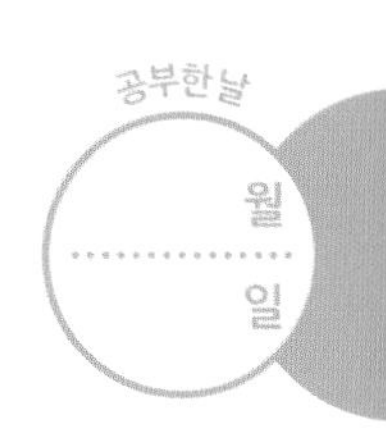

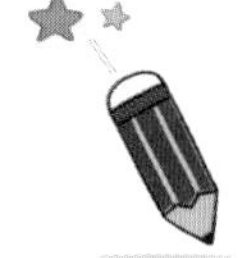

다음 지도는 한강 유역에서 발견되는 삼국의 흔적을 표시한 것이다. 한반도의 중심부를 지나는 한강을 따라 색칠하며 한강 유역에 어떤 나라의 흔적이 보이는지 살펴보자.

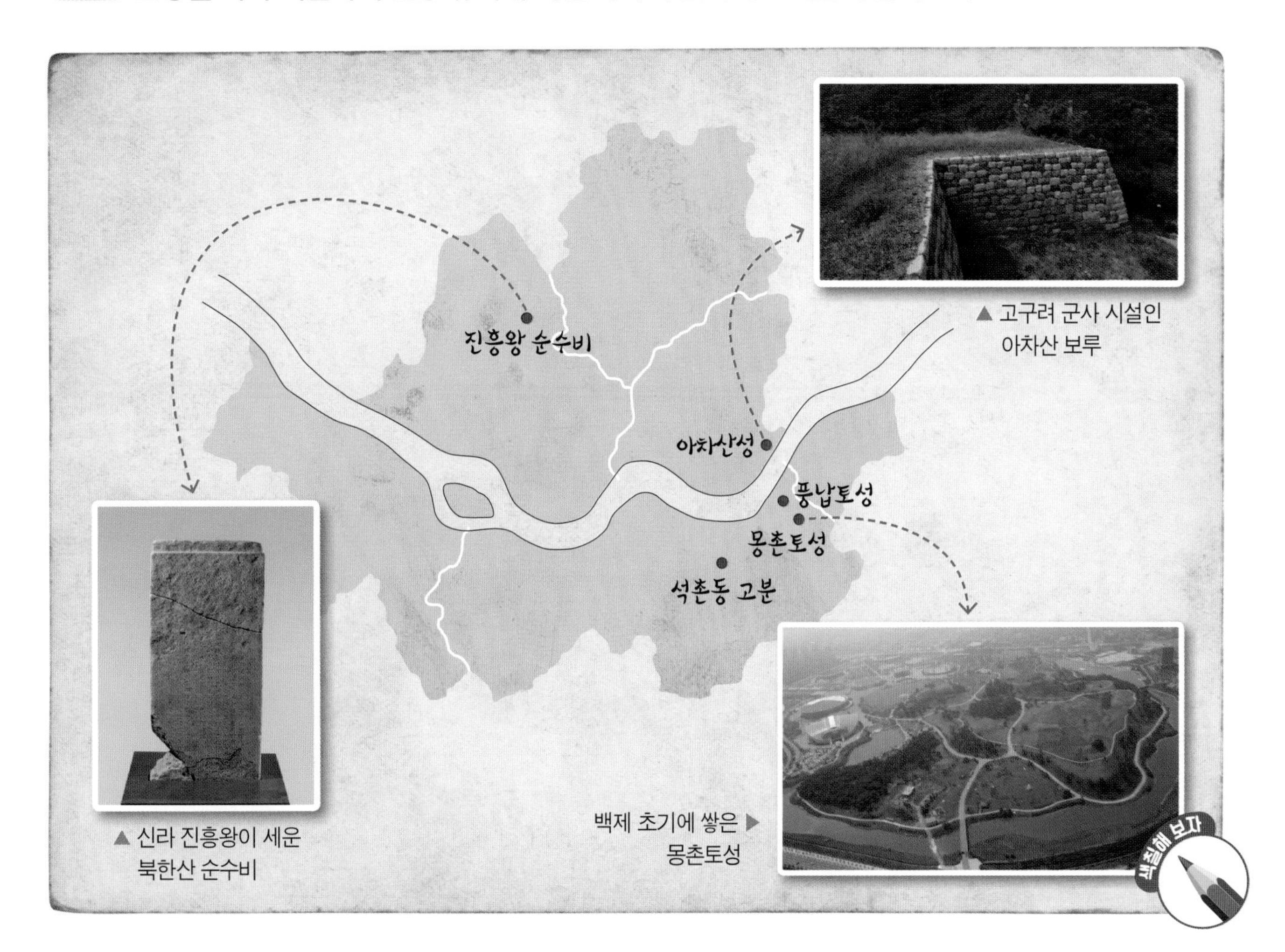

▲ 고구려 군사 시설인 아차산 보루

▲ 신라 진흥왕이 세운 북한산 순수비

백제 초기에 쌓은 몽촌토성 ▶

'한강'을 따라 색칠하며 고구려, 백제, 신라 삼국의 흔적을 살펴보았니?
삼국의 흔적이 한강을 둘러싸고 나타나는 이유는 한강 유역이 삼국 시대 때 아주 중요한 지역이었기 때문이란다. 옛날에는 육상 교통이 발달하지 않아 물길이 아주 중요한 교통로가 되었어. 특히 한강을 따라 흘러가면 황해로 이어져 중국과 직접 교류할 수 있기 때문에 삼국은 서로 한강 유역을 차지하기 위해 치열한 경쟁을 펼쳤단다.
백제는 삼국 중 한강 유역을 가장 먼저 차지한 나라야. 온조가 한강 근처의 위례성을 도읍으로 삼으면서 백제는 삼국 중 가장 빠르게 성장하게 된단다. 백제가 어떻게 건국되었는지 우리 함께 자세히 알아볼까?

고구려의 왕자에서 백제의 왕으로!

고구려를 건국한 주몽에게는 세 아들이 있었어. 부여에서 낳은 아들 유리, 졸본에서 낳은 아들 비류와 온조이지. 어느 날, 유리가 부여에서 아버지 주몽을 찾아 고구려에 왔어. 주몽은 유리를 자신의 후계자로 세웠지.

내 자리를 이을 사람은 나의 큰아들 유리다!

주몽의 선택에 비류와 온조는 크게 실망해 고구려를 떠나기로 하였어. 비류와 온조는 신하와 자신들을 따르는 백성을 이끌고 남쪽으로 내려갔지.

이후 형 비류는 미추홀에 자리를 잡았고, 동생 **온조**는 **위례성**을 도읍으로 정하였어.

미추홀
비류가 자리 잡은 백제 초기의 도읍지로, 지금의 인천광역시 일대이다.

모든 백성들이 즐겁게 따르니 나라 이름을 백제로 하여라.

온조왕

비류가 자리 잡은 미추홀은 바닷가 근처라 물이 짜서 농사짓기에 적합하지 않았어. 반면에 온조가 위례에 세운 십제는 큰 강과 비옥한 땅 덕분에 풍요롭고 살기 좋았지. 이후 비류가 죽자 비류를 따르던 사람들은 위례성으로 갔고, 온조는 이들을 받아들였어. 이에 백성이 많아지고 나라가 커지자 온조는 나라 이름을 십제에서 '**백제**'로 바꾸었어. 온조왕은 백성들을 잘 보살피면서 백제를 크고 아름다운 나라로 이끌어 갔단다.

부여와 고구려의 영향을 받아 시작된 나라

고구려와 백제의 건국 이야기에 따르면 부여에서 태어난 주몽이 고구려를 세우고, 주몽의 아들 온조가 백제를 세웠다는 것을 알 수 있어. 이렇게 **부여, 고구려, 백제는 서로 연결되어** 있어.

세 나라의 연결은 백제 사람들의 생활 모습에서도 알 수 있어. 백제 사람들은 자신들의 뿌리가 부여라는 것을 잊지 않도록 왕족의 성씨를 부여씨로 삼았다고 해. 또한, 고구려와 백제에서 만든 무덤 양식이 비슷하다는 것도 고구려와 백제의 연관성을 보여 주는 증거가 되고 있단다.

고구려와 백제의 무덤 양식

▲ 고구려의 장군총(중국 지린성)

▲ 백제의 석촌동 3호분
(서울특별시 송파구)

고구려와 백제에서는 돌을 계단식으로 쌓아 올린 계단식 돌무지무덤을 만들었어.

한강 가까이에 자리 잡은 백제

온조는 **한강 유역**에 백제를 세웠어. 한강 유역은 땅이 비옥하고, 먹고 마시거나 농사에 쓸 물이 풍족해 사람들이 살기에 아주 좋았지. 또한, 한강의 물길을 따라가면 황해로 이어진단다. 백제는 **황해를 통해 중국과 교류**하며 중국의 앞선 문물을 받아들이고 다른 나라와 교역을 했어. 이러한 한강이 지닌 장점 덕분에 백제는 삼국의 다른 나라들보다 빠르게 성장할 수 있었어.

▼ **서울 풍납동 토성**(서울특별시 송파구)
한강 유역의 한성(서울)에 자리 잡은 백제의 토성으로, 위례성으로 추정되고 있다.

| 백제의 건국 |

❶ 온조는 백성이 많아지고 나라가 커지자 나라 이름을 십제에서 ☐☐로 바꾸었어.

❷ 백제 사람들은 자신들의 뿌리를 잊지 않기 위해 왕족의 성씨를 ☐☐씨로 했어.

❸ 백제는 ☐☐이 지닌 장점 덕분에 삼국의 다른 나라들보다 빠르게 성장할 수 있었어.

1 백제를 건국한 인물을 바르게 맞힌 사람의 이름을 쓰시오. (　　　　　　)

부여에서 아버지인 주몽을 찾아 고구려로 온 유리야.

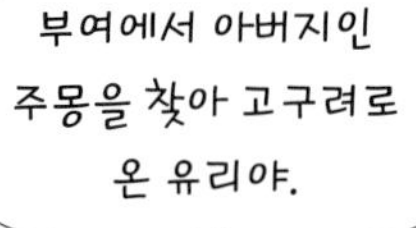

혜빈

고구려를 떠나 위례성을 도읍으로 정한 온조야.

승찬

고구려를 떠나 바닷가 근처의 미추홀로 간 비류야.

고은

2 한강 유역에 관한 설명으로 옳은 것을 보기 에서 모두 골라 기호를 쓰시오. (　　　　　　)

보기

㉠ 땅이 비옥해 농사가 잘되었다.
㉡ 평지가 적어 도읍으로 삼기에 좋지 않았다.
㉢ 바닷가 근처라 물이 짜서 농사짓기에 좋지 않았다.
㉣ 한강을 따라가면 황해로 이어져 중국과 직접 교류할 수 있었다.

한국사능력검정시험 기출

3 다음 답사에서 볼 수 있는 문화유산으로 옳은 것은? (　　　　)

길 위에서 만나는 백제의 숨결

백제의 옛 도읍지를 함께 걸어요!

- **장소:** △△시
- **날짜:** 20○○년 ○○월 ○○일

<답사 안내도>

① 
삼년산성

② 
항파두성

③ 
오녀산성

④ 
풍납토성

정답 확인

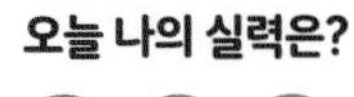

확인

알에서 신라와 가야의 왕들이 나왔다고?

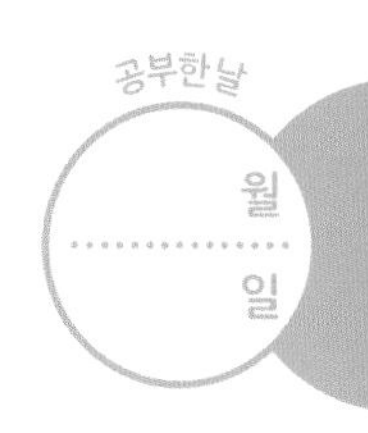

다음은 신라의 시조와 관련된 이야기를 그림으로 나타낸 것이다. 알에서 태어난 남자아이를 찾아 동그라미 해 보자.

'알에서 태어난 남자아이'는 사로국(신라의 옛 이름)을 세운 박혁거세야.
사로국 사람들은 '박 모양의 알에서 나온 아이'라는 뜻에서 '박'씨 성을 붙여 주고, '세상을 밝게 한다.'는 뜻에서 '혁거세'라는 이름을 붙여 주었대.
박혁거세 주변에는 그의 탄생을 기뻐하는 여섯 명의 사람들이 있어. 이 사람들은 사로국의 촌장들이야. 사로국은 여섯 마을로 이루어진 작은 나라로, 촌장들이 마을을 각각 다스렸지. 이러한 사로국에서 박혁거세는 어떻게 왕이 되었을까? 그럼 신라의 건국 이야기를 좀 더 자세히 알아보자!

신라의 시조, 알에서 태어나다

신라는 지금의 경주 지역에 자리 잡은 작은 나라였던 사로국에서 출발했단다. 사로국을 이루는 여섯 마을의 촌장들은 나라를 다스릴 왕을 기다리고 있었어. 어느 날, 한 촌장이 나정이라는 우물가에서 울고 있는 흰말을 보았지. 촌장이 우물가 가까이 가자, 흰말은 하늘로 올라가 버리고 그 자리에는 박처럼 생긴 커다란 알만 남아 있었어. 얼마 후, 알에서 남자아이가 나왔어.

이 아이의 이름을 박혁거세라고 부릅시다!

촌장들은 아이에게 '박 모양의 알에서 나온 아이'라는 뜻의 **박씨** 성과 함께 '세상을 밝게 한다.'는 뜻의 **혁거세**라는 이름을 지어 주었어. 그리고 하늘에서 내려왔다고 생각한 박혁거세를 **사로국의 첫 번째 왕**으로 삼았단다.

박씨, 석씨, 김씨가 다스린 신라

박혁거세가 신라를 세운 후, 석탈해 세력과 김알지 세력이 신라에 들어왔어. 그래서 신라 초기에는 박씨, 석씨, 김씨가 돌아가면서 왕의 자리에 올랐지. 그런데 세 성씨가 돌아가면서 신라를 다스렸다는 것은 그만큼 왕의 힘이 강하지 않았다는 이야기였겠지?

시간이 흘러 17대 왕인 **내물왕** 때부터는 박씨와 석씨가 아닌 **김씨**만이 왕이 될 수 있었어. 김씨가 박씨·석씨를 몰아내고 왕의 자리를 독차지했기 때문이지. 하나의 성씨가 왕이 되면서 왕의 힘은 더욱 강해졌고, 비로소 나라의 기틀이 잡히기 시작했어.

가야를 세운 여섯 왕

가야를 세운 사람이 여섯 명이나 된다는 사실, 놀랍지 않니? 더 놀라운 건 이들이 모두 알에서 태어났다는 거야. 어떤 이야기인지 들어보자.

낙동강 유역의 변한 지역에서는 왕 대신 아홉 명의 군장이 마을을 다스렸어.

어느 날, 구지봉 산자락에서 이상한 소리가 들려왔어.

군장들은 이상한 소리가 시키는 대로 노래를 부르고 춤을 췄어.

그러자 하늘에서 붉은 보자기에 싸인 금빛 상자가 내려왔어.

상자 안에는 여섯 개의 황금색 알이 있었는데, 며칠 뒤 알에서 남자아이들이 나왔어.

6명 중 가장 먼저 태어난 아이가 바로 금관가야의 첫 번째 왕, 김수로야.

연맹(聯 연이을 **연**, 盟 맹세 **맹**)
서로 돕고 함께 행동할 것을 약속한 집단이나 국가를 말한다.

가야 연맹의 형성

고구려, 백제, 신라 삼국이 세워질 무렵, 낙동강 유역에서는 작은 나라들이 함께 모여 '가야 연맹'을 형성하였어. 연맹 왕국에 속한 각 나라들은 각자의 지역을 독립적으로 다스렸고, 여러 나라들 중 강한 나라가 연맹을 이끌었지. 초기에는 김해 지역에 터를 잡은 김수로왕의 **금관가야**가 가야 연맹을 이끌어 나갔단다.

가야가 자리 잡은 변한 지역은 예로부터 철이 많이 나는 곳이었어. 가야는 풍부한 철의 생산을 기반으로 철기 문화를 계속 발전시키며 성장해 나갔어.

| 신라와 가야의 건국 |

❶ 신라는 지금의 경주 지역에 자리 잡은 [ ][ ][ ]에서 출발했어.

❷ 박씨, 석씨, 김씨가 돌아가며 다스리던 신라는 내물왕 때부터 [ ]씨만 왕이 될 수 있었어.

❸ 가야 연맹을 가장 먼저 이끈 것은 김수로왕의 [ ][ ][ ][ ]였어.

1 사로국의 촌장들에게 혁거세의 이름을 어떻게 지어 주었는지 물었다. 밑줄 친 부분을 채우시오.

우리는 이 아이에게

____

____

는 뜻에서 '혁거세'라는 이름을 지어 주었다.

2 가야에 관한 설명으로 옳은 것을 보기 에서 모두 골라 기호를 쓰시오. (　　　　　)

보기

㉠ 왕을 마립간이라고 불렀다.
㉡ 철기 문화를 계속 발전시키며 성장했다.
㉢ 지금의 경주 지역에 자리 잡은 나라였다.
㉣ 작은 나라들이 모여 형성한 연맹국이었다.

한국사능력검정시험 기출

3 밑줄 그은 '나라'에 대한 설명으로 옳은 것은? (　　　)

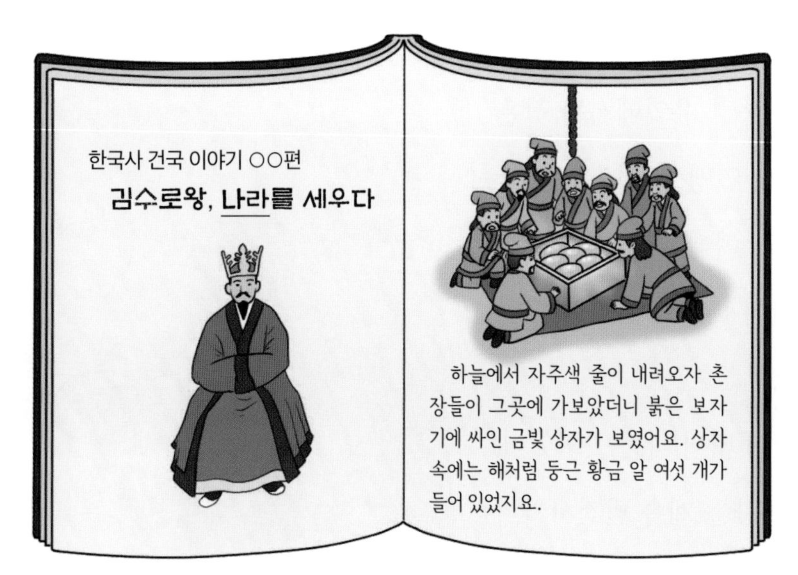

① 8조법으로 백성을 다스렸다.
② 영고라는 제천 행사를 열었다.
③ 김해 지역을 중심으로 성장하였다.
④ 화백 회의에서 중요한 일을 결정하였다.

정답 확인  오늘 나의 실력은? 확인

2. 삼국의 성장과 발전

백제는 어떻게 삼국 중 가장 먼저 전성기를 맞이하였을까?

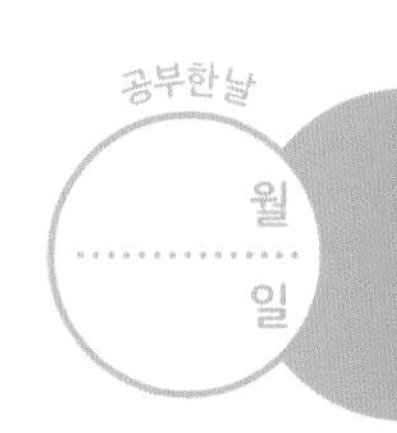

다음은 삼국이 크고 강력한 나라로 성장하게 된 비결을 나타낸 것이다. 사다리를 타고 내려가서 각 그림이 무엇을 나타내는지 알아보자.

고구려, 백제, 신라 삼국이 크고 강력한 나라로 성장하게 된 비결은 무엇일까?
삼국은 왕을 중심으로 나라를 원활하게 운영하기 위하여 율령을 만들고, 관등제나 지방 제도 등 통치 체제를 정비하였어. 사람들의 다양한 생각을 하나로 모으기 위해 새로운 종교인 불교도 받아들였지. 또한, 정복 활동을 활발하게 전개하여 영토도 확장하였단다. 이러한 과정을 통해 고구려, 백제, 신라 삼국은 중앙 집권 국가의 기초를 세우게 된 것이란다.
그럼 삼국 중 가장 먼저 전성기를 맞이한 백제의 성장 모습을 우리 함께 살펴볼까?

백제의 힘을 키우기 위한 왕들의 노력

고구려, 백제, 신라 삼국은 점차 힘을 키워 주변의 작은 나라들을 정복하며 큰 나라로 성장했어. 삼국 중에서도 백제는 한강 유역에 자리 잡았기 때문에 가장 빠르게 성장했고, 가장 먼저 전성기를 맞았지. 또한, 중국의 앞선 문물을 적극적으로 받아들여 자신만의 문화를 발전시켰단다.

전성기(全 온전할 **전**, 盛 성할 **성**, 期 때 **기**)
어떤 집단의 힘이 가장 강하던 시기를 말한다.

백제는 3세기 **고이왕** 때부터 본격적으로 발전하기 시작해. 고이왕은 **관리의 등급을 마련**하고, 등급에 따라 관복의 색을 다르게 했어. 그만큼 왕의 힘이 강해졌기 때문에 왕 아래로 관리의 서열을 정할 수 있었던 것이지. 이렇게 백제는 국가의 체제를 정비하며 나라의 기틀을 다졌단다. 한편 마한의 여러 소국을 정복하여 남쪽으로 점점 영토도 넓혀 갔어.

세기(世 세대 **세**, 紀 해 **기**)
백 년 동안을 세는 단위로, 3세기는 201년부터 300년까지이다.

백제의 관등제

관등은 관리의 등급을 말해. 백제는 고이왕 때 1품에서 16품까지 관리의 등급을 마련했어. 그중에서 1품에 해당하는 관리 6명을 '좌평'이라고 불렀대.

백제는 4세기 말 **침류왕** 때 중국의 동진에서 온 마라난타 스님으로부터 **불교**를 받아들였어. 그리고 백성들에게 다음과 같은 믿음을 심어 주었지.

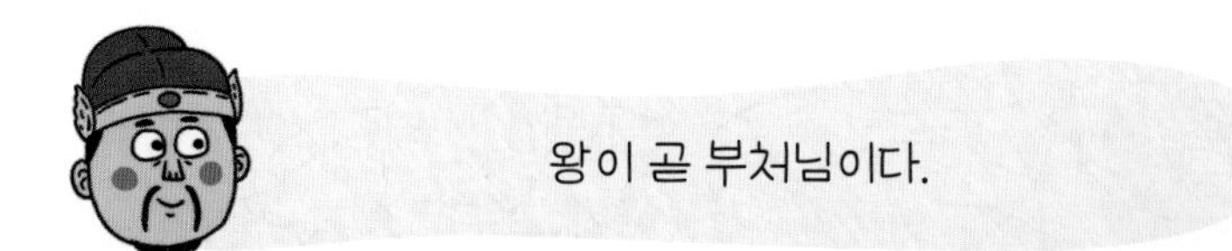

불교는 백성이 왕을 부처님처럼 섬기게 하였어. 이것은 백제뿐만 아니라 고구려, 신라 모두 똑같았지. 이렇게 불교를 통해 왕 밑에 백성들을 하나로 모으며 삼국 왕들의 힘은 더욱 강해졌단다.

백제의 전성기를 이끈 근초고왕

침류왕의 등장에 앞서 4세기 근초고왕 때 백제는 영토를 크게 확장하고 주변 나라와 활발히 교류를 하는 등 **전성기**를 이루었어.

근초고왕은 남쪽으로 진출해 마한 지역을 대부분 정복했고, 가야에까지 영향력을 미쳤지. 또한, 고구려를 공격해 북쪽으로도 진출했어. 이때 근초고왕은 군대를 이끌고 **고구려의 평양성을 공격**해 고국원왕을 죽게 하고 오늘날의 황해도 일부 지역까지 영토를 넓혔어.

근초고왕의 힘이 정말 어마어마했지? 그렇다고 근초고왕이 전쟁만 한 건 아니었어. 황해와 남해를 통해 중국의 동진, 왜(지금의 일본) 등과 활발히 교류하였단다.

칠지도(일본 나라) ▶

일본에는 당시 백제와의 관계를 알 수 있는 유물이 전해지고 있어. 백제의 왕이 일본의 왕에게 선물한 칠지도라는 칼이야. 아마도 근초고왕 때 전해진 것으로 보여. 칠지도는 '일곱 개의 가지가 있는 칼'이라는 뜻이야.

칼의 표면에는 다음과 같은 글이 새겨져 있대.

> 왕이 태자에게 명해 백 번이나 단련한
> 강철로 칼을 만들어
> 왜의 왕에게 내려 주니 후세에 전하라!

칠지도와 그에 적힌 글을 통해 당시 백제가 주변국에 미친 영향력과 강철 칼에 글을 새긴 백제인의 뛰어난 기술력을 알 수 있어. 칠지도에서 백제인의 자부심과 자신감이 느껴지지 않니?

| 백제의 성장과 전성기 |

❶ 한강 유역에 자리 잡은 [ ][ ]는 삼국 중 가장 먼저 전성기를 맞았어.

❷ 백제는 침류왕 때 중국의 동진에서 온 마라난타 스님으로부터 [ ][ ]를 받아들였어.

❸ 근초고왕은 마한 지역을 대부분 정복했고, [ ][ ][ ]의 평양성을 공격해 고국원왕을 죽게 했어.

1 백제의 고이왕에 관한 설명이 맞으면 ○표, 틀리면 ×표 하시오.

(1) 마한의 여러 소국을 정복하여 남쪽으로 영토를 넓혔다. ( )

(2) 황해와 남해를 통해 중국의 동진, 왜 등과 활발히 교류하였다. ( )

(3) 관리의 등급을 마련하고, 등급에 따라 관복의 색을 다르게 하였다. ( )

2 다음에서 설명하는 유물의 이름을 쓰시오. ( )

일본의 이소노카미 신궁에는 백제에서 받은 일곱 개의 가지가 있는 모양의 칼이 전해진다. 이 칼의 앞뒤에 새겨진 60여 자의 글을 통해 백제 왕이 왜왕에게 준 것이라는 걸 알 수 있다. 또한, 고대 왕국 시기 백제와 일본의 관계뿐만 아니라 백제의 뛰어난 기술력도 알 수 있다.

한국사능력검정시험 기출

3 (가)에 해당하는 왕으로 옳은 것은? ( )

① 성왕
② 온조왕
③ 의자왕
④ 근초고왕

정답 확인

오늘 나의 실력은? 확인

고구려는 어떻게 천하의 중심이 되었을까?

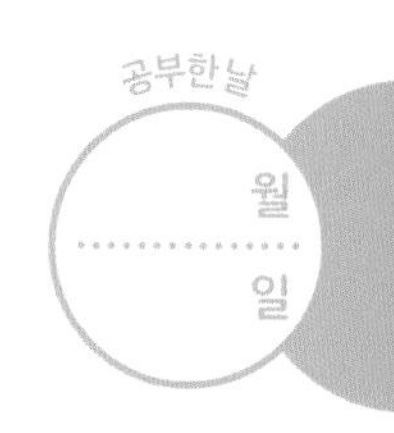

다음은 고구려가 전성기를 맞이했을 때의 지도이다. 점선으로 표시된 고구려의 영토를 모두 색칠하고, 고구려의 힘이 뻗어 나간 방향을 화살표 위로 따라 그려 보자.

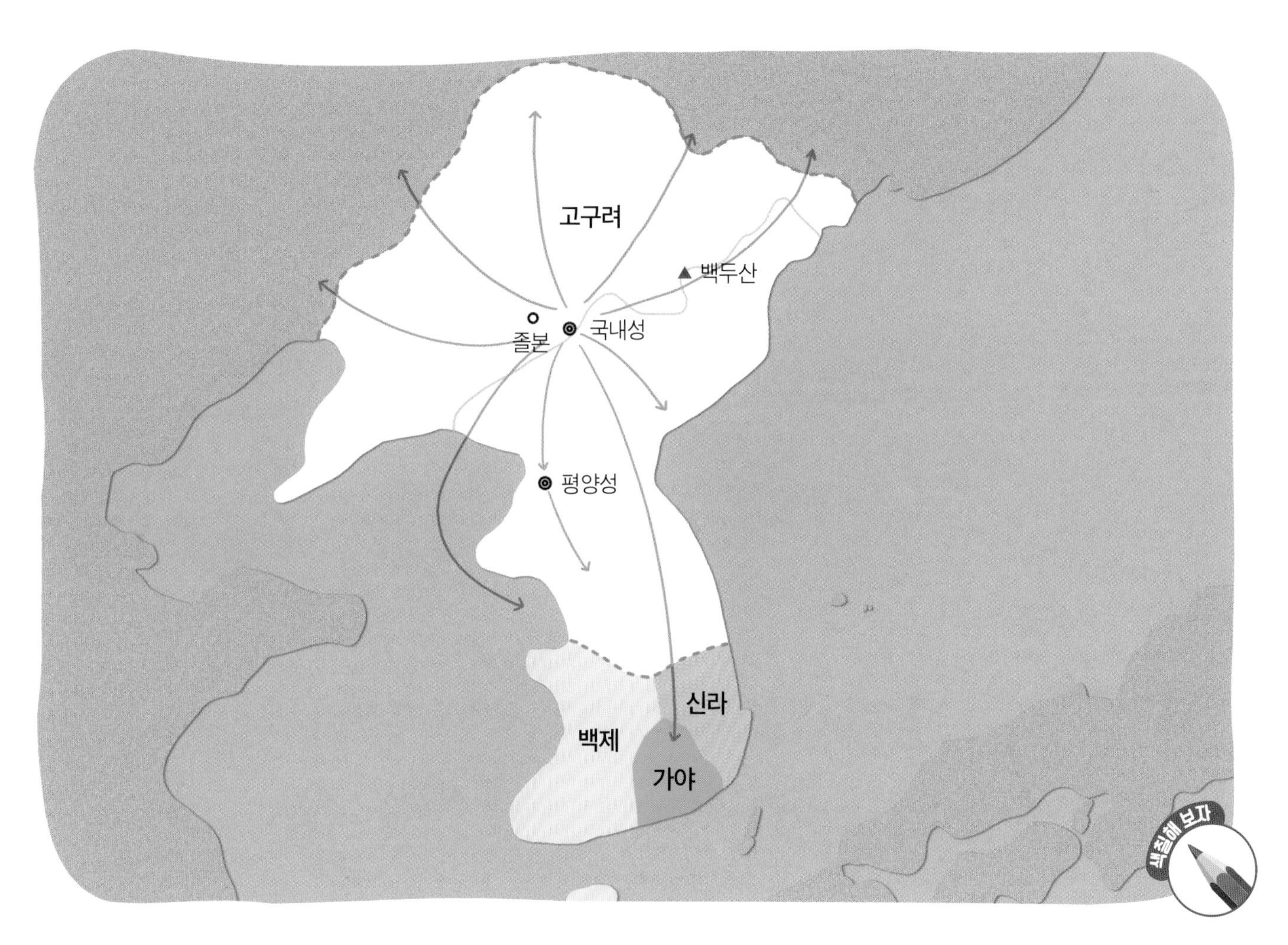

너희들이 색칠한 고구려의 영토는 고구려가 전성기 때 차지한 거란다.
이러한 영토 확장은 광개토 대왕과 그의 아들인 장수왕이 이루었지. 이 당시 한반도의 백제와 신라, 가야 영토와 비교해 보면, 고구려 영토가 얼마나 넓었는지 알 수 있을 거야. 고구려의 힘이 뻗어 나간 방향을 화살표 위로 따라 그려 보았니? 고구려는 북쪽으로 영역을 크게 확장하였는데, 북쪽뿐만 아니라 남쪽까지 사방으로 세력을 확장하였어.
고구려는 어떻게 나라를 강하게 만들 수 있었던 걸까? 고구려가 천하의 중심으로 우뚝 서게 되는 과정을 우리 함께 자세히 알아보자!

고구려의 기틀을 마련한 소수림왕

백제가 활약하던 4세기, 고구려는 북쪽의 중국과 남쪽의 백제에게 끊임없이 공격을 받아 힘든 시기를 보냈어. 심지어 고국원왕이 평양성을 공격한 백제군을 막다가 죽으며 고구려는 국가적인 위기를 맞았지. 이때 고국원왕의 아들, **소수림왕**이 등장해.

소수림왕은 위기를 극복하고 사회를 안정시키기 위해 체제를 정비해 나갔어. 우선 백성의 불안한 마음을 안정시키고 왕을 중심으로 백성을 하나로 모을 수 있는 **불교**를 받아들였지. 이를 토대로 나라를 보다 체계적으로 다스리고 왕의 힘을 강하게 만들기 위해 **율령**을 **반포**하였어. 그리고 인재를 키우기 위해 교육 기관인 **태학**을 **설립**하였지.

이와 같은 소수림왕의 노력으로 고구려는 중앙 집권 체제의 기틀을 마련할 수 있었어.

소수림왕

연호
연호는 중국 황제들이 즉위한 해에 붙이는 명칭으로, 우리나라에서도 중국의 연호를 사용했다.

넓은 땅을 개척한 정복왕, 광개토 대왕

소수림왕의 개혁을 바탕으로 **광개토 대왕**은 대규모의 정복 활동을 펼칠 수 있었어. '광개토(廣 넓을 광, 開 열 개, 土 땅 토)'라는 이름에서도 알 수 있듯이 광개토 대왕은 **고구려의 영토를 크게 넓힌 정복왕**이야.

광개토 대왕은 백제를 공격해 고국원왕의 원수를 갚고 한강 지역으로 세력을 확장했어. 또한, 신라에 침입한 왜군을 물리쳤는데, 도망가는 왜군을 쫓는 과정에서 금관가야에도 큰 타격을 입혔지. 한편 북쪽으로도 진출하여 거란과 중국의 후연을 공격해 만주와 요동 지역을 차지하였어.

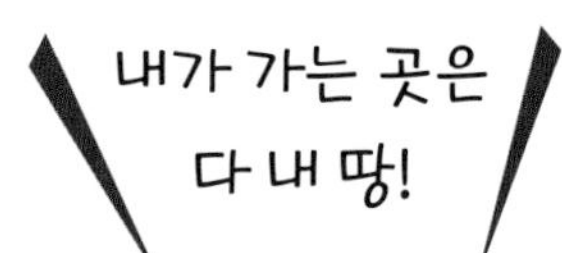

광개토 대왕

이렇게 사방으로 영토를 넓히며 강성해진 고구려는 자신감이 상당히 넘쳤겠지? 그래서 광개토 대왕은 '영락(영원한 즐거움이라는 의미)'이라는 독자적인 연호를 사용하고, 스스로를 크고 위대한 왕이라는 의미로 '태왕'이라고 하였대.

장수왕, 광개토 대왕의 전성기를 잇다

광개토 대왕의 뒤를 이어 **장수왕**이 고구려의 전성기를 이끌었어. 장수왕은 도읍을 국내성에서 남쪽의 **평양성**으로 옮겼어. 평양은 넓고 기름진 평야가 있어 살기에 좋고 한강으로 진출하기에도 유리했지. 이후 장수왕은 적극적으로 **남진 정책**을 펼쳐 백제의 도읍인 한성을 무너뜨리고 **한강 유역 전체를 차지**하였어. 위협을 느낀 신라와 백제는 나제 동맹을 맺어 고구려에 맞섰지만, 역부족이었단다.

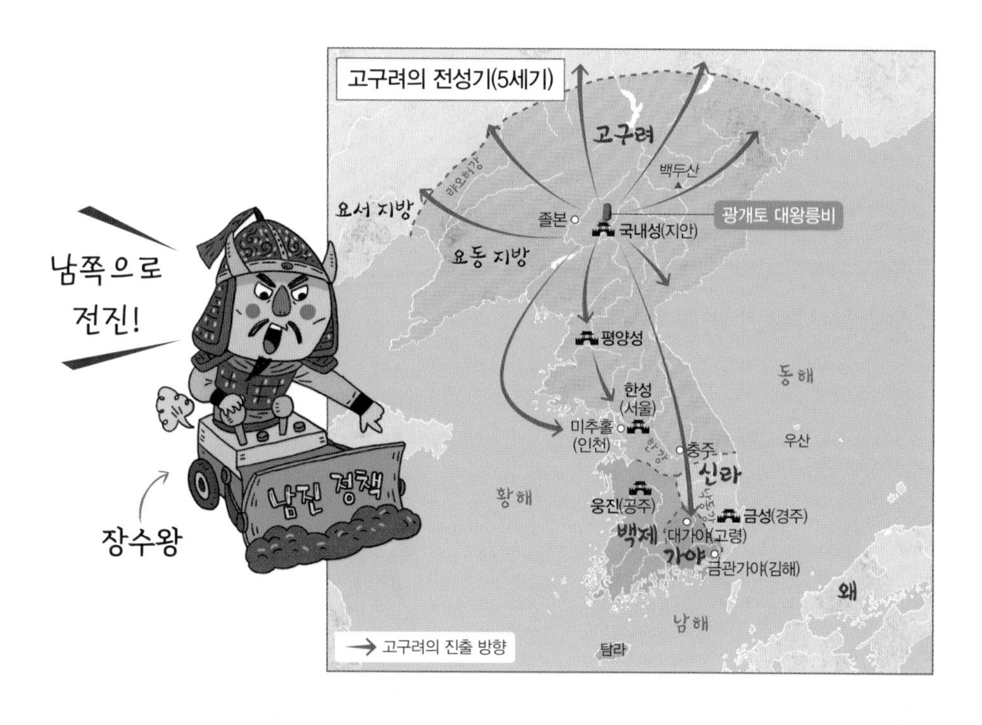

장수왕은 아버지인 광개토 대왕의 업적을 기리기 위해 국내성 근처에 **광개토 대왕릉비**를 세웠어. 이 비석은 광개토 대왕의 엄청난 영토 확장을 뽐내듯이 6 m가 넘는 거대한 크기로 세워졌단다.

▼ 광개토 대왕릉비(중국 지린성)

정리해 보자!

| 고구려의 성장과 전성기 |

❶ 소수림왕은 인재를 키우기 위해 교육 기관인 □□을 설립했어.

❷ 사방으로 영토를 넓히고 요동 지역까지 진출한 고구려의 왕은 □□□ □□이야.

❸ 장수왕은 □□ 정책을 펼쳐 백제의 도읍을 무너뜨리고 한강 유역 전체를 차지했어.

1 소수림왕의 업적으로 옳은 것을 보기 에서 모두 골라 기호를 쓰시오. (　　　　)

보기

㉠ 율령을 반포하였다.
㉡ 불교를 받아들였다.
㉢ 신라에 침입한 왜군을 물리쳤다.
㉣ '영락'이라는 연호를 사용하였다.

2 광개토 대왕릉비에 관해 잘못 설명한 사람의 이름을 쓰시오. (　　　　)

선빈: 국내성 근처에 세워졌고, 높이가 6 m가 넘을 정도로 거대하대.

윤서: 영토를 크게 넓힌 광개토 대왕의 업적이 기록되어 있어.

미래: 고국양왕이 아들인 광개토 대왕을 추모하기 위해 세운 비석이야.

3 한국사능력검정시험 기출

밑줄 그은 '나'의 업적으로 옳은 것은? (　　)

① 평양으로 천도하였다.
② 22담로를 설치하였다.
③ 경국대전을 편찬하였다.
④ 독서삼품과를 실시하였다.

정답 확인 | 오늘 나의 실력은? | 확인

2. 삼국의 성장과 발전

백제는 도읍을 왜 두 번이나 옮겼을까?

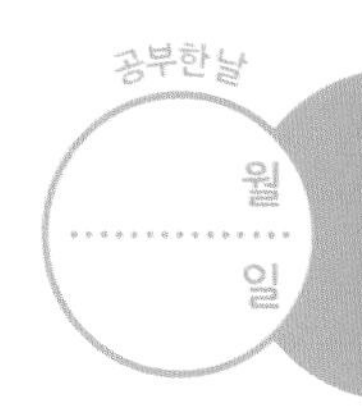

다음은 백제의 성왕이 보낸 편지이다. 성왕이 되찾으려고 노력한, 편지 속의 □□ 안에 들어갈 곳은 어디인지 써 보자.

성왕이 보내는 역사 편지

얘들아, 모두들 건강하게 잘 지내고 있니?

나는 백제의 제26대 왕, 성왕이야.

기쁨의 순간을 함께하고 싶어서 너희들에게 이렇게 편지를 쓴단다.

비록 지금은 백제가 이 사비 땅에 도읍하고 있지만, 원래는 □□ 유역에 터를 잡은 나라라는 것은 모두 알고 있겠지? 그래서 나는 고구려에게 빼앗긴 □□ 유역의 땅을 되찾기 위해 때를 기다리며 준비하였단다.

그리고 마침내 신라와 동맹을 맺고 고구려로부터 □□ 유역의 땅을 되찾았단다. 너희들에게 좋은 소식을 전하게 되어 좋구나.

551년, 사비에서

정답: 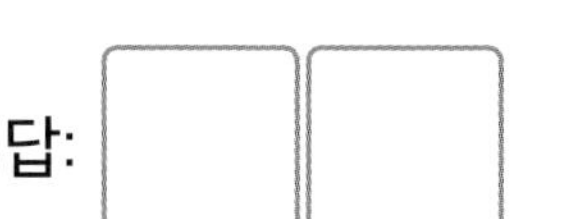

큰별쌤의 영상

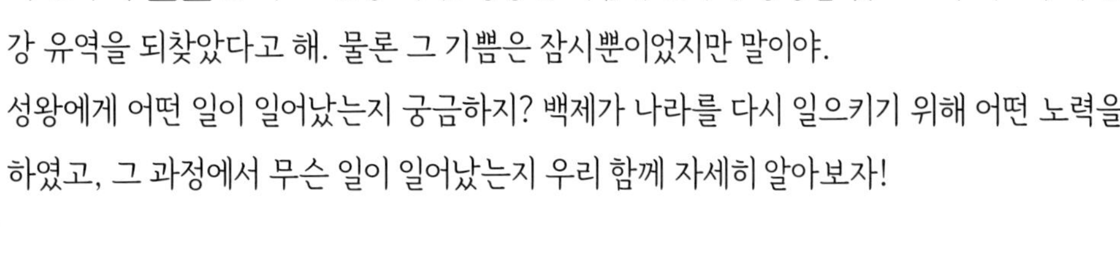

한강 유역에 자리 잡은 백제는 삼국 중 가장 먼저 전성기를 이루었지.
하지만 고구려의 공격으로 도읍이었던 한성과 한강 유역을 빼앗겨 남쪽으로 도읍을 옮길 수밖에 없었어. 백제의 성왕은 고구려에게 빼앗긴 한강 유역을 되찾고 싶어 했단다. 성왕의 편지 속 □□은 바로 '한강'이야. 성왕은 마침내 신라와 동맹을 맺고 고구려로부터 한강 유역을 되찾았다고 해. 물론 그 기쁨은 잠시뿐이었지만 말이야.
성왕에게 어떤 일이 일어났는지 궁금하지? 백제가 나라를 다시 일으키기 위해 어떤 노력을 하였고, 그 과정에서 무슨 일이 일어났는지 우리 함께 자세히 알아보자!

백제, 고구려의 첩자 도림에 당하다

고구려의 장수왕은 백제를 공격하기 전, 먼저 백제의 힘을 약하게 만들고 싶었어. 그래서 '도림'이라는 첩자를 백제에 보냈지.

담로
백제 초기 왕자나 왕족을 파견하여 다스리던 지방 행정 구역으로, 전국에 22개를 두었다.

웅진으로 도읍을 옮기다

백제는 고구려 장수왕의 공격으로 도읍인 한성을 빼앗기고 개로왕도 숨을 거두는 등 큰 위기를 맞게 되었어. 또한, 500여 년간 나라의 중심지였던 한강 유역도 빼앗겨 할 수 없이 남쪽의 **웅진**으로 도읍을 옮기게 되었지.

웅진으로 도읍을 옮긴 뒤 백제는 한강을 이용한 무역이 어려워졌고, 귀족들의 권력 다툼으로 왕권이 약해졌어. 이때 등장한 인물이 **무령왕**이야.

무령왕은 지방의 22**담로**에 왕족을 파견하여 지방 통제를 강화하였어. 또한, 신라와 연합해 고구려를 공격하기도 하였고, 중국 남조의 양나라 및 왜와 친하게 지내며 대외 교류에도 힘썼어. 무령왕 이후 백제는 점차 나라의 힘을 회복하게 되었단다.

사비로 도읍을 옮기고, 나라 이름을 '남부여'라 하다

백제의 두 번째 도읍인 웅진은 주변이 산으로 둘러싸여 있어서 방어에는 유리했지만, 땅이 좁아 도읍으로서의 역할은 하기 힘들었어.

무령왕의 뒤를 이은 **성왕**은 웅진을 떠나 **사비**로 도읍을 옮겼어. 사비는 넓은 평야가 있고, 금강을 끼고 있어 수로 교통이 편리하였어. 성왕은 백제의 뿌리인 부여의 명칭을 따 나라 이름을 '남쪽의 부여'라는 뜻으로 **남부여**로 바꾸기도 했어. 대외적으로는 중국의 남조와 활발히 교류하였고, 왜에 불교를 비롯한 앞선 문물을 전해 주었단다.

다시금 나라가 안정을 찾고 강해지자, 성왕은 **한강 유역**을 되찾기 위해 신라와 연합하여 고구려를 공격했지. 이를 통해 백제는 잃어버린 한강 유역을 되찾았지만, 신라 진흥왕의 배신으로 한강 유역은 신라의 차지가 되었단다. 화가 난 성왕은 군사를 이끌고 신라를 공격했지만, 결국 신라와의 관산성 전투에서 목숨을 잃게 돼. 성왕의 죽음과 관산성 전투에서의 패배로 백제는 또다시 힘을 잃고 말았단다.

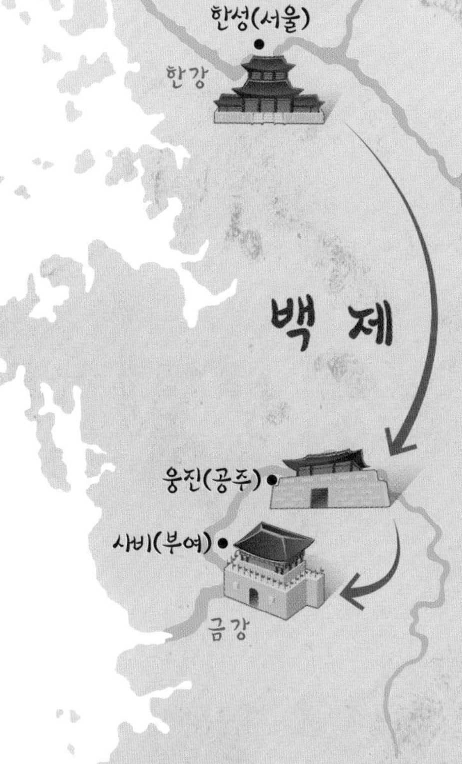

▲ **공주 공산성**(충청남도 공주시)
웅진을 보호하기 위해 쌓은 산성으로,
당시에는 웅진성이라 불렀다.

부여 부소산성(충청남도 부여군) ▶
사비를 보호하기 위해 쌓은 산성으로,
당시에는 사비성이라 불렀다.

| 다시 일어서기 위한 백제의 노력 |

❶ 백제는 고구려 장수왕의 공격으로 수도를 한성에서 남쪽의 ☐☐으로 옮겼어.

❷ 무령왕은 22☐☐에 왕족을 파견하여 지방 통제를 강화했어.

❸ 성왕은 나라 이름을 '남쪽의 부여'라는 뜻으로 ☐☐☐로 바꾸기도 했어.

1 다음 낱말 카드와 관련 있는 왕을 쓰시오. (　　　　　　)

백제의 제25대 왕	22담로에 왕족 파견	중국 남조의 양나라와 교류

2 다음은 백제의 도읍 이동을 나타낸 지도이다. (가), (나)에 해당하는 도읍의 이름을 쓰시오.

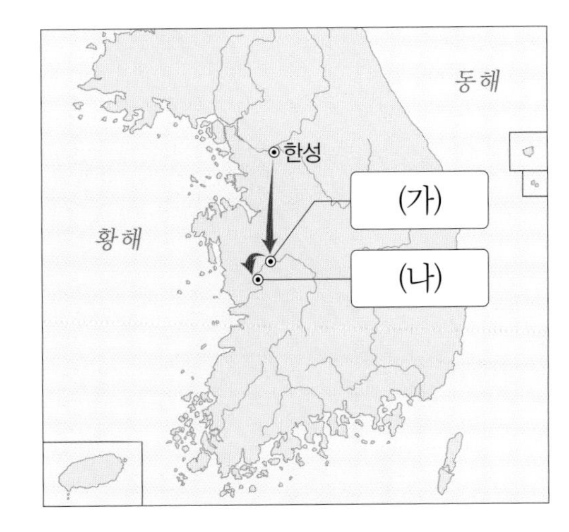

(가): (　　　　　　)

(나): (　　　　　　)

한국사능력검정시험 기출

3 다음 가상 일기의 밑줄 그은 '왕'의 업적으로 옳은 것은? (　　　)

> ○○○년 ○○월 ○○일
>
> 동맹국 신라의 진흥왕에게 배신을 당하여 한강 하류 지역을 빼앗겨서 분하고 억울하다. 나는 백제 <u>왕</u>으로서 군대를 이끌고 나아가 신라를 공격할 것이다.

① 태학을 설립하였다.
② 우산국을 복속시켰다.
③ 수도를 사비로 옮겼다.
④ 독서삼품과를 실시하였다.

정답 확인 | 오늘 나의 실력은? | 확인

2. 삼국의 성장과 발전

신라는 어떻게 한강의 마지막 주인이 되었을까?

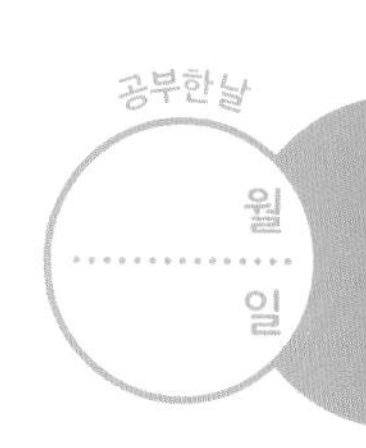

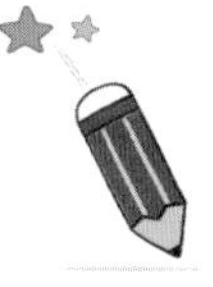

다음 그림은 화랑도의 모습을 나타낸 것이다. 원광의 세속 5계에 따라 행동하는 화랑들을 찾아 동그라미 해 보자.

신라에는 유능한 청소년을 모아 몸과 마음을 갈고 닦았던 화랑도가 있었어.
화랑도는 화랑과 그를 따르는 낭도, 이들을 교육하는 승려로 구성되었는데, 그중 화랑은 '꽃처럼 아름다운 청년'이라는 뜻으로 잘생기고 단정한 귀족 출신의 청년들로 이루어졌어.
화랑에게는 지켜야 할 다섯 가지 규율이 있었어. 바로 원광이 만든 세속 5계였지. 화랑은 세속 5계의 가르침을 따르며 신라의 성장과 발전을 이끈 유능한 인재로 성장하였단다.
그럼 고구려, 백제에 비해 고대 국가로의 발전이 느렸던 신라가 어떻게 두 나라를 제치고 삼국의 주도권을 차지하게 되었는지 우리 함께 자세히 알아볼까?

가장 늦었지만 착실하게 국가 체제를 정비하다

신라가 자리한 경주 지역은 한반도의 동남쪽에 치우쳐 있어 중국으로부터 앞선 문물을 받아들이기 어려웠어. 그러다 보니 신라는 고구려와 백제보다 고대 국가로의 발전이 느렸지. 하지만 신라는 차근차근 개혁을 추진하며 나라의 힘을 키워 나갔단다.

신라는 내물왕 때부터 김씨가 왕위를 독차지하였고, 왕을 부르는 칭호도 대군장을 뜻하는 '마립간'으로 바뀌었어. 왕의 힘이 점차 강해지면서 내물왕 이후의 왕들은 많은 개혁을 추진할 수 있었단다.

지증왕에 이르러 비로소 **'왕'**이라는 칭호를 사용하였어. 사로국, 서라벌, 계림 등 여러 가지로 불리던 나라 이름도 **'신라'**로 정하였지. 또한, 지증왕은 백성을 풍족하게 살게 하려고 우경을 장려하였고, 노동력을 보호하기 위해 순장을 금지하였어. 그리고 이사부를 보내 지금의 울릉도인 우산국을 정복하였단다.

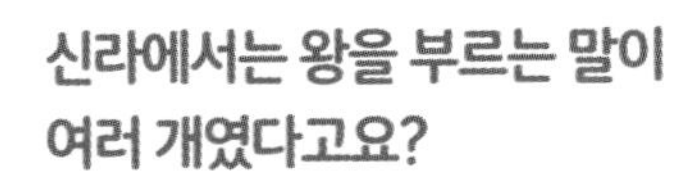

신라에서는 지증왕 이전까지 왕을 거서간, 차차웅, 이사금, 마립간이라고 불렀어. 거서간은 귀한 사람, 차차웅은 제사장, 이사금은 연장자, 마립간은 대군장이라는 뜻이었어. 왕의 힘이 점차 커지면서 왕을 부르는 칭호도 달라졌단다.

왕의 덕이 나날이 새로워지고 사방에 고루 미친다는 의미로 나라 이름을 '신라'라고 하겠다.

우경(牛 소 **우**, 耕 밭갈 **경**)
소를 이용하여 농사를 짓는 것으로, 땅을 깊게 갈 수 있어 농업 생산력이 크게 확대되었다.

지증왕의 뒤를 이은 **법흥왕**은 **율령을 반포**하고 나라의 정권을 맡았던 으뜸 벼슬이었던 상대등을 설치하는 등 나라의 법과 제도를 정비하였어. 또한, 고구려, 백제보다 늦었지만 **불교를 공인**하여 백성의 생각을 하나로 모으려고 하였단다. 법흥왕이라는 이름도 '불법(불교)을 흥하게 한 왕'이라는 뜻이야. 한편 밖으로는 김해의 **금관가야를 정복**하여 영토 확장도 꾀하였어.

자, 이렇게 발전의 토대가 만들어졌으니 신라에도 고구려, 백제처럼 전성기를 이끈 강력한 왕이 등장하겠지?

진흥왕, 신라의 전성기를 이끌다

신라의 전성기를 이끈 왕은 **진흥왕**이야. 진흥왕은 백제 성왕과 손을 잡고 고구려를 공격해 한강 유역을 확보하였어. 그리고 한강 상류 지역은 신라가, 하류 지역은 백제가 나누어 가지기로 했지. 하지만 진흥왕은 백제가 차지한 한강 하류 지역까지 빼앗으며 **한강 유역을 모두 차지**하고, 중국과의 교류를 위한 교통로를 확보하게 된단다.

서울 북한산 신라 진흥왕 순수비 ▲

이후 진흥왕은 남쪽으로는 고령의 대가야를 흡수해 가야 연맹을 소멸시켰으며, 북쪽으로는 고구려를 공격해 함경도까지 진출하였어. 새로 차지한 지역에는 '서울 북한산 신라 진흥왕 순수비' 등의 **비석을 세워 영토 확장을 기념**하였지.

한편 진흥왕은 청소년 단체였던 **화랑도**를 국가 조직으로 만들어 인재를 길러 냈어. 화랑도의 활약은 신라가 영토를 확장하는 데 큰 힘이 되었지.

진흥왕은 적극적으로 영토를 확장하며 신라가 삼국을 통일할 수 있는 발판을 마련했단다.

순수(巡 돌 **순**, 狩 정벌할 **수**)
임금이 나라 안을 두루 살피며 돌아다니던 일을 말한다. 순수비는 왕의 순수를 기념하기 위해 세운 비석이다.

| 신라의 성장과 발전 |

❶ 지증왕은 왕이라는 칭호를 사용하고, 나라 이름을 [ ][ ]로 정했어.

❷ 법흥왕은 [ ][ ]을 반포하는 등 나라의 법과 제도를 정비했어.

❸ 진흥왕은 한강 유역을 모두 차지하여 [ ][ ]과의 교통로를 확보했어.

1 다음 글의 ㉠, ㉡에 들어갈 알맞은 말을 쓰시오.

㉠: (   ), ㉡: (   )

> 지증왕은 신라의 발전을 이끈 왕으로, 노동력을 보호하기 위해 [㉠]을 금지하였고, 농업 생산력을 높이기 위해 [㉡]을 장려하였다.

2 법흥왕에 관해 바르게 설명한 사람의 이름을 쓰시오. (   )

한국사능력검정시험 기출

3 밑줄 그은 '나'의 업적으로 옳은 것은? (   )

① 태학을 설립하였다.
② 8조법으로 백성을 다스렸다.
③ 지방에 22담로를 설치하였다.
④ 화랑도를 국가 조직으로 만들었다.

정답 확인 | 오늘 나의 실력은? | 확인

2. 삼국의 성장과 발전

철의 나라 가야는 왜 멸망하게 된 걸까?

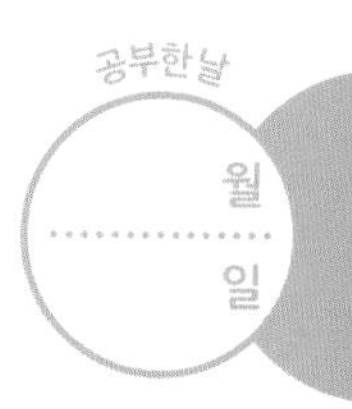

다음 그림은 금관가야가 무역 활동을 하는 모습이다. 힌트를 보고 해당하는 사람을 찾아 동그라미 해 보자.

처음에 가야 연맹을 이끈 것은 김해 지역의 금관가야였어.
금관가야는 질 좋은 철과 편리한 해상 교통을 이용하여 낙랑과 왜를 연결하는 중계 무역을 통해 발전해 나갔어. 무역 활동을 하는 그림에서 금관가야의 이러한 특징을 살펴볼 수 있을 거야. 금관가야가 쇠퇴한 이후에는 고령 지역의 대가야가 가야 연맹을 이끌었어. 대가야 역시 질 좋은 철을 많이 생산하여 경제적으로 성장했지. 그러나 가야는 결국 신라에 병합되어 역사 속으로 사라지게 돼. 가야의 작은 나라들이 힘을 하나로 모으지 못하여 백제와 신라의 공격을 받아 쇠퇴했기 때문이지.
그럼 철의 나라로 불렸던 가야가 성장하고 멸망하는 과정을 우리 함께 자세히 알아볼까?

가야 연맹의 형성과 금관가야의 발전

가야 연맹의 형성

고구려, 백제, 신라 삼국이 세워질 무렵, 낙동강 유역에서는 작은 나라들이 모여 가야 연맹을 이루었어. 가야 연맹의 각 나라는 각각의 지역을 독립적으로 다스렸고, 그중 가장 강한 나라가 연맹을 이끌었지.

금관가야의 발전

초기에는 김해 지역의 **금관가야**가 가야 연맹을 이끌었어. 금관가야는 낙동강 유역의 평야 지대에 위치해 농사짓기에 유리하였고, 질 좋은 철을 많이 생산하였어. 또한, 육지와 바다가 만나는 교통의 중심지에 자리 잡아 해상 교통이 편리하였지. 금관가야는 **풍부한 철의 생산**과 **편리한 해상 교통**을 이용해 낙랑과 왜 사이에서 **중계 무역**을 하여 경제적으로 성장하였어. 이때 덩이쇠를 화폐처럼 사용하였대.

덩이쇠

철을 덩어리로 만들어서 묶은 것으로, 당시에는 덩이쇠를 화폐처럼 사용하였다. 덩이쇠를 녹여서 다양한 철 제품을 만들었다.

금관가야는 4세기 이후 신라와 경쟁하며 세력이 점차 약해졌어. 그리고 5세기 무렵에는 고구려의 광개토 대왕이 신라에 침입한 왜군을 쫓아 금관가야가 있던 낙동강 유역까지 공격하면서 금관가야는 큰 타격을 입게 돼. 결국 금관가야는 신라의 압박과 고구려의 공격으로 힘을 잃고 가야 연맹의 우두머리 자리를 대가야에게 내주었어.

대가야의 발전과 가야 연맹의 멸망

대가야의 발전

금관가야가 힘을 잃자, 고령 지역의 **대가야**가 가야 연맹을 이끌었어. 대가야 역시 토지가 비옥하였고, 질 좋은 철을 많이 생산하였어. 대가야는 삼국이 경쟁하는 틈을 타 소백산맥 서쪽으로 세력을 키웠고, 섬진강을 통해 **중국의 남조, 왜** 등과 교류하였어.

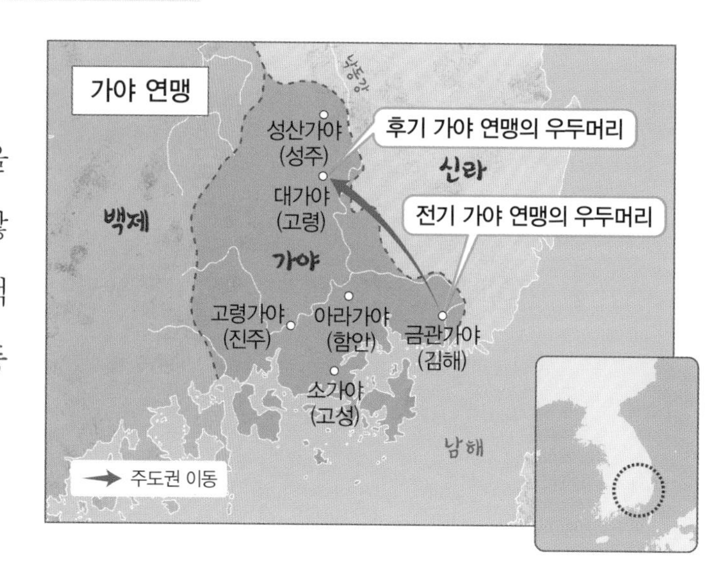

가야 연맹의 멸망

가야는 연맹의 각 나라들이 각각의 지역을 독립적으로 다스리다 보니 고구려나 백제, 신라처럼 힘을 하나로 모으지 못했어. 또한, 백제와 신라의 중간에 위치해 두 나라의 압력을 받았지. 결국 가야는 연맹 왕국에서 중앙 집권 국가로 나아가지 못한 채, **금관가야는 신라 법흥왕에게 병합**되고 **대가야는 신라 진흥왕에게 정복**되어 역사 속으로 사라지게 되었단다.

가야의 역사는 끝났지만, 가야의 마지막 이야기를 담고 있는 악기에 대한 이야기를 하지 않을 수가 없어. 가야 가실왕은 연맹의 나라들이 제대로 싸워보지도 못하고 신라에 정복되자, 악공 우륵을 시켜 가야 연맹을 하나로 모을 수 있는 가야금 12곡을 짓게 하였어. 하지만 이미 전세가 기울어 가야가 멸망할 위기에 처하자, 우륵은 가야금을 가지고 신라에 항복하였지. 그리고 신라에 가야의 음악을 전수하였다고 해.

지산동 고분군은 대가야의 흔적을 살펴볼 수 있는 곳이야. 무덤에서는 가야의 철 다루는 기술을 엿볼 수 있는 철기, 갑옷 등이 출토되었어.

철제 갑옷과 투구 ▶

▼ 고령 지산동 고분군

| 가야의 형성과 멸망 |

❶ 금관가야는 풍부한 ☐의 생산과 편리한 해상 교통을 이용한 중계 무역으로 성장했어.

❷ 가야에서는 철을 덩어리로 만들어서 묶은 ☐☐☐를 화폐처럼 사용했어.

❸ 후기 가야 연맹은 고령 지역의 ☐☐☐가 이끌었어.

1 가야에 관한 설명이 맞으면 ○표, 틀리면 ×표 하시오.

(1) 금관가야는 낙동강 유역에 위치해 주변 나라들과 교류하기 어려웠다. (　　　)

(2) 금관가야는 고구려가 신라에 침입한 왜군을 물리치는 과정에서 큰 타격을 입어 힘을 잃었다. (　　　)

(3) 대가야는 법흥왕 때 신라에 병합되었다. (　　　)

2 가야가 삼국처럼 중앙 집권 국가로 성장하지 못한 이유를 쓰시오.

3 한국사능력검정시험 기출

(가) 나라에서 만든 문화유산으로 옳은 것은? (　　　)

이곳은 (가) 의 고분군으로, 금동관 등 다양한 유물이 출토되었습니다.

고령 지산동 고분군

① 
금동 대향로

② 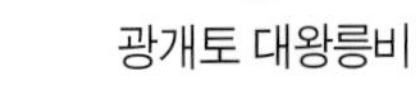
광개토 대왕릉비

③ 
정림사지 오층 석탑

④ 
철제 판갑옷과 투구

정답 확인  오늘 나의 실력은?  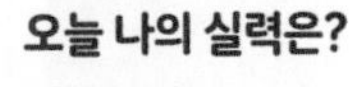  확인

마무리 학습

도전! 한국사능력검정시험

고구려, 백제, 신라는 서로 경쟁하고 교류하며 중앙 집권 국가로 성장하였어.
낙동강 유역에서는 가야가 등장하였지. 삼국과 가야의 성장 및 발전 과정을 정리해 보자!

삼국의 성장과 발전

	고구려	백제	신라
2세기 (100~200)	태조왕: 옥저·동예 정복		
3세기 (200~300)		고이왕: 관등 마련, 마한 소국 병합	
4세기 (300~400)	소수림왕: 불교 수용, 율령 반포, 태학 설립	• ★근초고왕: 마한 정복, 고구려의 평양성 공격 • 침류왕: 불교 수용	내물왕: 김씨의 왕위 독차지, 왕의 칭호로 '마립간' 사용
5세기 (400~500)	• ★광개토 대왕: 영토 확장 • ★장수왕: 평양 천도, 남진 정책		
6세기 (500~600)		• 무령왕: 22담로에 왕족 파견 • 성왕: 사비 천도, 나라 이름 '남부여'로 변경, 한강 유역 차지(신라에 다시 빼앗김.)	• 지증왕: '신라'로 국호 변경, '왕' 칭호 사용, 우산국 정벌 • 법흥왕: 율령 반포, 불교 공인, 금관가야 정복 • ★진흥왕: 한강 유역 차지, 화랑도 개편, 대가야 정복

가야의 성장과 발전

건국	금관가야의 김수로왕이 가야의 첫 번째 왕이 됨.
성장과 발전	• 전기 가야 연맹: 금관가야가 이끎(풍부한 철의 생산과 편리한 해상 교통을 이용해 낙랑과 왜 사이에서 중계 무역을 하며 성장). ➡ 고구려 광개토 대왕의 공격으로 쇠퇴해 연맹의 우두머리를 대가야에 내줌. • 후기 가야 연맹: 대가야가 이끎(철기 문화 발달, 중국 남조 및 왜와 교류).
멸망	• 금관가야가 신라 법흥왕에게 병합되고, 대가야가 신라 진흥왕에게 정복됨. • 연맹 왕국으로 각 나라의 힘을 하나로 모으지 못하고, 백제와 신라 사이에서 두 나라의 압박을 받음. ➡ ★중앙 집권 국가로 성장하지 못한 채 멸망하게 됨.

1 그림의 건국 이야기가 전해지는 나라에 대한 설명으로 옳은 것은? ( )

① 왜에 칠지도를 보냈다.
② 국내성으로 도읍을 옮겼다.
③ 8조법으로 백성을 다스렸다.
④ 무천이라는 제천 행사를 열었다.

2 (가)에 들어갈 왕으로 옳은 것은? ( )

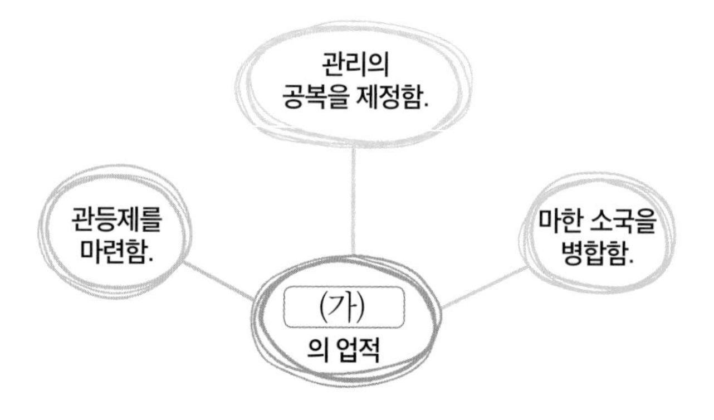

① 무령왕
② 온조왕
③ 고이왕
④ 근초고왕

3 학생들이 공통으로 이야기하고 있는 왕의 업적으로 옳은 것은? ( )

① 청해진을 설치하였다.
② 국호를 '남부여'로 바꾸었다.
③ 백제를 공격해 한성을 함락하였다.
④ 신라의 요청으로 왜를 격퇴하였다.

4 다음 가상 대화에 등장하는 왕의 업적으로 옳은 것은? ( )

① 우산국을 정벌하였다.
② 수도를 사비로 옮겼다.
③ 금관가야를 정복하였다.
④ 화랑도를 국가 조직으로 만들었다.

5 (가)에 들어갈 왕의 업적으로 옳은 것은? (　　　　)

(가)
- 신라 제23대 왕
- 불교를 공인함.
- 금관가야를 정복함.

① 율령을 반포하였다.
② 태학을 설립하였다.
③ 22담로에 왕족을 파견하였다.
④ 나라 이름을 '신라'로 정하였다.

6 다음 퀴즈의 정답으로 옳은 것은? (　　　　)

우리 역사 퀴즈 대회

신라의 이 왕은 영토를 넓히고 이를 기념하기 위해 북한산을 비롯해 새로 차지한 지역을 둘러보고 순수비를 세웠습니다. 이 왕은 누구일까요?

①

②

③

④

7 (가) 나라에서 만든 문화유산으로 옳은 것은? (　　　　)

<특별 기획>

지산동 고분군 출토 유물전

- **기간:** 20○○년 ○○월 ○○일~○○월 ○○일
- **장소:** △△박물관

<전시 소개>

우리 박물관에서는 (가) 가 남긴 문화유산인 고령 지산동 고분군의 출토 유물과 발굴 성과를 공개하는 특별전을 마련하였습니다. 이번에 전시되는 유물을 통해 (가) 의 수준 높은 문화를 느낄 수 있기를 바랍니다.

①

칠지도

② 비파형 동검

③

광개토 대왕릉비

④

철제 판갑옷과 투구

다음은 한국사능력검정시험에 자주 출제되는 핵심 낱말을 뽑아 구성한 가로세로 퍼즐이다. 공부한 내용을 떠올리며 퍼즐을 완성해 보자.

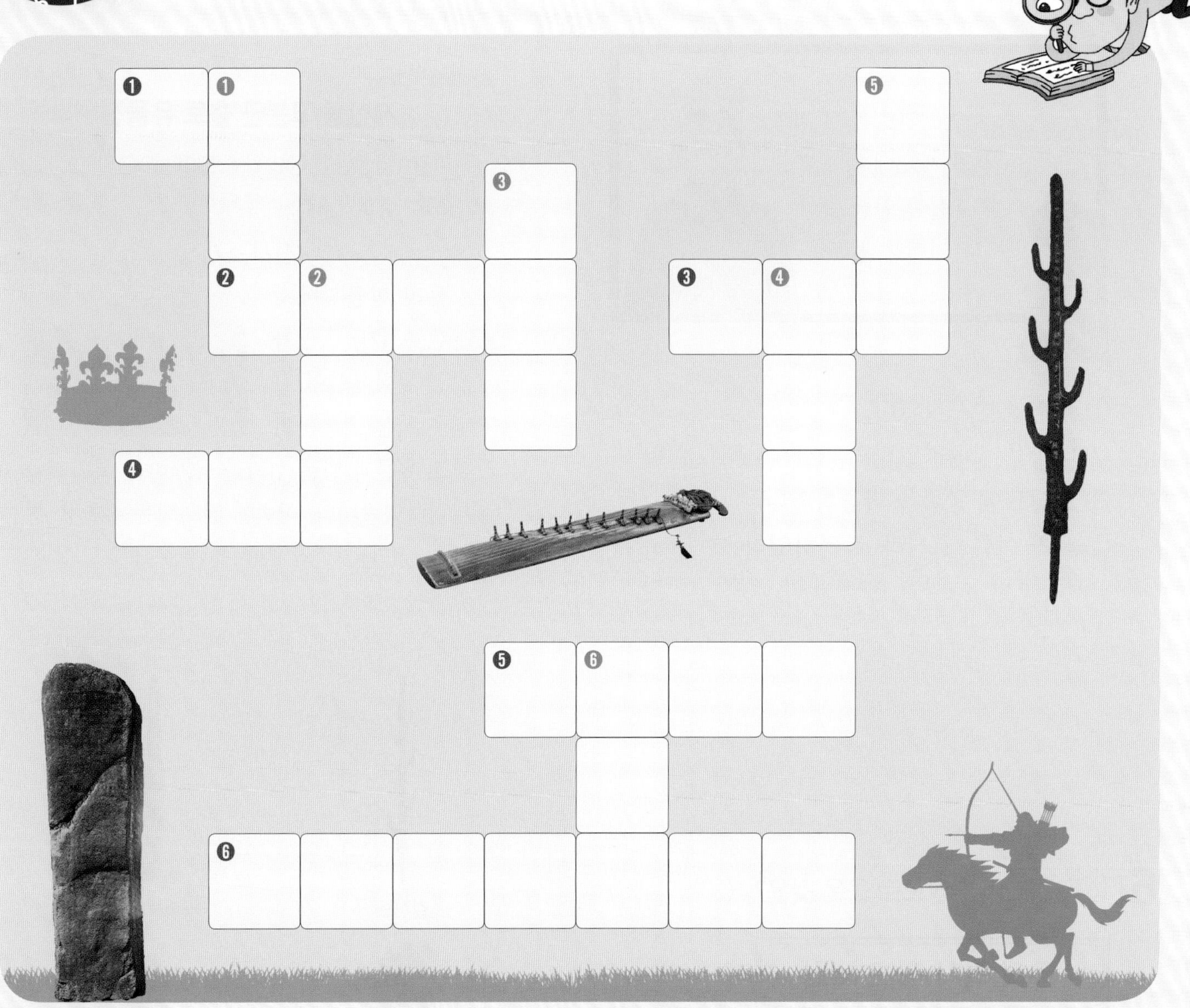

가로 열쇠

❶ 백제의 ○○왕은 관리의 등급을 마련하고, 관리의 등급에 따라 관복의 색을 다르게 하였다.

❷ 전기 가야 연맹을 이끈 나라이다.

❸ 백제 근초고왕이 일본 왕에게 보낸 칼이라고 전해진다.

❹ 졸본에서 건국된 고구려는 유리왕 때 압록강 유역의 ○○○으로 도읍을 옮겼다.

❺ 고구려의 장수왕은 ○○ ○○을 펼쳐 백제의 도읍인 한성을 무너뜨리고 한강 유역 전체를 차지하였다.

❻ 고구려의 장수왕이 아버지의 업적을 기리기 위해 국내성 근처에 세운 비석이다.

세로 열쇠

❶ 신라 초기에 왕을 부르던 칭호로, '연장자'라는 뜻을 가지고 있다.

❷ 백제 성왕은 신라와 연합해 회복하였던 한강 유역을 신라의 배신으로 다시 잃게 되자, 신라를 공격하다 이곳에서 전사하였다.

❸ 가야 가실왕은 우륵을 시켜 ○○○ 12곡을 지었다.

❹ 신라는 ○○○ 때 나라 이름을 '신라'로 정하였다.

❺ 신라의 유능한 청소년들을 모아 몸과 마음을 갈고 닦았던 단체를 말한다.

❻ 6세기 신라의 전성기를 이룬 왕이다.

정답 확인  오늘 나의 실력은?  확인

삼국 시대 사람들은 어떻게 살았을까?

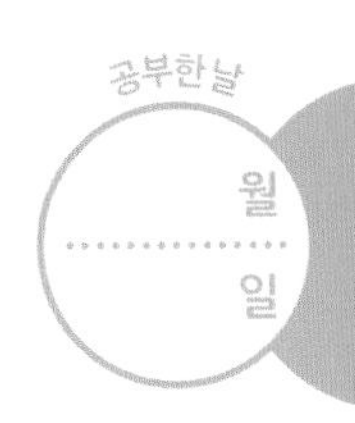

다음 사진은 신라 시대의 생활 모습을 알 수 있는 토기이다. 말을 탄 사람들의 옷과 말에 걸친 장식을 비교해 보고, 둘 중 더 화려해 보이는 토기에 동그라미 해 보자.

경주 금령총에서 주인과 하인으로 보이는 사람이 각각 말을 탄 모습의 토기 2점이 발견되었어. 바로 '기마 인물형 토기'이지.

왼쪽의 토기를 보면, 말을 탄 사람이 화려한 모자를 쓰고 갑옷을 입었어. 말에도 여러 가지 장식이 되어 있지. 반면에 오른쪽의 토기를 보면, 말을 탄 사람의 복장이 간소하고, 말에도 별다른 장식이 없어. 말을 탄 사람의 옷차림과 말에 걸친 장식을 비교해 보니, 왼쪽의 토기가 주인에 해당하는 토기라는 것을 알 수 있어.

이렇게 신분에 따라 토기도 다르게 표현한 것을 보니, 삼국 시대에는 신분에 따라 생활 모습도 달랐을 것 같구나. 그럼 삼국 시대의 생활 모습을 우리 함께 자세히 알아볼까?

삼국의 신분 제도

삼국 시대에는 지금과 다르게 사람들을 신분에 따라 나누었어. 신분은 크게 귀족, 평민, 노비로 구분되었단다.

삼국 시대의 신분은 여러 집단이 모여 함께 국가를 이루면서 자연스럽게 정해졌어. 힘을 가진 사람이나 나라를 세우고 땅을 넓히는 데 공을 세운 사람들은 귀족이 되었지. 그 외의 사람들은 대부분 평민이 되었고, 전쟁에서 포로로 잡혀 오거나 죄를 지은 사람들은 노비가 되었단다.

신분에 따른 삼국 시대 사람들의 생활 모습

삼국 시대에는 신분 사이에 엄격한 차별이 있었어. 그래서 신분에 따라 하는 일, 입을 수 있는 옷, 집의 크기와 모양 등이 달랐어.

귀족의 생활 모습

최고의 신분은 왕족을 포함한 귀족이었어. 귀족은 높은 관리가 되어 왕을 도와 나라의 중요한 일들을 결정했어. 이들은 넓은 토지와 많은 노비를 가졌고, 세금을 낼 필요도 없었어. 또한, 커다란 기와집에서 살며 비단으로 만든 옷을 입고, 좋은 음식을 먹었어.

신라에는 더 엄격한 신분 제도가 있었다고요?

신라에는 신분을 골(骨)과 품(品)으로 나눈 '골품제'라는 신분 제도가 있었어. 골(骨)은 왕족으로 성골과 진골로 나뉘었고, 품(品)은 6~1두품으로 나뉘었단다.
골품에 따라 올라갈 수 있는 관직, 옷의 색깔, 집의 크기, 말의 수 등이 달랐어.

평민의 생활 모습

평민은 대부분 농사를 짓는 **농민**이었어. 평민은 초가집에 살며 거친 베옷을 입고 조·보리·콩 등의 잡곡을 주로 먹었단다. 이들은 나라에 꼬박꼬박 **세금**을 내고 궁궐을 짓거나 성을 쌓는 일 등의 **나랏일에 동원**되었기 때문에 생활이 매우 어려웠다고 해. 게다가 전쟁이 일어나면 나라를 위해 싸우기도 했어. 일 년 내내 힘들게 농사를 지어야 겨우 먹고 살 수 있었던 평민들에게 이러한 세금과 나랏일은 큰 부담이었단다.

초가집
농사를 짓던 농민이 주로 살던 집이다. 나무와 흙으로 만들고, 한 해 농사가 끝나면 볏짚을 새로 엮어 지붕을 덮었다.

노비의 생활 모습

평민의 삶도 어렵고 힘들었지만, **가장 낮은 신분**이었던 노비의 삶은 그보다 더 힘들었단다. 노비는 주로 귀족의 땅에서 농사를 짓거나 주인이 시키는 여러 가지 일을 하며 살았어. 그러면서도 **주인의 소유물**로 여겨져 주인이 물건처럼 사고팔기도 하였단다.

고구려 고분 벽화에 나타난 신분 차별의 모습

▲ 수산리 고분 벽화(평안남도 강서군)

고구려 시대 무덤의 벽화를 보면, 키 작은 사람이 키 큰 사람 옆에서 검은 우산을 받치고 있는 모습을 볼 수 있어. 이것은 신분에 따라 사람의 크기를 다르게 표현한 거야. 신분이 높은 귀족은 크게 그리고, 신분이 낮은 하인은 작게 그린 거란다.

| 삼국 시대 사람들의 생활 모습 |

❶ 삼국 시대에는 [ ][ ]에 따라 하는 일, 입을 수 있는 옷, 집의 크기와 모양 등이 달랐어.

❷ 삼국 시대의 평민은 나라에 [ ][ ]을 내고 나랏일에 동원되어 생활이 어려웠어.

❸ 삼국 시대의 [ ][ ]는 주인의 소유물로 여겨져 주인이 물건처럼 사고팔기도 했어.

1 다음 중 삼국 시대 귀족의 모습으로 알맞지 않은 것을 골라 기호를 쓰시오. (　　　)

㉠

㉡

㉢

2 다음은 고구려의 수산리 고분 벽화로, 곡예를 구경하는 사람들의 모습을 나타낸 것이다. 벽화 속 사람들의 크기가 다른 까닭을 쓰시오.

____

____

____

____

한국사능력검정시험 기출

3 다음 주제에 대한 학생들의 발표 내용으로 옳은 것은? (　　　)

주제: 신라 사람들의 생활 모습

정답 확인  오늘 나의 실력은? 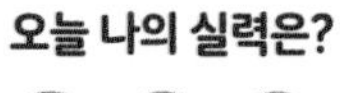 확인 

2. 삼국의 성장과 발전

삼국의 고분에는 어떤 비밀이 숨겨져 있을까?

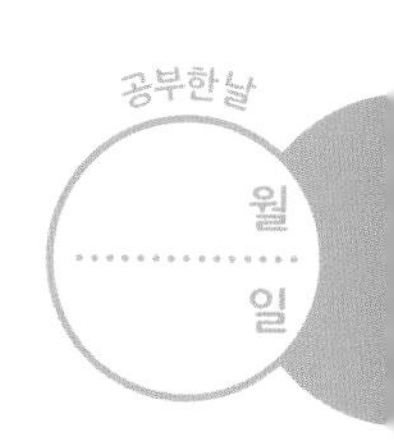

다음은 삼국 시대의 다양한 고분을 그림으로 나타낸 것이다. 사다리를 타고 내려가서 각 고분의 이름을 알아보자.

고분(古 옛 고, 墳 무덤 분)은 옛사람들이 남긴 무덤을 말해.
삼국은 나라와 시대마다 돌무지무덤, 굴식 돌방무덤, 벽돌무덤, 돌무지덧널무덤 등 다양한 형태의 고분을 만들었어. 사다리 타기를 통해 '삼국 시대의 다양한 고분'을 살펴볼 수 있을 거야.
우리는 왜 옛날에 만들어진 무덤에 대해 배워야 하는 걸까? 왜냐하면 고분 속에서 발견된 유물과 벽화 등을 통해 당시 사람들의 생각과 생활 모습을 알 수 있기 때문이야. 그래서 고분은 삼국 시대의 문화를 보여 주는 대표적인 유적 중 하나란다. 그렇다면 이제부터 삼국과 가야의 고분을 통해 당시 사람들의 생각과 생활 모습을 자세히 알아볼까?

삼국, 고분 문화가 발달하다

삼국 시대 사람들은 살아 있는 동안의 삶이 죽은 뒤에도 이어진다고 믿었어. 그래서 신분이 높은 사람들은 죽은 사람을 위해 무덤을 정성껏 만들고, 무덤 안에 사후 세계를 위한 여러 가지 장치를 해 놓았지. 무덤 안에 **껴묻거리**를 넣거나 노비를 함께 순장하기도 했어. 그리고 무덤 벽과 천장에 **벽화**를 그리기도 했지. 이러한 껴묻거리와 고분 벽화 등을 통해 우리는 당시 사람들의 생각과 생활 모습을 알 수 있단다.

껴묻거리
죽은 사람을 땅에 묻을 때, 시체와 함께 묻는 물건을 통틀어 이르는 말이다. 주로 무덤의 주인이 살아 있을 때 사용하던 물건과 생활 도구를 함께 묻었다.

삼국의 다양한 고분 형태

고구려는 초기에 돌을 쌓아 올린 **돌무지무덤**을 만들었어. 그러다가 점차 돌로 방을 만들고 그 위를 흙으로 덮은 **굴식 돌방무덤**으로 발전하였는데, 돌방의 벽과 천장에 많은 고분 벽화가 남아 있어. 굴식 돌방무덤은 입구만 찾으면 무덤 안으로 들어갈 수 있어서 도굴이 쉬웠대. 그러다 보니 무덤이 대부분 도굴된 상태로 발굴되어 껴묻거리가 거의 발견되지 않았어.

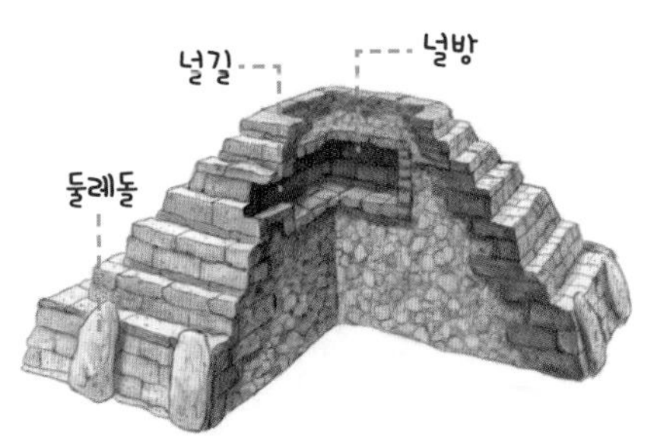

▲ 돌무지무덤의 구조

▲ 굴식 돌방무덤의 구조

▲ 무용총 사냥 그림
산과 들을 달리며 사냥을 즐기던 고구려 사람들의 진취적인 기상과 강인한 모습을 살펴볼 수 있다.

▲ 쌍영총 연꽃 그림
고구려에서 연꽃 등 불교와 관련된 장식 무늬가 유행하였다는 것을 알 수 있다.

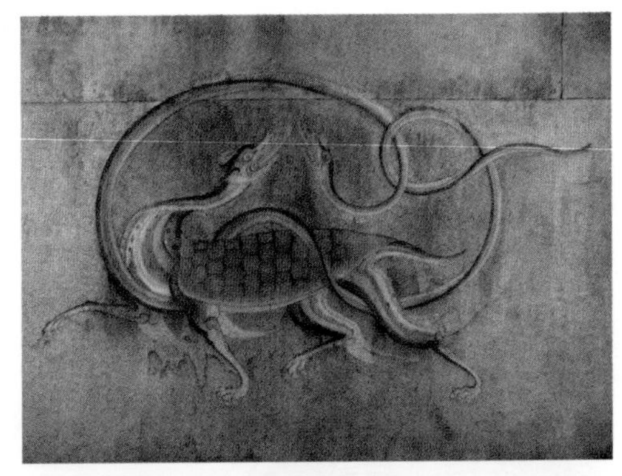
▲ 강서 대묘 사신도 중 현무 그림
도교의 영향을 받아 동서남북을 지켜 준다는 사신이 등장하였다.

백제는 고구려의 영향으로 초기에는 **돌무지무덤**을 만들었어. 한성에서 웅진으로 도읍을 옮긴 이후에는 **굴식 돌방무덤**을 주로 만들었고, 중국 남조의 영향을 받아 무덤 안을 벽돌로 쌓은 **벽돌무덤**을 만들기도 하였어. 백제의 무령왕과 왕비가 잠들어 있는 '**무령왕릉**'이 대표적인 벽돌무덤이야. 무령왕릉에서는 왕과 왕비의 금관 장식 등 백제의 화려하고 섬세한 솜씨가 돋보이는 유물뿐만 아니라 중국이나 일본과의 활발한 교류를 보여 주는 유물도 발견되었단다.

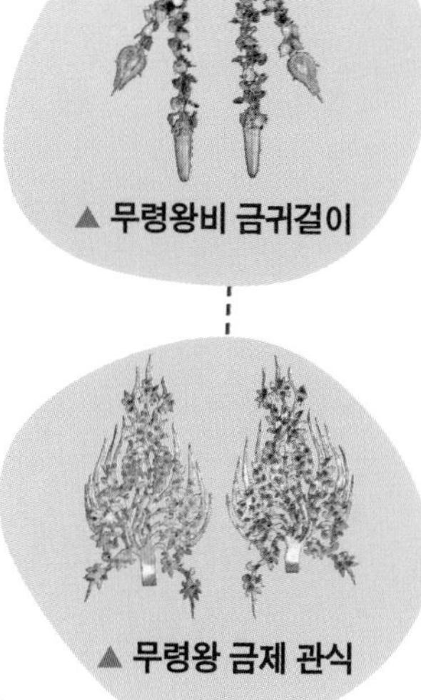

▲ **무령왕비 금귀걸이**

▲ **무령왕 금제 관식**

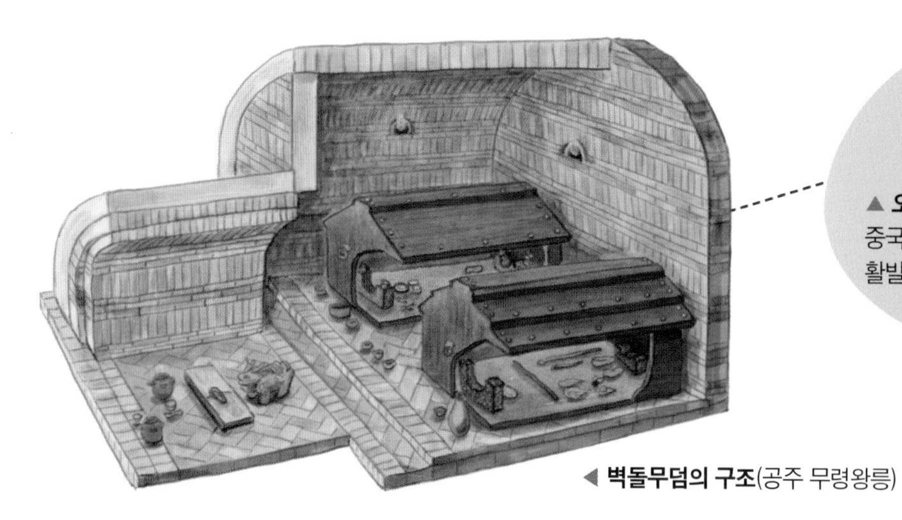

◀ **벽돌무덤의 구조**(공주 무령왕릉)

▲ **오수전**
중국의 화폐로 백제와 중국의 활발한 교류를 보여 준다.

▲ **금동 신발과 청동 다리미**
일본의 고분에서 출토되는 것과 유사하다.

신라에서는 나무로 방을 만들고 그 위에 돌을 쌓은 후 흙을 덮은 독특한 형태의 **돌무지덧널무덤**을 만들었어. 산처럼 커다랗게 돌을 쌓고 무덤의 입구도 없었기 때문에 도굴은 꿈도 꿀 수 없었지. 그 덕분에 무덤에서는 금으로 만든 화려한 장신구 등 많은 유물이 발견되었단다.

▼ **돌무지덧널무덤의 구조**

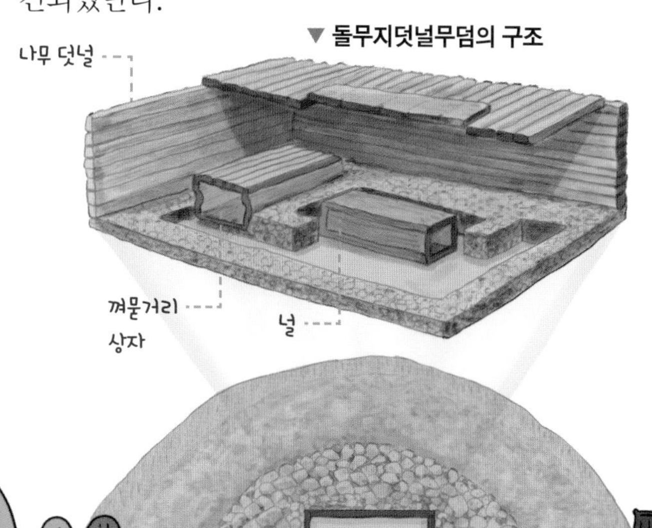

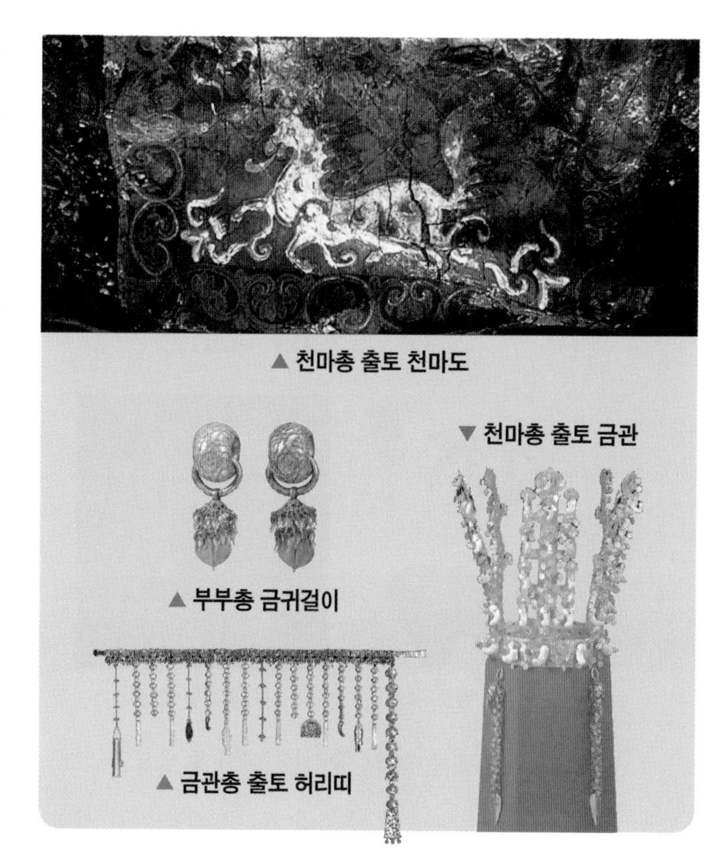

▲ **천마총 출토 천마도**

▲ **부부총 금귀걸이**

▼ **천마총 출토 금관**

▲ **금관총 출토 허리띠**

| 삼국의 고분 |

❶ 삼국 시대 사람들은 무덤 안에 □□□□를 넣거나 노비를 함께 순장하기도 했어.

❷ 고구려는 초기에 돌을 쌓아 올린 □□□무덤을 만들었어.

❸ 신라에서는 나무로 방을 만들고 그 위에 돌은 쌓은 후 흙을 덮은 □□□□□ 무덤을 만들었어.

1 백제의 고분에 관한 설명이 맞으면 ○표, 틀리면 ×표 하시오.

(1) 백제는 고구려의 영향으로 초기에 돌무지무덤을 만들었다. (　　　)

(2) 백제의 고분에는 무용총 사냥 그림, 쌍영총 연꽃 그림 등 벽화가 많이 남아 있다. (　　　)

(3) 백제는 웅진으로 도읍을 옮긴 후 중국 남조의 영향을 받아 굴식 돌방무덤을 만들었다. (　　　)

2 다음 중 도굴이 가장 어려운 고분을 골라 기호를 쓰시오. (　　　)

㉠ 
돌무지무덤

㉡
굴식 돌방무덤

㉢ 
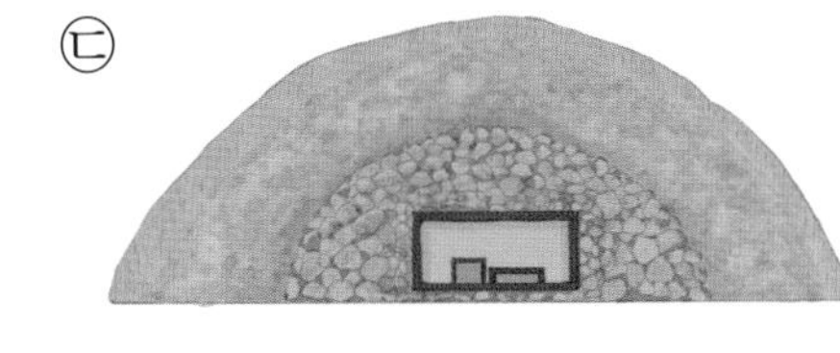
돌무지덧널무덤

한국사능력검정시험 기출

3 다음 무덤에 묻힌 왕에 대한 설명으로 옳은 것은? (　　　)

공주 ○○왕릉 특별전

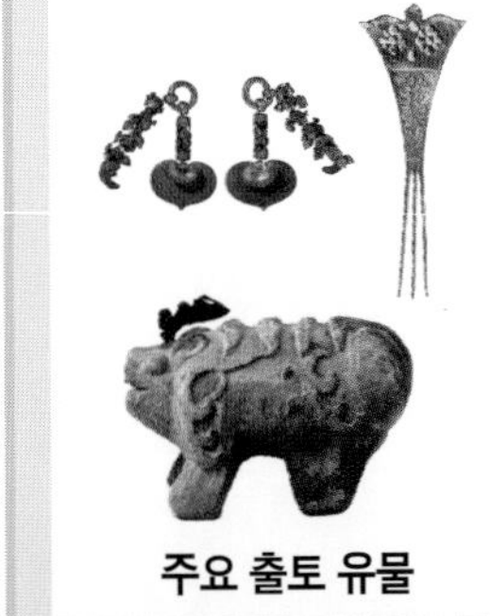
주요 출토 유물

무덤 내부 모습

백제 문화의 향기를 느껴 보세요.

20○○년 ○○월 ○○일~○○월 ○○일

- ○○ 박물관 -

① 우산국을 정벌하였다.
② 금관가야를 정복하였다.
③ 중국 남조의 양나라와 교류하였다.
④ 안시성에서 당의 군대를 막아 냈다.

정답 확인 

오늘 나의 실력은? 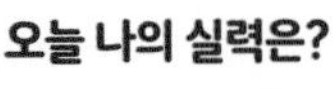 확인

2. 삼국의 성장과 발전

불교와 도교는 삼국에 어떤 영향을 미쳤을까?

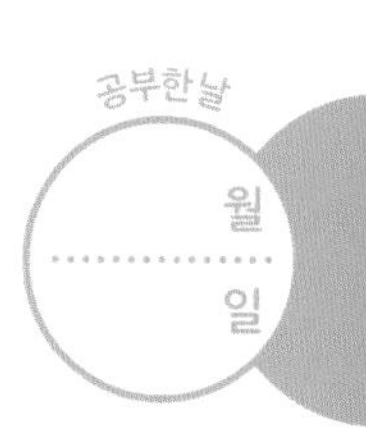

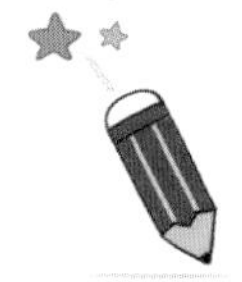

다음은 백제 금동 대향로를 그린 그림이다. 향로를 색칠하며 백제의 뛰어난 금속 공예 기술을 알아보자.

백제 금동 대향로는 백제 왕실 의례에서 향을 피울 때 사용한 도구야.
백제 금동 대향로를 살펴보면, 백제 사람들이 얼마나 화려하고 섬세한 금속 공예 기술을 지녔는지 짐작해 볼 수 있어. 또한, 당시 백제 왕실의 사상도 살펴볼 수 있단다.
삼국 시대에는 불교뿐만 아니라 도교도 유행하였어. 백제 금동 대향로의 연꽃무늬 몸통에는 불교 사상이 반영되어 있지만, 향로 꼭대기의 봉황, 뚜껑의 신선 세계, 향로를 받치는 용 등을 보면 도교 사상의 영향도 받았음을 알 수 있어. 그럼 불교와 도교가 고구려와 신라에는 어떤 영향을 미쳤는지 우리 함께 알아볼까?

왕실이 앞장서서 불교를 받아들이다

불교는 삼국 시대에 중국을 거쳐 우리나라에 전해졌어. 삼국의 왕실은 앞장서서 불교를 받아들여 백성에게 믿도록 하였어. 삼국에 전해진 불교는 백성의 마음을 하나로 모으고 왕을 부처처럼 섬기도록 하면서 **왕권을 강화**하는 데 큰 역할을 하였단다.

고구려는 소수림왕 때 삼국 중 가장 먼저 불교를 받아들였어. 그다음 백제가 침류왕 때 불교를 받아들였지. 신라는 삼국 중 가장 늦게 불교를 받아들였어. 법흥왕 때 이차돈의 희생으로 불교를 나라의 종교로 인정하게 되었단다.

불교가 전해진 뒤 삼국에서는 많은 절과 탑이 세워지고 불상이 만들어지는 등 **불교 예술이 발달**하였어. 대표적인 절로는 백제의 미륵사와 신라의 황룡사가 있지만, 현재는 터만 남아 있어. 절과 더불어 탑도 많이 세워졌어. 백제의 익산 미륵사지 석탑은 우리나라에 남아 있는 석탑 중에서 가장 크고 오래된 석탑이야. 신라는 황룡사 9층 목탑을 세웠지만 불에 타 남아 있지 않고, 가장 오래된 신라의 석탑인 경주 분황사 모전 석탑만 남아 있어.

불교를 위해 목숨을 바친 사람이 있다고요?

신라 법흥왕은 불교를 나라의 종교로 받아들이고 싶어 했지만, 귀족들의 반대가 심했어. 이차돈은 법흥왕을 도우려고 귀족들이 신성시하던 숲의 나무를 베고 절을 지었지. 하지만 귀족들의 거센 반발에 이차돈은 목이 베이게 돼. 그런데 이차돈의 목에서 흰 피가 솟구치고 하늘에서 꽃비가 내렸대. 이 광경을 본 신라의 귀족들은 불교를 더 이상 반대하지 않게 되었지.

◀ 복원된 익산 미륵사지 석탑 (전라북도 익산시)

경주 분황사 모전 석탑 ▶ (경상북도 경주시)

삼국에서는 불상도 많이 만들어졌어. 고구려의 불상으로는 몸에서 나온 빛을 표현한 광배가 특징적인 금동 연가 7년명 여래 입상이 있어. 백제의 서산 용현리 마애 여래 삼존상은 '백제의 미소'로 불리는 불상으로, 암벽을 깎아 만들었어. 신라의 경주 배동 석조 여래 삼존 입상은 어린아이 같은 표정으로 부처의 자비로움을 표현하였단다.

▲ 금동 연가 7년명 여래 입상

▲ 서산 용현리 마애 여래 삼존상(충청남도 서산시)

▲ 경주 배동 석조 여래 삼존 입상(경상북도 경주시)

귀족 사회를 중심으로 도교가 전해지다

삼국 시대에는 중국에서 도교도 들어왔어. 도교는 **자연 숭배**나 영원한 삶을 추구하는 **신선 사상**과 결합하여 귀족 사회에서 유행하였지. 도교의 영향으로 고구려에서는 고분 벽화에 사신도를 즐겨 그렸어. 백제의 산수무늬 벽돌에는 산과 나무, 구름 등이 있는 신선 세계가 그려져 있고, **백제 금동 대향로**에는 향로의 뚜껑에 신선 세계가 표현되어 있지.

사신도(四 넉 **사**, 神 귀신 **신**, 圖 그림 **도**)
사신은 도교에서 동서남북 사방을 지키는 수호신을 말한다. 강서 대묘의 방 동쪽에는 청룡이, 서쪽에는 백호가, 남쪽에는 주작이, 북쪽에는 현무가 그려져 있다.

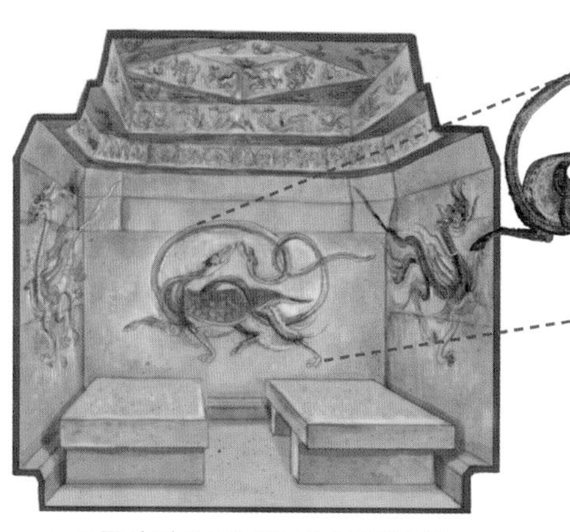
▲ 고구려 강서 대묘의 내부 벽화 모습

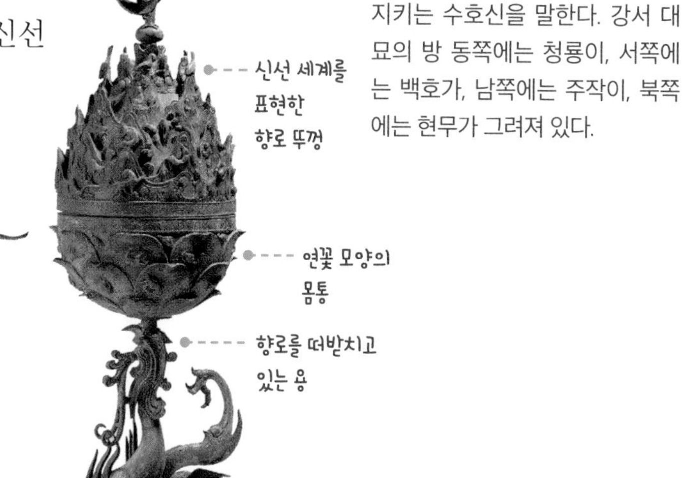

▲ 산수무늬 벽돌

▲ 백제 금동 대향로

| 삼국의 불교와 도교 |

❶ 불교는 백성이 왕을 부처처럼 섬기도록 하면서 [ ][ ]을 강화하는 데 큰 역할을 했어.

❷ 신라는 법흥왕 때 [ ][ ][ ]의 희생으로 불교를 나라의 종교로 인정하게 되었어.

❸ 삼국 시대에 [ ][ ]는 자연 숭배나 신선 사상과 결합하여 귀족 사회에서 유행했어.

1 삼국의 불교 수용 과정을 순서대로 나열하시오. ( ) → ( ) → ( )

(가)

(나)

(다)

2 다음 낱말 카드의 문화유산과 관련 있는 종교를 쓰시오. ( )

고구려 고분의 사신도 | 백제의 산수무늬 벽돌 | 백제 금동 대향로

한국사능력검정시험 기출

3 (가)에 들어갈 문화유산으로 옳은 것은? ( )

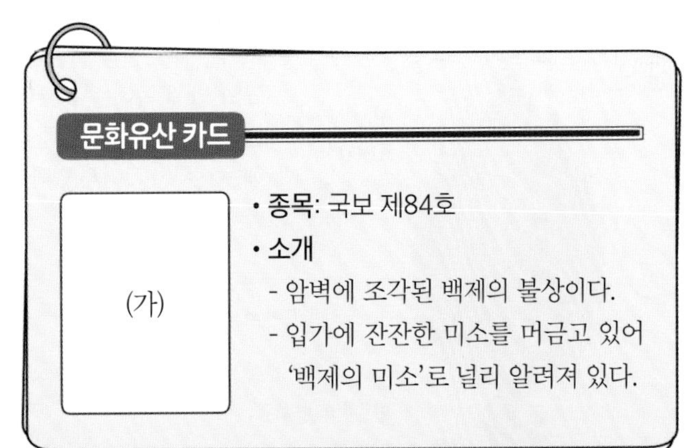

① 
이불병좌상

② 
금동 연가 7년명 여래 입상

③ 
파주 용미리 마애 이불 입상

④ 
서산 용현리 마애 여래 삼존상

정답 확인  

오늘 나의 실력은?  확인

2. 삼국의 성장과 발전

삼국의 학문과 과학 기술의 발달은 어떠하였을까?

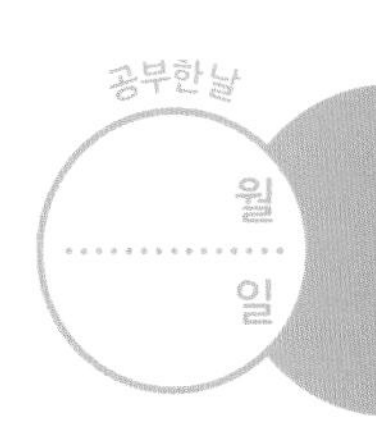

다음은 신라 선덕 여왕 때 만든 경주 첨성대를 그린 그림이다. '첨성대를 이루는 돌단'의 개수를 세어 ①~③에 적고, 어떤 의미가 있을지 생각해 보자.

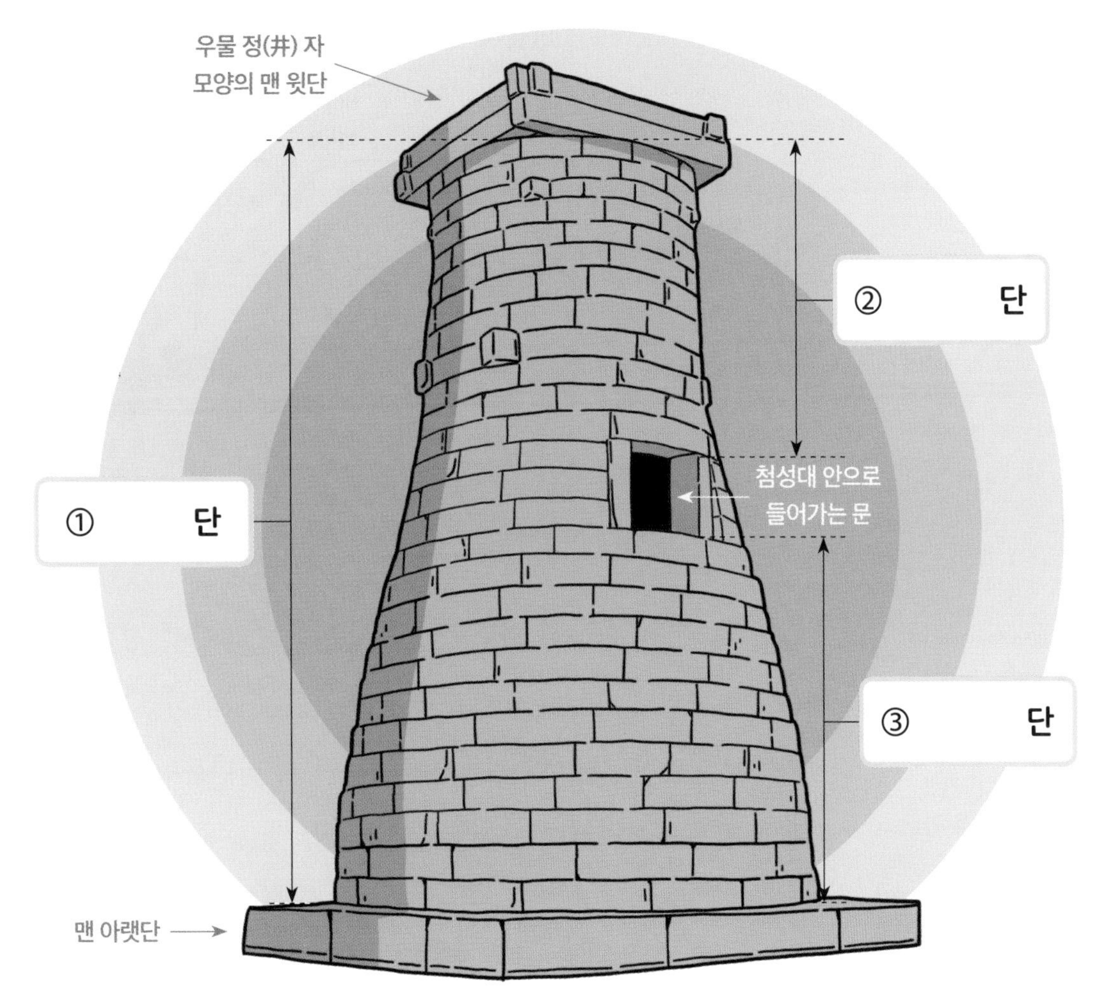

경주 첨성대는 하늘의 별, 해와 달의 모습 등을 관찰하던 시설이었어.
'첨성대를 이루는 돌단'의 개수를 세어 보면, 첨성대 곳곳에 숨어 있는 재미있는 의미를 알 수 있어. 우선 첨성대를 이루는 전체 돌단은 27단인데, 이것은 신라의 제27대 왕이었던 선덕 여왕을 상징하는 숫자라고 해. 그리고 첨성대의 문을 기준으로 위로 12단, 아래로 12단씩 돌단이 쌓여 있어. 12단의 돌단은 열두 달을 뜻하고, 문 위·아래의 돌단의 합은 24절기를 의미한다고 해. 이렇게 돌 하나하나에도 의미를 두고 만든 것만 봐도 신라의 과학 기술이 얼마나 발달했는지 알 수 있지.
그럼 삼국의 학문과 과학 기술의 발달 모습이 얼마나 대단했는지 자세히 알아볼까?

학문이 발달하다

유학(儒 선비 **유**, 學 배울 **학**)
공자의 사상이나 가르침을 근본으로 삼는 학문을 말한다.

삼국 시대에는 중국과의 교류로 한자가 널리 사용되면서 유학을 받아들이게 되었어. 이에 따라 학문이 발달하고 교육 기관이 세워졌단다. 고구려는 소수림왕 때 수도에 **태학**을 세워 유교 경전과 역사를 가르쳤어. 태학은 귀족 자제들만 입학할 수 있었고, 태학의 학생 중 뛰어난 인재는 관리로 등용되기도 하였지. 지방에는 경당을 세워 학문과 무술을 가르치기도 하였단다.

박사(博 넓을 **박**, 士 관리 **사**)
백제에서는 학문과 기술 등 어느 한 분야에서 뛰어난 실력을 갖춘 전문가에게 '박사'라는 관직을 주고, 교육을 맡아보게 하였다. 의학을 가르쳤던 의박사, 천문학을 가르쳤던 역박사 등이 있었다.

일찍부터 박사 제도가 있던 백제에서는 유교의 다섯 경전에 능통한 사람에게 **오경박사**의 관직을 주고 유교 경전을 가르치도록 하였어. 신라에서는 **임신서기석**에 기록된 내용을 통해 청년들이 유교 경전을 공부하였다는 것을 알 수 있어.

임신서기석 ▶

삼국에서는 **역사서의 편찬**도 이루어졌어. 나라의 성장과 발전을 기록함으로써 왕실의 권위를 높이고자 하였던 거지. 고구려에서는 초기에 지어진 『유기』를 바탕으로 영양왕 때 『신집』 5권을 편찬하였단다. 백제는 근초고왕 때 『서기』를, 신라는 진흥왕 때 『국사』를 편찬하였어. 그러나 아쉽게도 이들 역사서는 현재 모두 전해지지 않고 있어.

과학 기술이 발달하다

천문학의 발달

하늘의 별, 해와 달의 모습 등을 관찰하는 학문을 천문학이라고 해. 삼국 시대 왕들은 천문 현상이 **왕의 권위**와 연결된다고 생각해 하늘에서 일어나는 변화에 주의를 기울였어. 또한, **농사일**이 날씨에 많은 영향을 받았기 때문에 날씨를 정확하게 예측해 농사를 잘 짓는 일이 매우 중요했지. 이처럼 정치와 농업에 계절의 변화와 날씨가 무척 중요한 요소였기 때문에 삼국에서는 **천문학이 발달**할 수밖에 없었어. 고구려는 고분 벽화에 별자리를 그리기도 하였고, 신라는 선덕 여왕 때 **첨성대**를 만들어 천문 현상을 관측하였어.

경주 첨성대(경상북도 경주시) ▶

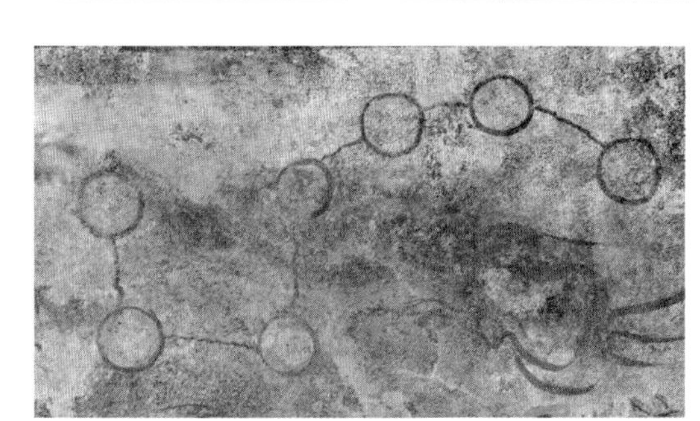

◀ **덕흥리 고분 벽화**(평안남도 강서군)
북두칠성이 그려져 있다.

공예 기술의 발달

삼국 시대에는 **금속을 다루는 기술도 발달**하여 철제 무기나 농기구뿐만 아니라 우수한 공예품이 많이 만들어졌어. 백제의 칠지도와 백제 금동 대향로, 신라의 금관과 금귀걸이 등은 당시의 수준 높은 금속 공예 기술을 보여 주는 것들이란다.

| 삼국의 학문과 과학 기술 발달 |

❶ 고구려는 소수림왕 때 수도에 [ ][ ]을 세워 유교 경전과 역사를 가르쳤어.

❷ 백제는 유교 경전에 능통한 사람에게 [ ][ ][ ][ ]의 관직을 주고 유교 경전을 가르치도록 했어.

❸ 신라는 [ ][ ][ ]를 만들어 하늘의 별, 해와 달의 모습 등을 관찰했어.

1 다음에서 설명하는 비석은 무엇인지 쓰시오. ( )

신라의 두 청년이 임신년에 유교 경전을 공부하고 나라에 충성할 것을 다짐한 내용을 돌에 새겨 넣은 비석이다. 비석의 내용에 다양한 유교 경전이 등장하여 신라에서 유교를 공부하였다는 것을 알 수 있다.

2 삼국에서 편찬한 역사서를 바르게 선으로 이으시오.

(1) 고구려 영양왕 때 • • ㉠『서기』

(2) 백제 근초고왕 때 • • ㉡『신집』

(3) 신라 진흥왕 때 • • ㉢『국사』

3 한국사능력검정시험 기출

밑줄 그은 '이 왕'으로 옳은 것은? ( )

① 근초고왕
② 김수로왕
③ 소수림왕
④ 선덕 여왕

정답 확인  오늘 나의 실력은? 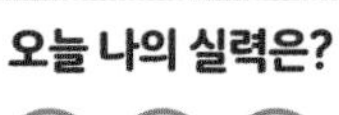 확인

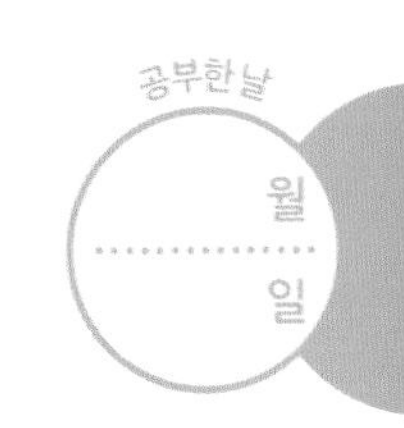

5주 4일

2. 삼국의 성장과 발전

삼국은 다른 나라와 무엇을 교류하였을까?

다음은 고구려의 영향을 받은 일본의 다카마쓰 고분 벽화를 나타낸 그림이다. 고구려의 수산리 고분 벽화를 보고 다카마쓰 고분 벽화를 색칠해 보자.

고구려의 수산리 고분 벽화

수산리 고분 벽화는 고구려의 귀족 부부가 나들이를 가는 모습을 그린 그림이에요.
하인이 검은 우산을 받치고 있고, 귀족은 여유롭게 걸어가고 있네요. 귀족의 화려한 옷차림이 다카마쓰 고분 벽화 속 여인들의 옷차림과 매우 비슷해 보여요.

다카마쓰 고분 벽화는 어느 나라의 문화유산일까? 바로 일본이야.
일본 나라현에서 발견된 다카마쓰 고분 벽화를 보면, 벽화 속 여인들이 입은 주름진 치마나 머리를 묶은 모습이 수산리 고분 벽화에 나타난 고구려 사람들의 모습과 매우 비슷하다는 것을 알 수 있어. 고구려와 일본의 고분 벽화가 어쩜 이렇게도 닮아 있을까? 이는 고구려의 벽화 그리는 솜씨가 일본에 전해졌기 때문이야. 고구려뿐만 아니라 백제, 신라, 가야도 일본과 활발하게 교류하며 앞선 문물을 전해 주었어.
삼국과 가야는 일본뿐만 아니라 중국, 서역과도 활발하게 교류하며 문화를 발전시켰단다.
그럼 삼국과 가야가 주변 나라들과 어떤 교류를 하였는지 우리 함께 알아볼까?

중국 및 서역과 교류하다

중국과의 교류

삼국과 가야는 주변 나라들과 교류하며 문화를 발전시켰어. 특히 중국과 활발히 교류하며 제도, 종교와 사상, 문화 등을 받아들였지. 고구려는 고분 벽화에 중국 신화에 나오는 신이나 동물을 그렸고, 중국의 전통 악기를 보고 거문고를 만들기도 하였어. 백제도 중국과 활발하게 교류하였어. 공주 무령왕릉이 중국 남조의 영향을 받아 벽돌무덤 양식을 하고 있는 것만 봐도 알 수 있지. 신라는 초기에 고구려와 백제를 통해 중국 문화를 받아들이다가 한강 유역을 차지한 후에는 중국과 직접 교류하였어.

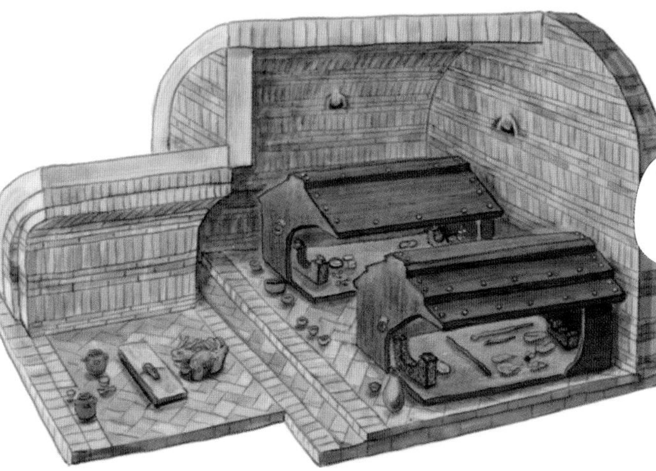

▲ 벽돌무덤의 구조(공주 무령왕릉)

▲ 고구려 무용총에 그려진 거문고(중국 지린성)

서역과의 교류

서역(西 서쪽 **서**, 域 구역 **역**)
옛날 중국의 서쪽에 있던 나라를 부르는 말이다.

삼국은 저 멀리 **서역**과도 교류하였어. 고구려 고분 벽화에는 서역 사람으로 보이는 사람이 씨름을 하고 있는 모습이 그려져 있고, 서역의 궁전 벽화에서는 고구려 사신으로 보이는 사람의 모습이 발견되었어. 신라의 고분에서는 서역에서 전해진 것으로 보이는 보검과 유리그릇 등이 발견되었지.

▲ 고구려 각저총의 씨름도(중국 지린성)

▲ 경주 황남 대총에서 나온 유리 제품들

일본과 교류하다

삼국과 가야는 각자의 문화를 일본에도 전해 주었단다. 일본과 교류가 가장 활발하였던 나라는 **백제**야. 근초고왕 때는 **아직기**와 **왕인**이 한문과 논어, 천자문을 전해 주었고, 성왕 때는 여러 승려가 불경과 불상을 가지고 일본에 가 불교를 전해 주었지. 백제의 왕이 왜왕에게 주었던 '칠지도'를 기억하니? 그 칼이 바로 백제와 일본의 가까웠던 관계를 보여 주는 것이란다.

아직기와 왕인

일본의 호류사와 오층 목탑

일본의 호류사는 세계에서 가장 오래된 목조 건축물로, 백제 건축 기술의 영향을 받아서 만들어졌어. 실제로 오층 목탑은 부여 정림사지 오층 석탑과 그 모양과 분위기가 매우 비슷하단다.

고구려의 경우 승려 혜자는 쇼토쿠 태자의 스승이 되었고, 승려 **담징**은 일본에 종이와 먹을 만드는 기술을 가르쳐 주었어.

신라는 배 만드는 기술과 둑 쌓는 기술을 일본에 전해 주었어. 가야의 토기는 일본의 토기인 스에키에 영향을 주었다고 해. 이렇게 삼국과 가야의 문화는 **일본 고대 문화의 발전에 큰 영향**을 미쳤단다.

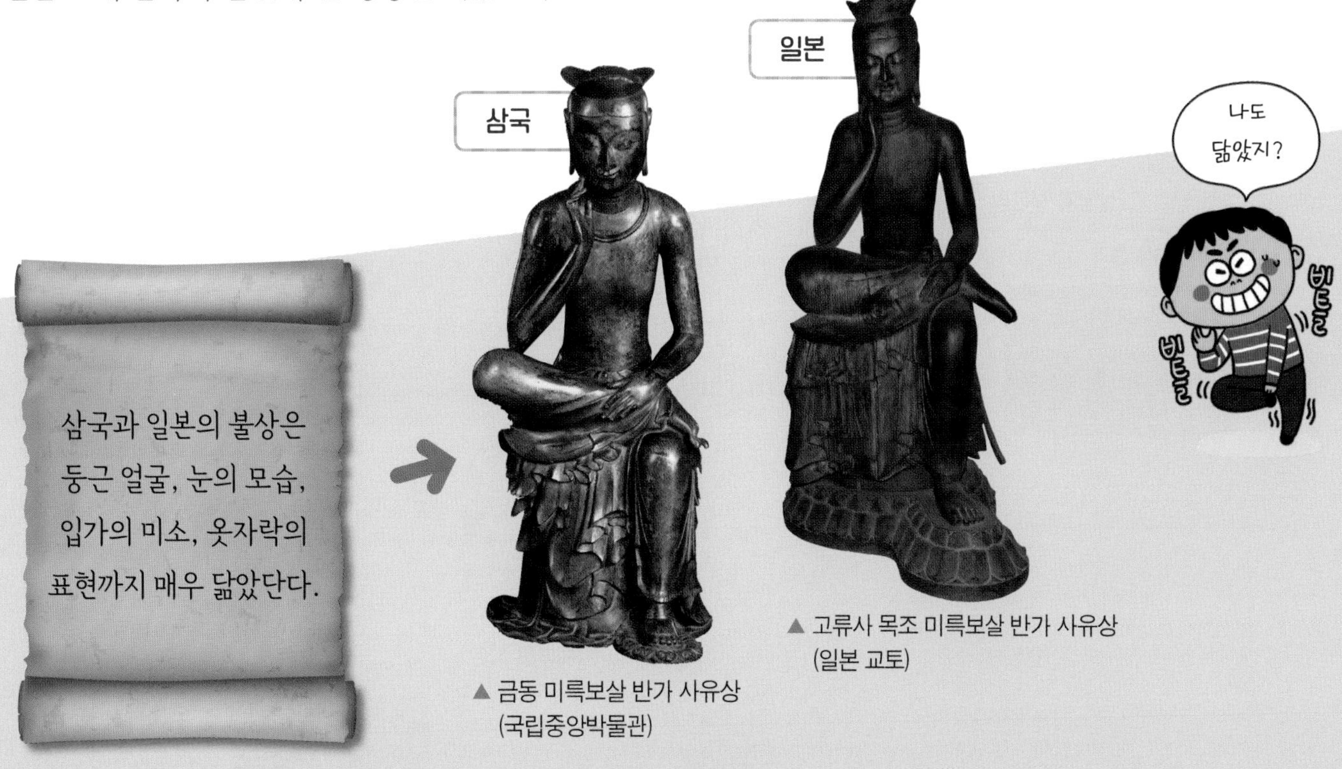

▲ 금동 미륵보살 반가 사유상 (국립중앙박물관)

▲ 고류사 목조 미륵보살 반가 사유상 (일본 교토)

| 삼국의 대외 교류 |

❶ 우리나라의 ☐☐☐는 중국의 전통 악기인 칠현금을 보고 만들었어.

❷ 신라의 고분에서는 ☐☐에서 전해진 것으로 보이는 보검과 유리그릇 등이 발견되었어.

❸ 가야의 토기는 일본의 토기인 ☐☐☐에 영향을 주었어.

1 다음 고구려 각저총의 씨름도에서 씨름을 하고 있는 사람의 얼굴을 보고 알 수 있는 점을 쓰시오.

____

____

____

____

2 다음 괄호 안에 들어갈 알맞은 인물에 ○표 하시오.

(1) 백제의 (왕인 , 혜자)은/는 일본에 한자와 논어, 천자문을 전해 주었다.

(2) 고구려의 승려 (원광 , 담징)은 일본에 종이와 먹을 만드는 기술을 가르쳐 주었다.

한국사능력검정시험 기출

3 (가)에 들어갈 문화유산으로 옳은 것은? (　　　　)

① 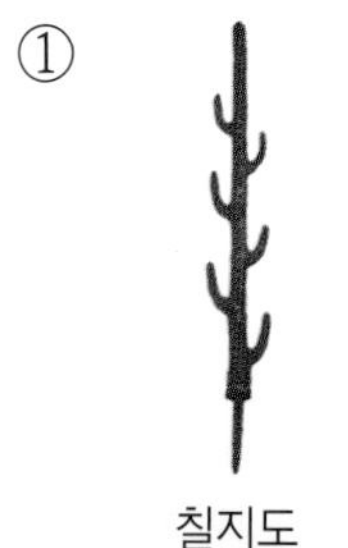
칠지도

② 
청자 참외모양 병

③ 
논산 관촉사 석조 미륵보살 입상

④ 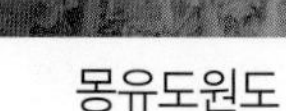
몽유도원도

정답 확인 

오늘 나의 실력은? 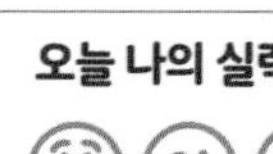 

확인

마무리 학습

도전! 한국사능력검정시험

삼국 및 가야는 중국을 비롯한 다른 나라와 활발하게 교류하면서 앞선 문물을 받아들여 문화를 발전시켜 나갔어. 삼국 및 가야의 문화와 교류 모습을 정리해 보자!

삼국의 사회와 문화

사람들의 생활 모습	• 신분은 크게 귀족, 평민, 노비로 구분되고, 신분에 따라 하는 일, 입을 수 있는 옷, 집의 크기와 모양 등이 다름. • 귀족은 높은 관리가 되어 넓은 토지와 많은 노비를 갖지만, 평민은 세금과 나랏일로 힘든 생활을 하고, 가장 낮은 신분이었던 노비는 주인이 물건처럼 사고팔기도 함.   귀족 평민 노비
고분 문화의 발달	• 고구려: 초기에는 돌무지무덤을 만들고, 점차 굴식 돌방무덤으로 발전함. • 백제: 초기에는 돌무지무덤을 만드나, 웅진으로 도읍을 옮긴 뒤 굴식 돌방무덤을 주로 만들고, 중국 남조의 영향으로 벽돌무덤(예 무령왕릉)을 만들기도 함. • 신라: 독특한 형태의 돌무지덧널무덤을 만듦.
불교와 도교의 수용	• 불교: 왕권을 강화하기 위해 왕실이 앞장서서 불교를 받아들임. ➡ 불교 예술이 발달함(백제의 익산 미륵사지 석탑 · 서산 용현리 마애 여래 삼존상, 신라의 경주 분황사 모전 석탑 · 경주 배동 석조 여래 삼존 입상, 고구려의 금동 연가 7년명 여래 입상 등).  • 도교: 자연 숭배나 신선 사상과 결합하여 귀족 사회에서 유행함. ➡ 고구려 고분 벽화의 사신도, 백제의 산수무늬 벽돌과 백제 금동 대향로 등에 영향을 줌.
학문과 과학 기술의 발달	• 학문: 중국과 교류하면서 한자와 함께 유학이 전해짐. ➡ 고구려의 태학, 백제의 오경박사, 신라의 임신서기석에 기록된 내용을 통해 삼국에서 유교 경전을 공부한 사실을 알 수 있음. • 과학 기술: 일찍부터 천문학이 발달함. ➡ 고구려 고분 벽화에 그려진 별자리, 신라의 첨성대 등에 영향을 줌.  첨성대의 모습 ▶

삼국 및 가야의 대외 교류

중국, 서역과의 교류	일본과의 교류
• 중국: 고구려는 고분 벽화에 중국 신화 속 신이나 동물이 그려져 있고, 중국의 전통 악기를 보고 거문고를 만들었으며, 백제는 벽돌무덤 양식 등이 영향을 받음. • 서역: 고구려 고분 벽화에 씨름을 하는 서역 사람이 그려져 있기도 하고, 신라의 고분에서 서역의 보검과 유리그릇 등이 발견됨.  서역 사람	• 백제의 아직기와 왕인은 한문과 논어, 천자문을 전해 줌. • 고구려의 승려 혜자는 쇼토쿠 태자의 스승이 되었고, 승려 담징은 종이와 먹 제조 기술을 전해 줌.  담징 종이 먹 • 신라는 배 만드는 기술과 둑 쌓는 기술을 전해 줌. • 가야의 토기는 일본의 토기인 스에키에 영향을 줌.

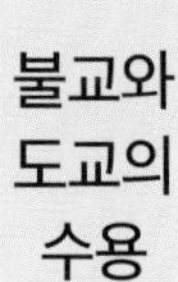

1 다음은 고구려 고분 벽화의 한 부분이다. (가) 인물의 신분과 관련된 설명으로 옳은 것은? (　　　)

① 주인이 물건처럼 사고팔기도 하였다.
② 주인이 시키는 여러 가지 일을 하였다.
③ 넓은 토지와 많은 노비를 가지고 있었다.
④ 국가에 세금을 바치고 나랏일에 동원되었다.

2 선생님의 질문에 대한 학생의 대답으로 옳은 것은? (　　　)

신라 사람들의 생활 모습에 대해 말해 볼까요?

(가) 상감 청자를 만들어 사용하였어요.
(나) 고구마와 감자를 널리 재배하였어요.
(다) 목화를 재배하여 솜옷을 만들어 입었어요.
(라) 골품에 따라 사는 집의 크기가 달랐어요.

① (가)　② (나)
③ (다)　④ (라)

3 (가)에 들어갈 문화유산으로 옳지 않은 것은? (　　　)

① 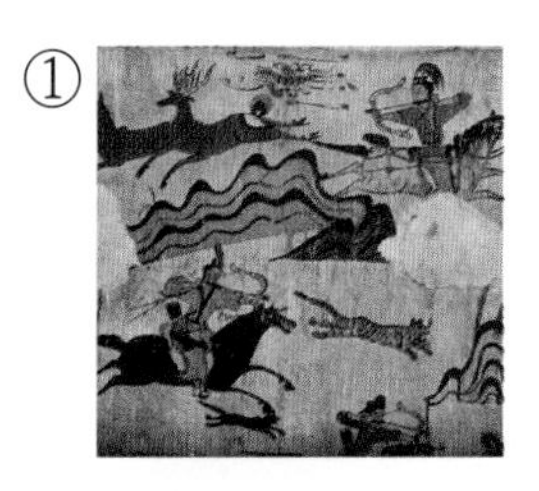
② 
③ 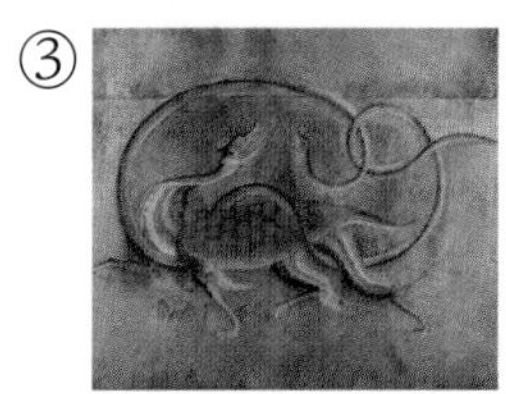
④ 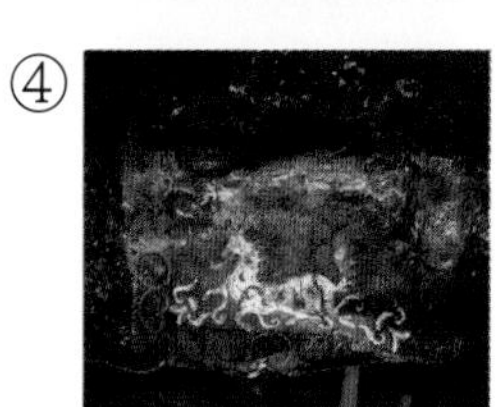

4 다음 문화유산에 대한 설명으로 옳은 것은? (　　　)

내부 모습

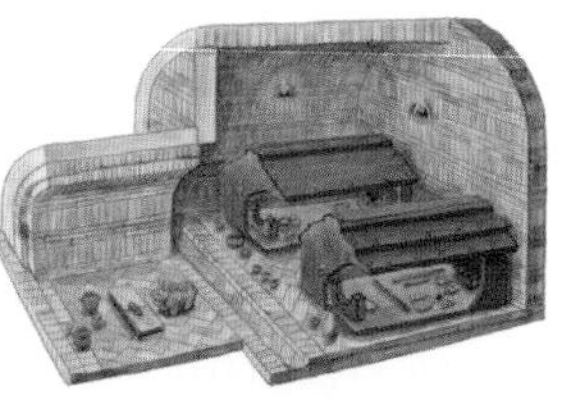
구조도

① 돌로 만든 방을 흙으로 덮었다.
② 중국 남조의 영향을 받아 축조되었다.
③ 도읍이 사비에 있었던 시기에 만들어졌다.
④ 신라의 수준 높은 금은 세공품이 출토되었다.

5 (가)에 들어갈 문화유산으로 옳은 것은? (　　　)

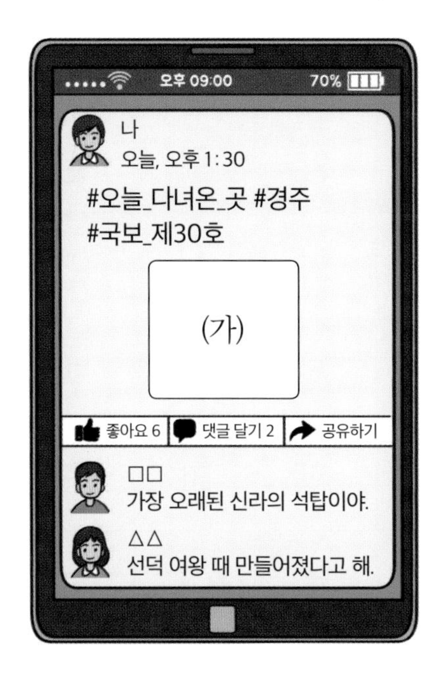

① 익산 미륵사지 석탑
② 경주 불국사 삼층 석탑
③ 경주 분황사 모전 석탑
④ 부여 정림사지 오층 석탑

6 학생들이 공통으로 이야기하고 있는 문화유산으로 옳은 것은? (　　　)

7 다음 퀴즈의 정답으로 옳은 것은? (　　　)

8 (가)에 들어갈 내용으로 옳은 것은? (　　　)

① 고려와 송의 경제 교류
② 신라와 서역의 문화 교류
③ 일본에 전파된 삼국의 문화
④ 고구려를 계승한 발해의 문화

다음 글자판에는 한국사능력검정시험에 자주 출제되는 핵심 낱말이 숨어 있다.
공부한 내용을 떠올리며 숨은 낱말을 찾아 ○표 해 보자.

고	백	제	금	동	대	향	로	임
벽	화	산	쇠	곰	상	기	신	인
나	돌	경	고	기	수	서	기	백
산	수	무	늬	벽	기	저	마	두
늠	하	소	덤	석	기	통	인	산
름	미	래	수	석	치	엔	물	대
경	도	첨	선	거	일	호	형	한
용	성	고	려	문	고	민	토	나
대	신	라	조	고	흙	국	기	신

숨은 낱말

1 경주 금령총에서 발견된 한 쌍의 토기로, 삼국 시대의 신분 제도를 보여 준다.

2 중국 남조의 영향을 받은 고분 형태로, 무령왕릉이 대표적이다.

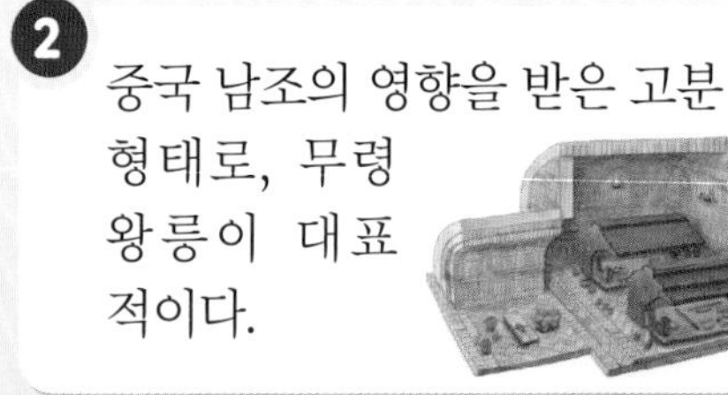

3 도교와 불교가 혼합된 모습을 통해 당시 백제의 사상을 엿볼 수 있는 향로이다.

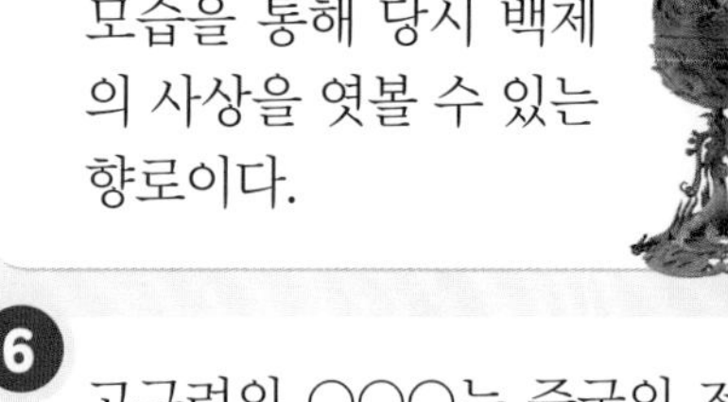

4 ○○○○○에 기록된 내용을 통해 신라 청년들이 유교 경전을 공부하였다는 것을 알 수 있다.

5 신라에서 선덕 여왕 때 천문 관측을 위해 세운 시설이다.

6 고구려의 ○○○는 중국의 전통 악기인 칠현금을 보고 만들었다.

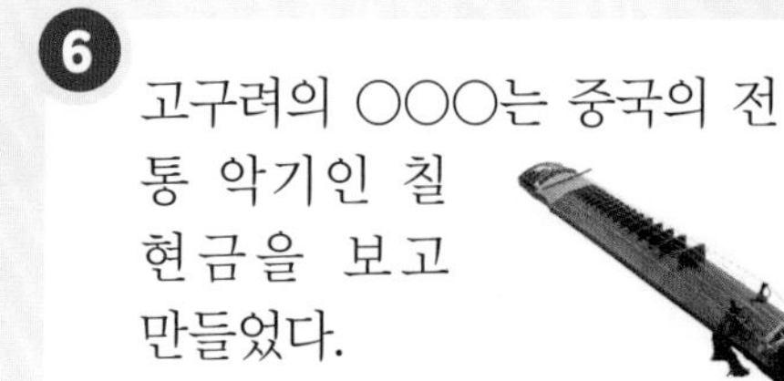

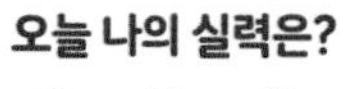

확인

3. 통일 신라와 발해

고구려는 수의 침입을 어떻게 물리쳤을까?

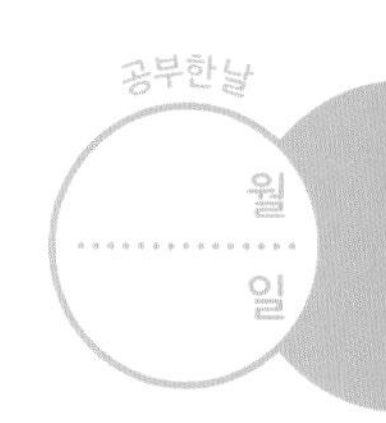

다음은 고구려와 수의 대립으로 일어난 '살수 대첩'을 나타낸 전시물이다. 이 전쟁을 이끈 고구려 장군은 누구일지 찾아 동그라미 해 보자.

고구려는 요동 지역에서부터 만주와 한반도 북쪽에 자리를 잡아 북방 지역이나 중국과 국경을 맞대고 있었어. 그래서 외적의 침입을 자주 받았지.
고구려는 많은 전쟁을 겪으면서 전쟁을 하는 기술을 발전시켰단다. 그중 가장 대표적인 것은 적이 침입했을 때 그들이 먹을 식량을 모두 없애는 전술이야. 그렇게 한 후 전쟁을 길게 끌면 적이 물러날 수 밖에 없었지.
살수 대첩은 고구려의 전쟁 기술과 을지문덕의 지형 활용이 빛을 발한 전투라고 할 수 있어. 그럼 고구려가 수의 113만 명이 넘는 군대를 어떻게 물리칠 수 있었는지 알아보자.

수와 고구려가 대립하다

수나라는 300여 년 동안 여러 나라로 나뉘어 있던 중국 땅을 통일한 나라야. 중국 땅이 여러 나라로 분열되어 있는 동안, 우리나라의 삼국은 각각 중국의 여러 나라들과 교류하며 서로를 견제하고 발전할 수 있었지.

특히 고구려는 광개토 대왕, 장수왕을 거치면서 북쪽으로 영토를 확대하고 세력을 확장해 동북아시아의 강한 나라로 성장했지. 그런데 수나라는 중국을 통일한 것에 만족하지 않고 주변으로 세력을 확대하고자 하였어. 고구려에 큰 위기가 찾아온 것이지. 그렇게 벌어진 전쟁이 수나라와 고구려의 **살수 대첩**이야.

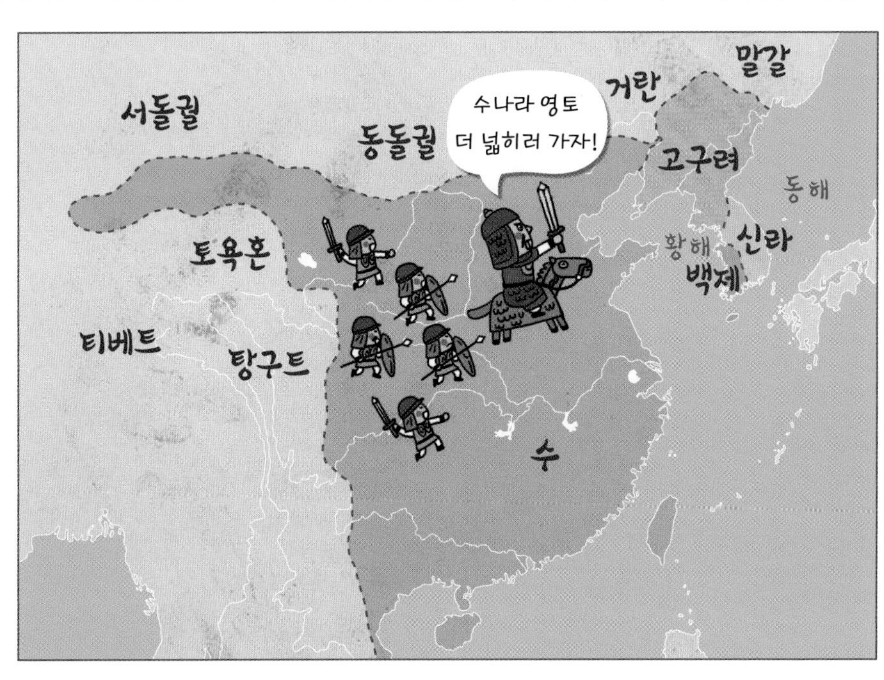

수나라는 581년에 건국되어 589년에 중국의 남북조를 통일한 왕조야. 왕조가 이어졌던 기간은 짧지만 다음 왕조인 당이 발전하는 바탕을 마련하였다는 의의를 가진단다.

살수에서 큰 싸움이 일어나다

살수 대첩은 고구려를 정복하여 최강의 국가가 되고 싶었던 수나라의 공격으로 시작되었어. 수 양제는 무려 113만 명의 군사를 이끌고 고구려에 침입했단다. 113만 명의 군대는 역사상 유래가 없을 만큼 큰 규모였어. 군대의 규모로만 보면 고구려가 수나라를 상대할 수 없었을 거야. 하지만 고구려는 규모의 열세를 **을지문덕의 전술로 이겨 내지.**

대규모 수나라 군대의 약점은 부족한 식량일 거야!

을지문덕은 고구려 원정길에 오른 대규모 수나라 군대의 약점이 식량 부족일 것이라고 짐작했어. 수나라 군대가 아무리 많은 식량을 챙겨 온다고 해도 전쟁이 길어지면 오래 버틸 수 없다고 생각했던 거야. 을지문덕은 전쟁을 오래 끌어 수나라 군대가 식량을 전부 소비하는 전술을 쓴 것이란다.

고구려군은 후퇴하면서 적이 따라오는 길목의 식량을 없애고 우물을 메우는 전술을 펼쳤어. 식량이 부족해진 수나라 군대는 굶어 죽지 않기 위해서라도 전쟁을 빨리 끝내야 했지.

결국 수나라의 장수 우중문은 30만 명의 별동대로 고구려의 수도 평양성을 공격했어. 평양성 외곽까지 수나라의 군대를 유인한 을지문덕은 수나라 장수 우중문에게 한 통의 편지를 보냈지.

별동대(別 다를 **별**, 動 움직일 **동**, 隊 떼 **대**)
작전을 위하여 본래 부대에서 떨어져 나와 독자적으로 행동하는 부대를 말한다.

신묘한 그대의 계책은 하늘을 꿰뚫고
기묘한 계산은 땅에 통달하였다.
전쟁에서 이긴 공이 이미 크니
만족하고 그만 돌아가길 바란다.

제대로 싸우지도 않았는데 승리했다는 편지를 받은 우중문은 함정에 빠졌다고 생각했어. 급히 군대를 돌려 철수하던 수나라 별동대는 청천강(살수)에 매복해 있던 을지문덕 군대의 공격을 받았지.

지금이다! 고구려 군사여, 모두 공격하라!

지쳐 있던 수나라 군대는 이 공격으로 물에 빠지거나 칼에 맞아 죽어 갔어. 이 전투에서 살아 돌아간 수나라 군사는 30만 명 중 겨우 2,700명이었다고 하니 이 전투가 고구려에 얼마나 큰 승리였는지 알 수 있겠지?

그래서 이 전쟁을 '살수에서의 큰 전쟁'이라는 뜻으로 살수 대첩이라고 이름 붙였어. 어마어마한 군대를 동원했음에도 전쟁에서 패한 수나라는 전쟁에 따른 위기와 내부 혼란으로 30여 년만에 멸망했단다.

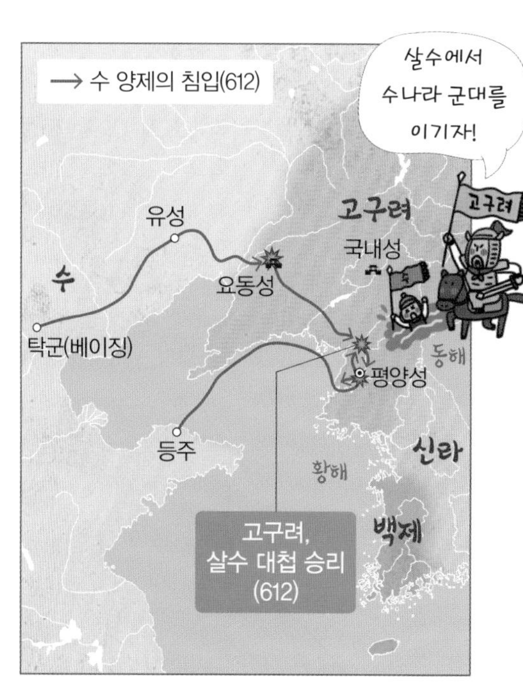

| 수의 침입과 살수 대첩 |

❶ ☐ 나라는 300여 년간 여러 개의 나라로 나뉘어 있던 중국을 통일했어.

❷ 우중문은 30만 명의 별동대를 이끌고 고구려 수도인 ☐☐☐ 을 공격했어.

❸ ☐☐☐☐ 이 이끄는 고구려군은 살수 대첩에서 수나라의 군대를 물리쳤어.

1 다음 낱말 카드 중 살수 대첩과 직접 관련 있는 단어를 모두 골라 쓰시오.

( )

우중문	소손녕	수나라	당나라
이순신	을지문덕	살수	황산벌

2 고구려와 수나라의 전쟁에서 다음과 같은 편지를 우중문에게 보낸 사람은 누구인지 쓰시오.

( )

신묘한 그대의 계책은 하늘을 꿰뚫고
기묘한 계산은 땅에 통달하였다.
전쟁에서 이긴 공이 이미 크니
만족하고 그만 돌아가길 바란다.

한국사능력검정시험 기출

3 밑줄 그은 '나'가 이끈 전투로 옳은 것은? ( )

① 살수 대첩
② 행주 대첩
③ 진포 대첩
④ 황산 대첩

정답 확인

오늘 나의 실력은? 확인

고구려는 당의 침입을 어떻게 물리쳤을까?

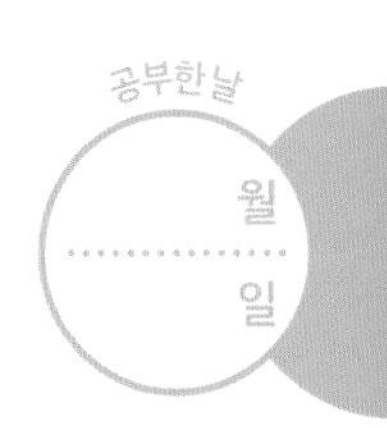

다음 지도에서 '천리장성'을 찾아 색칠하고, '안시성'을 찾아 동그라미 해 보자.

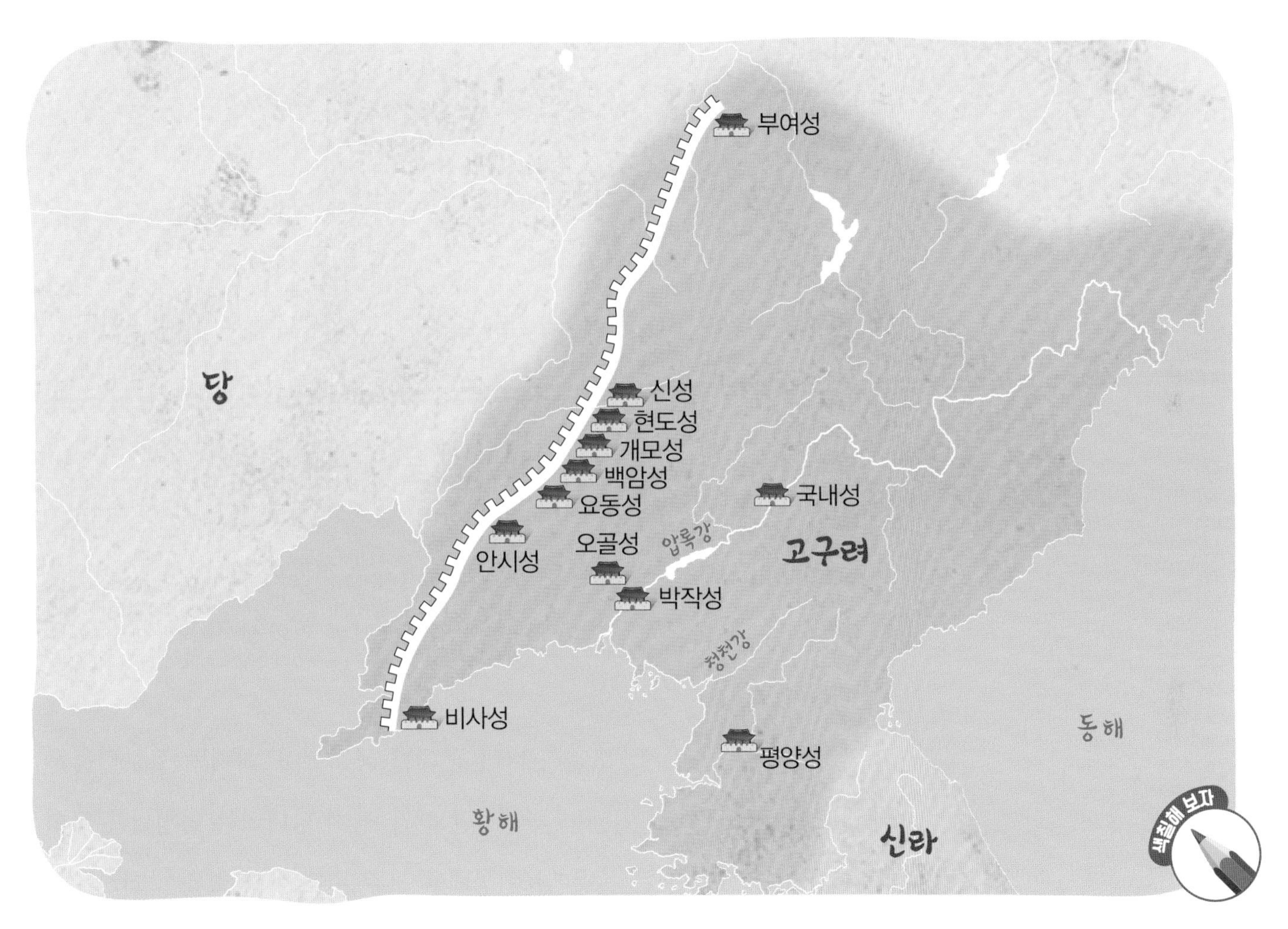

수나라를 이어 중국에는 당나라가 들어섰단다. 당나라는 수나라를 물리친 고구려에 15만 대군을 이끌고 쳐들어 왔지. 하지만 고구려는 안시성 전투에서 당나라마저 물리쳤어.
불리한 조건 속에서도 고구려는 안시성 전투를 어떻게 승리로 이끌었을까?
그것은 안시성 성주가 이끄는 고구려 군대뿐만 아니라 안시성의 백성들도 끝까지 당나라 군사에 맞섰기 때문이야. 때마침 큰 비도 내려 당나라 군대가 쌓은 토성이 무너졌고, 고구려군은 반격의 기회를 만들 수 있었지.
고구려가 어떻게 당나라의 공격을 막아 냈는지 좀 더 자세히 알아보자.

당과 고구려가 대립하다

수나라에 이어 중국에 세워진 나라는 **당나라**야. 살수 대첩의 패배 이후 결국 수나라가 무너지자 당나라는 처음에 고구려와 화친을 맺고 좋은 관계를 유지했지. 하지만 동북아시아의 우두머리가 되고 싶었던 당나라의 태종은 **연개소문의 반란을 구실로 고구려를 공격**했어. 당의 침략으로 고구려는 또다시 중국과 전쟁을 시작하게 된 거야.

당나라 군대여! 고구려를 공격하라!

당나라 태종은 군대를 이끌고 무서운 기세로 고구려를 공격해 왔단다. 고구려는 국경의 성들을 연결해 **천리장성**을 쌓아 대비하였지만, 당나라의 공격으로 성들이 하나씩 무너져 갔어. 요동성과 백암성 등이 무너지고, 안시성은 포위되었지.

중국에서 고구려의 도읍인 평양으로 들어가는 길목에 위치한 **안시성은 군사적으로 매우 중요한** 곳이었어. 안시성이 무너지면 평양성까지 위험할 수 있었기 때문이란다.

고구려에서는 군사를 보내 당나라 군대를 공격했어. 하지만 고구려군은 패배했고 당나라 군대의 기세는 높아져만 갔지. 당시 당나라는 엄청난 규모의 군대가 있었어. 그들은 큰 돌을 날려 성벽을 부수는 포차, 성벽을 파괴하는 돌격용 수레인 충차 등 최신 무기들로 안시성을 공격했어.

▼ **백암성**
고구려와 당나라의 격전지였던 여러 성 중 하나이다.

안시성 성주와 성안의 백성들은 번번이 당나라의 공격을 물리쳤어. 당황한 당나라 태종은 당나라 군사들에게 안시성을 함락시키면 큰 상을 내린다며 독려했지만, 끝내 안시성을 무너뜨리지는 못했어.

함락(陷 빠질 **함**, 落 떨어질 **락**)
적의 성, 요새, 진지 등을 공격하여 무너뜨리는 것을 말한다.

초조해진 당나라는 수만 명을 동원해 안시성보다 높은 토성을 쌓고 성을 내려다보며 공격하려고 했어. 하지만 큰 비가 내려 토성 일부가 안시성으로 무너지자 고구려 군사들은 재빨리 토성을 점령하고 당나라 군대를 공격했단다.

당나라는 빼앗긴 토성을 되찾기 위해 3일간 끈질긴 싸움을 계속했지만, 고구려 군대와 백성들의 반격을 이겨 내지 못했어. 마침내 당나라는 88일을 이어오던 안시성 포위를 그만두고 초라한 모습으로 돌아갈 수밖에 없었던 거야. 이 전투를 안시성 전투라고 한단다.

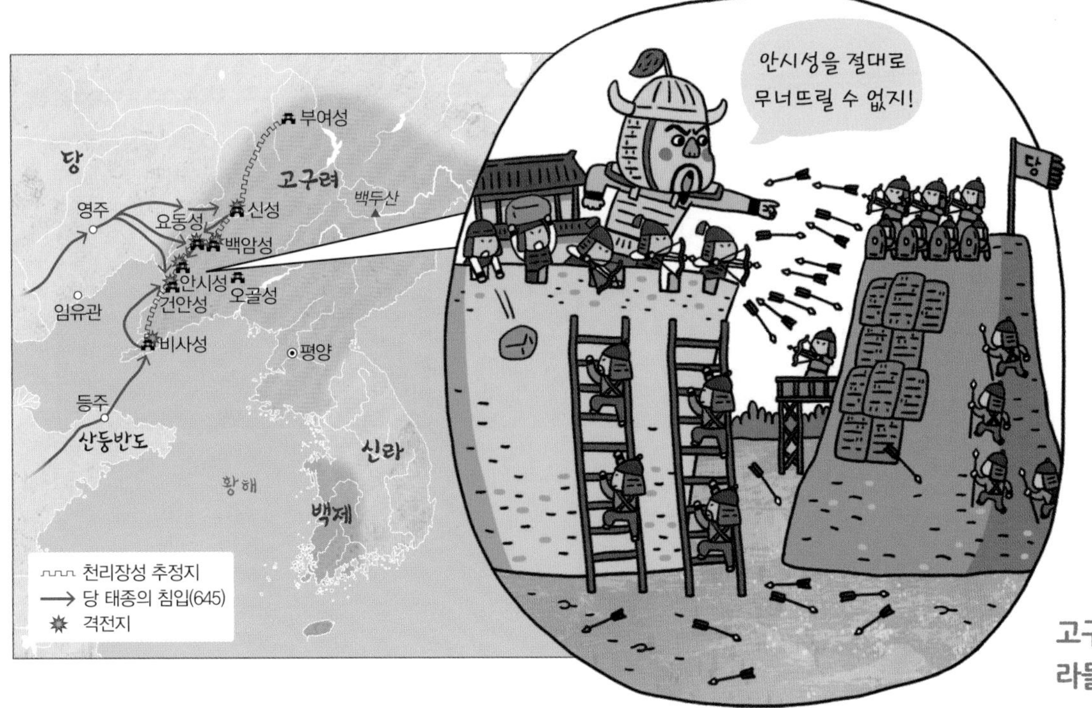

당나라 태종은 이후 2차, 3차에 걸쳐 고구려 원정군을 보냈지만, 번번이 실패했단다. 그는 직접 군대를 이끈 고구려 원정 패배를 평생 잊지 못했다고 해.

아들들아! 고구려는 쉽게 이길 수 없는 나라이다.
다시는 고구려를 공격하지 말거라.

죽음을 앞둔 당 태종이 아들에게 고구려 원정을 그만두고 나라를 지키라는 말을 남겼다니 고구려가 얼마나 강력한 나라였는지 짐작해 볼 수 있겠지?

고구려는 왜 중국의 여러 나라들과 자주 전쟁을 했나요?

고구려가 중국의 여러 나라들과 맞닿아 있었기 때문이야. 백제와 신라는 고구려라는 거대한 방패 뒤에서 평화를 이어 갈 수 있었던 거지. 만약 고구려가 그들을 막아 내지 못했다면 어떻게 되었을까? 우리 역사의 삼국 시대는 훨씬 더 일찍 사라졌을지도 몰라.

| 당의 침입과 안시성 전투 |

❶ 고구려는 당나라의 공격에 대비해 국경의 성들을 연결해 [| | |]을 쌓았어.

❷ 당 태종은 [| | |]의 반란을 구실로 고구려를 공격했어.

❸ 당나라 군대는 [| |]에서 고구려군과 성안 백성의 저항으로 성 함락에 실패했어.

1 다음 ㉠에 들어갈 알맞은 인물을 쓰시오. ( )

> 고구려 장군이었던 [㉠]은 정변을 일으켜 권력을 잡았다. 그는 당과 신라에 강경한 태도를 보였고, 당 태종은 [㉠]의 정변을 구실로 고구려에 침입하였다.

2 다음 그림을 순서대로 나열하시오. ( ) → ( ) → ( )

(가)

토성을 쌓아 공격하는 방법으로 작전을 바꾼 당나라의 군대

(나)

요동성, 백암성을 무너뜨린 후 안시성을 공격하는 당나라 군대

(다)

토성을 차지하고 당나라 군대를 공격하는 안시성 성주와 고구려 군대

3 한국사능력검정시험 기출

밑줄 그은 '이 전투'로 옳은 것은? ( )

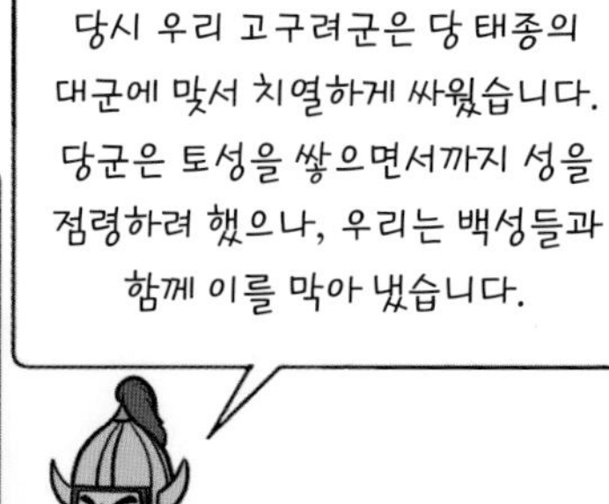

① 관산성 전투
② 기벌포 전투
③ 안시성 전투
④ 황산벌 전투

정답 확인

오늘 나의 실력은? 확인

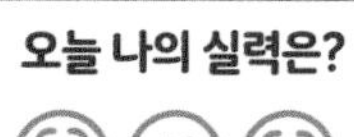

3. 통일 신라와 발해

신라와 당은 왜 힘을 합쳤을까?

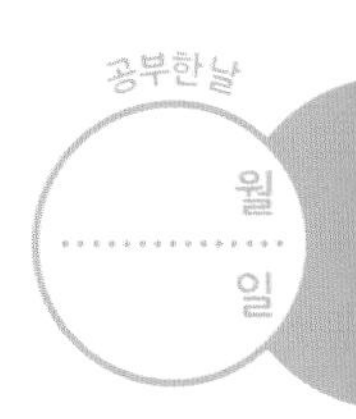

나당 동맹의 '나당'은 두 나라의 이름을 합친 것이다. '나'에 해당하는 나라에 ○표, '당'에 해당하는 나라에 △표 하고, 두 나라를 선으로 이어 보자.

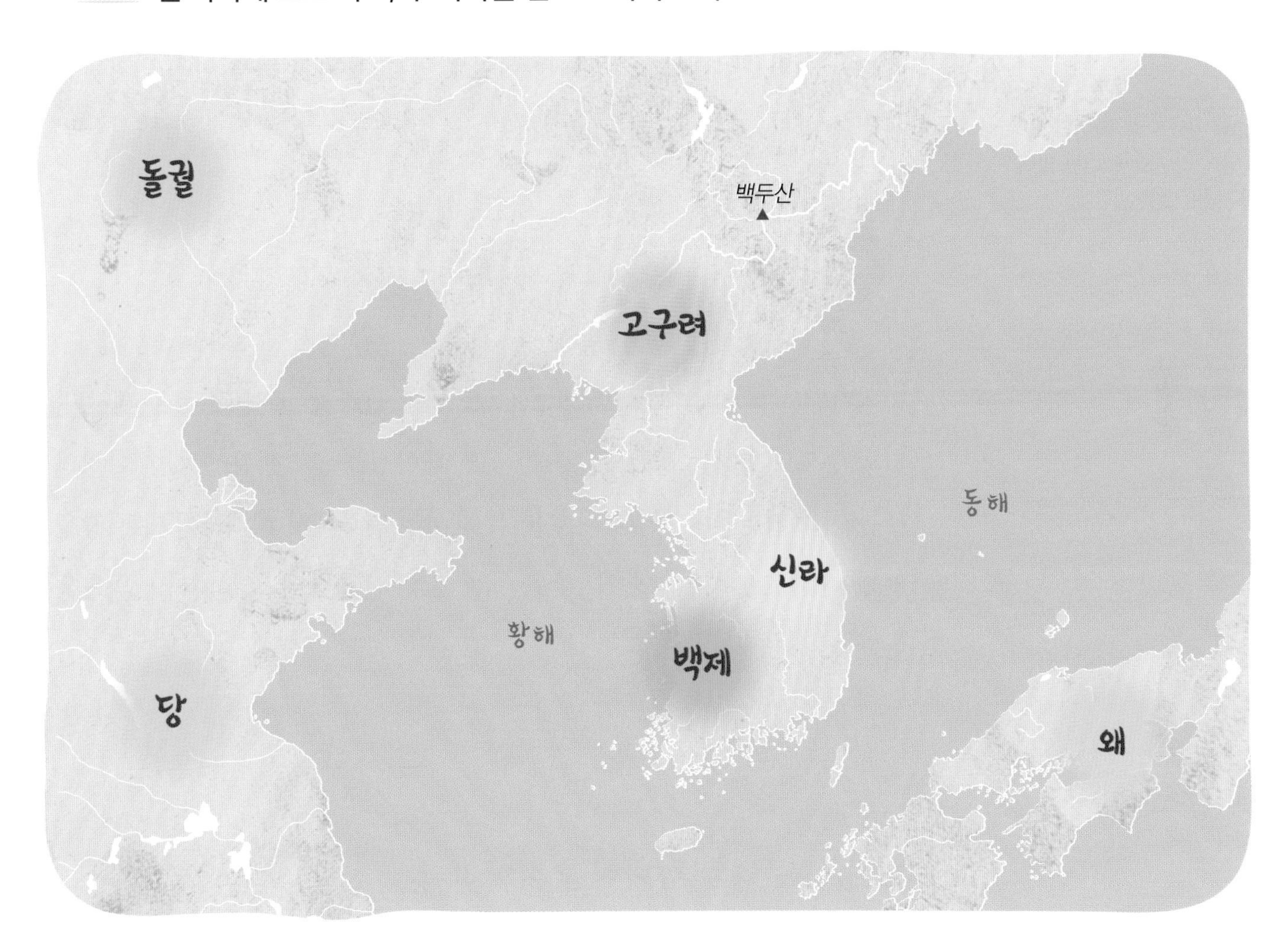

고구려가 중국의 여러 나라들과 계속 전쟁을 치르고 있을 즈음 신라는 백제의 공격으로 위기에 빠진단다. 신라는 우선 고구려에 도움을 청하지만 고구려는 이를 거절해. 고구려와의 동맹이 어렵다고 생각한 신라는 당나라를 찾아갔지. 당나라는 고구려를 공격하기 위해서는 신라의 도움이 필요하다고 생각했고, 결국 신라와 군사 동맹을 맺었단다.
진흥왕 때 전성기를 맞으며 승승장구하던 신라가 어떻게 위기를 맞고, 그 위기를 극복하기 위해 어떠한 노력을 했는지 우리 함께 자세히 알아볼까?

신라, 백제 때문에 위기를 맞다

고구려가 북쪽에서 수나라와 당나라의 침략을 막고 있는 동안, 남쪽에서는 백제와 신라가 서로 다투고 있었단다.

백제는 성왕의 죽음 이후 나라 안팎으로 혼란이 이어졌어. 이러한 혼란을 수습한 왕이 **무왕**이야. 무왕은 41년 동안 왕위를 이어 가며 왕권을 안정시키고, 성왕을 죽인 신라에 대한 공세를 이어 갔단다. 무왕의 뒤를 이은 **의자왕**은 고구려와 화친을 맺고 신라를 고립시켰어.

화친(和 화목할 **화**, 親 친할 **친**) 나라와 나라 사이에 다툼 없이 가까이 지내는 것을 말한다.

우리가 신라의 성을 40여 개나 차지하였다!

의자왕은 직접 군대를 이끌고 전투를 벌여 신라의 40여 개 성을 빼앗고, 신라의 수도로 향하는 길목의 중요한 곳인 **대야성**을 공격했지. 당시 대야성의 성주는 신라 김춘추의 사위였어. 신라는 대야성 전투에서 패배하여 많은 땅을 백제에 빼앗기고, 김춘추와 김춘추를 의지해 온 선덕 여왕은 정치적인 위협을 받는단다.

신라, 고구려와 당나라를 찾아가다

이렇게 나라가 큰 위기를 맞자 신라는 고구려에 도움을 청하기 위해 **김춘추**를 사신으로 보냈단다. 김춘추는 당시 고구려에서 권력을 쥐고 있었던 **연개소문**에게 백제를 공격할 군사를 지원해 달라고 요청하였지. 하지만 연개소문은 신라가 점령하고 있는 죽령 이북의 고구려 옛 땅을 돌려준다면 동맹을 맺겠다고 했어. 김춘추가 이를 거절하는 뜻을 보이자 연개소문은 김춘추를 감옥에 가두어 버렸단다. 김춘추는 힘들게 **고구려를 탈출**하여 신라로 돌아왔어.

신라는 당나라에도 도움의 손길을 내밀었어. 처음에 당나라는 신라의 요청을 거절했지. 당 태종은 신라의 선덕 여왕을 두고 왕이 여자인 것을 조롱하며 오히려 신라에 왕위를 교체할 것을 요구하기도 했어.

또한 신라 군사에게 당나라의 군복을 입히면 고구려와 백제의 군사가 달아날 것이라는 허무맹랑한 소리도 했어.

사실 당은 이때 고구려 정복 이외에는 관심이 없었기 때문에 신라의 요청을 들어주지 않은 것이지.

당나라에서는 신라의 선덕 여왕을 무시했다고 하던데요?

신라는 백제의 공격에 맞서 당 태종에게 군사 지원을 요청했어. 당 태종은 신라 사신에게 신라는 여왕이 통치하기 때문에 권위가 없어 고구려, 백제의 침범을 받게 되었다며 선덕 여왕을 조롱했어. 그러나 선덕 여왕은 자신을 업신여긴 당 태종에게 복수하기보다 김유신, 김춘추를 등용해 위기를 극복해 나갔지.

신라와 당나라가 손잡다

하지만 신라는 포기하지 않았어. 당나라가 고구려의 영토였던 요동 지방을 공격할 때 신라가 고구려 남부를 공격하는 등 당과 우호적인 관계를 맺고자 했지.

한편, 기세등등했던 당나라는 고구려에 연이은 패배를 겪으며 생각이 달라진단다.

고구려를 공격할 때 신라가 뒤에서 지원한다면 우리에게 더욱 유리하겠는데?

당나라의 변화를 알아챈 김춘추는 당나라로 건너갔어. 김춘추는 고구려를 지원하고 있는 백제를 차단한다면 고구려를 이길 수 있다며 당 태종을 설득했지. 김춘추의 적극적인 외교 활동으로 **신라와 당의 군사 동맹**이 이루어졌어. 바로 '**나당 동맹**'이 맺어진 거야.

신라는 당나라로부터 백제 공격을 위한 지원군을 보내 준다는 약속을 받았지. 신라와 당나라는 백제와 고구려를 무너뜨리고 대동강 남쪽은 신라가, 대동강 북쪽은 당나라가 차지할 것을 약속했단다.

| 나당 동맹 |

❶ 백제의 [ ][ ][ ] 은 신라를 공격해 40여 개의 성을 빼앗았어.

❷ 신라의 [ ][ ][ ] 는 고구려에 군사를 요청했지만 거절당했어.

❸ 신라의 김춘추는 [ ] 나라를 찾아가 적극적인 외교 활동으로 나당 동맹을 맺었어.

1 다음 왕이 했을 말로 알맞은 것을 바르게 선으로 이으시오.

(1) 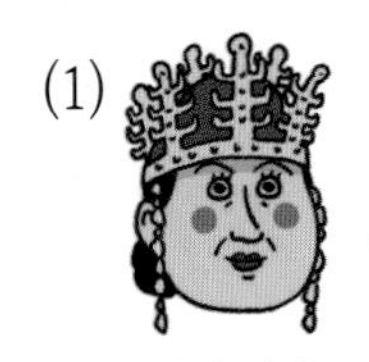

선덕 여왕 •

(2) 

의자왕 •

• ㉠ 신라의 대야성을 공격해 억울하게 돌아가신 성왕의 원한을 갚아야 한다!

• ㉡ 대야성이 무너졌단 말인가? 김춘추를 고구려에 사신으로 파견하여 고구려의 군사 지원을 받아 오게 하시오.

2 다음 사건들을 순서대로 나열하시오. (　　　) → (　　　) → (　　　)

(가) 의자왕이 신라의 대야성을 공격하여 함락하였다.

(나) 신라와 당나라 사이의 군사 동맹이 체결되었다.

(다) 김춘추는 고구려의 평양성을 찾아가 군사 지원을 요청하였다.

한국사능력검정시험 기출

3 다음 사건이 일어난 시기를 연표에서 옳게 고른 것은? (　　　)

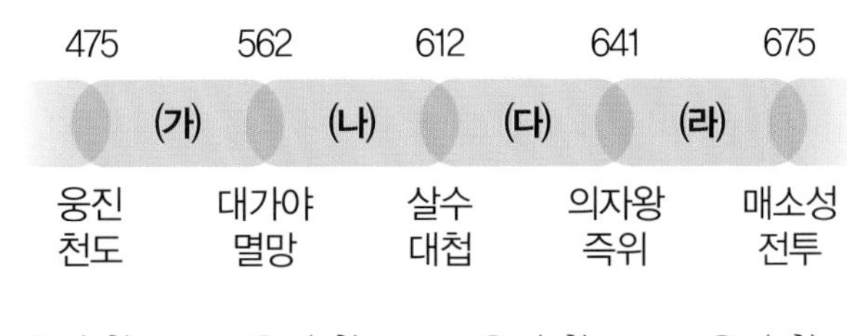

① (가)　② (나)　③ (다)　④ (라)

정답 확인 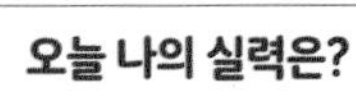 오늘 나의 실력은? 확인

3. 통일 신라와 발해

백제와 고구려는 왜 멸망하였을까?

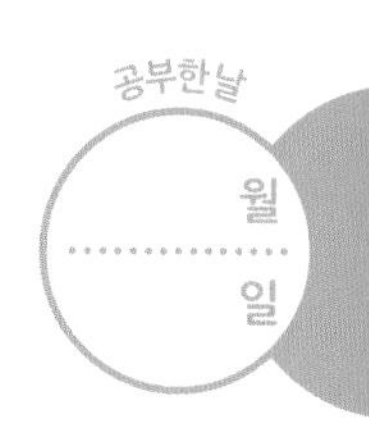

다음은 660년 백제와 신라 사이에 전투가 일어났을 때 신라의 화랑이 신라군에게 보낸 가상 편지이다. 초성 힌트를 보고 □□ 안에 들어갈 사람은 누구인지 각각 써 보자.

저는 황산벌에서 ㄱ ㅂ 장군이 이끄는 백제군에게 붙잡혔다가 다시 돌아왔습니다.

하지만 이대로 물러설 수는 없습니다.

저는 다시 적진으로 달려갈 것입니다.

부디 이 전투에서 끝까지 싸워 이겨 주시길 부탁드립니다.

– 신라의 화랑 ㄱ ㅊ

□□에 들어갈 인물이 누구인지 알아보았니?
660년 백제가 멸망하고, 668년 고구려마저 멸망한단다. 먼저 660년, 신라와 당나라의 군대에게 백제가 속수무책으로 무너졌지. 백제의 계백은 황산벌에서 신라군에 맞서 싸웠어. 이때 관창이라는 열여섯 살 신라의 화랑이 홀로 백제군에 돌격했다가 죽임을 당했어. 이것은 신라 군사들의 사기를 북돋워 결국 백제군이 전투에서 패배하지.
백제가 멸망한 자세한 이야기와 더불어 수나라, 당나라까지 물리쳤던 고구려는 어떻게 멸망하였는지 우리 함께 자세히 알아볼까?

백제가 나당 연합군에게 무너지다

백제는 **무왕** 때 다시 한번 부흥을 꿈꾸었단다. 그리고 무왕의 뒤를 이은 **의자왕** 역시 신라의 여러 성을 공격하는 등 백제의 전성기를 되찾기 위해 노력했지. 하지만 갈수록 귀족들의 권력 다툼이 심해지고 의자왕이 화려한 궁궐을 짓는 등 사치를 일삼으면서 나라가 혼란에 빠졌지.

한편 신라는 **나당 동맹**을 맺어 백제와 고구려를 공격할 준비를 했어. 나당 연합군은 상대적으로 약한 백제를 먼저 공격했지. **13만의 당나라 군대와 김유신이 이끄는 5만의 신라군**은 백제의 사비성을 무너뜨리기 위해 바다와 육지에서 협공 작전을 펼쳤어.

의자왕은 군대를 보내 금강 하구의 기벌포에 상륙한 당나라 군대를 방어하고, **계백**을 **황산벌**로 보내 신라군을 막게 했단다. 계백은 5천 결사대를 이끌고 황산벌로 가 김유신의 5만 군대에 맞서 싸웠지.

결사대(決 정할 **결**, 死 죽을 **사**, 隊 무리 **대**)
죽기를 각오하고 힘을 다할 것을 결심한 사람으로 이루어진 부대나 무리를 말한다.

계백의 결사대와 김유신의 군대가 맞서 싸웠던 곳이 황산벌이었기 때문에 이 전투를 **황산벌 전투**라고 한단다. 백제가 수적으로 매우 불리했던 상황이었기 때문에 계백은 이 싸움이 자신의 마지막일 것이라고 예상했지.

아내와 자식이 적국의 노비가 되어
살아서 욕보기보다는 죽는 것이 낫다!

계백은 전쟁에 나서기에 앞서 아내와 자식들을 죽이고 비장한 각오로 전쟁에 나갔단다.

계백과 결사대는 열 배나 많은 신라군과 죽기를 각오하고 싸웠고, 연이어 네 번이나 승리를 거두었지.

적군 속에 돌진하여 신라군의 의지를 보여 주겠어!

하지만 신라의 어린 화랑 반굴과 **관창**이 백제군 진영에 뛰어들어 죽음을 맞자, 신라 군사들은 그들의 용감한 행동에 감동하여 사기가 높아졌지. 결국 백제의 결사대는 신라군의 총공격을 이겨 내지 못했어. 이 싸움으로 계백은 죽고 김유신이 이끈 신라 군대는 백제의 사비성으로 향할 수 있었단다. 결국 나당 연합군은 사비성을 빼앗았고, 의자왕이 항복하면서 **660년에 백제가 멸망**했단다.

계백은 관창을 처음 잡았을 때 풀어 주었다고 하던데요?

계백은 신라의 화랑 관창을 보고, 나이가 어린데도 기품이 뛰어나고 용맹스러워서 돌려보냈다고 해. 하지만 관창이 다시 백제 진영으로 돌격해 오자 결국 관창을 잡아 처형했단다. 관창의 죽음으로 사기가 높아진 신라군은 백제군보다 더욱 죽을 각오로 싸웠지.

고구려도 나당 연합군에게 무너지다

백제가 멸망하자 나당 연합군은 고구려로 향했어. 수나라, 당나라와 연이어 오랜 전쟁을 한 고구려는 힘이 크게 약해져 있었지. 또한 백제가 멸망하면서 고구려는 남과 북에서 동시에 나당 연합군의 공격을 받았어. 게다가 연개소문이 죽고 그의 세 아들이 권력 다툼을 하면서 고구려는 크게 흔들렸단다.

연개소문은 죽으면서 세 아들에게 다툼 없이 고구려를 이어 가라고 유언하였다.

연개소문이 죽고 큰아들 연남생과 다른 두 아들이 대립하였고, 결국 연남생이 패하였다.

연남생은 당나라로 달아나 항복하였고, 당나라는 연남생을 앞세워 고구려를 공격하였다.

이 기회를 놓치지 않고 나당 연합군은 고구려의 여러 성을 빼앗고 고구려의 도읍인 평양성마저 무너뜨리면서 **668년에 고구려를 멸망**시켰어. 동북아시아 최강자로 만주와 한반도를 호령하고 수나라와 당나라도 막아 내었던 고구려였지만, 결국 나당 연합군의 공격에 무릎을 꿇었지. 이렇게 하여 수백 년 동안 이어진 삼국의 치열한 경쟁은 신라의 승리로 끝났어.

호령(號 부르짖을 **호**, 令 하여금 **령**) 지휘하여 명령하는 것을 말한다.

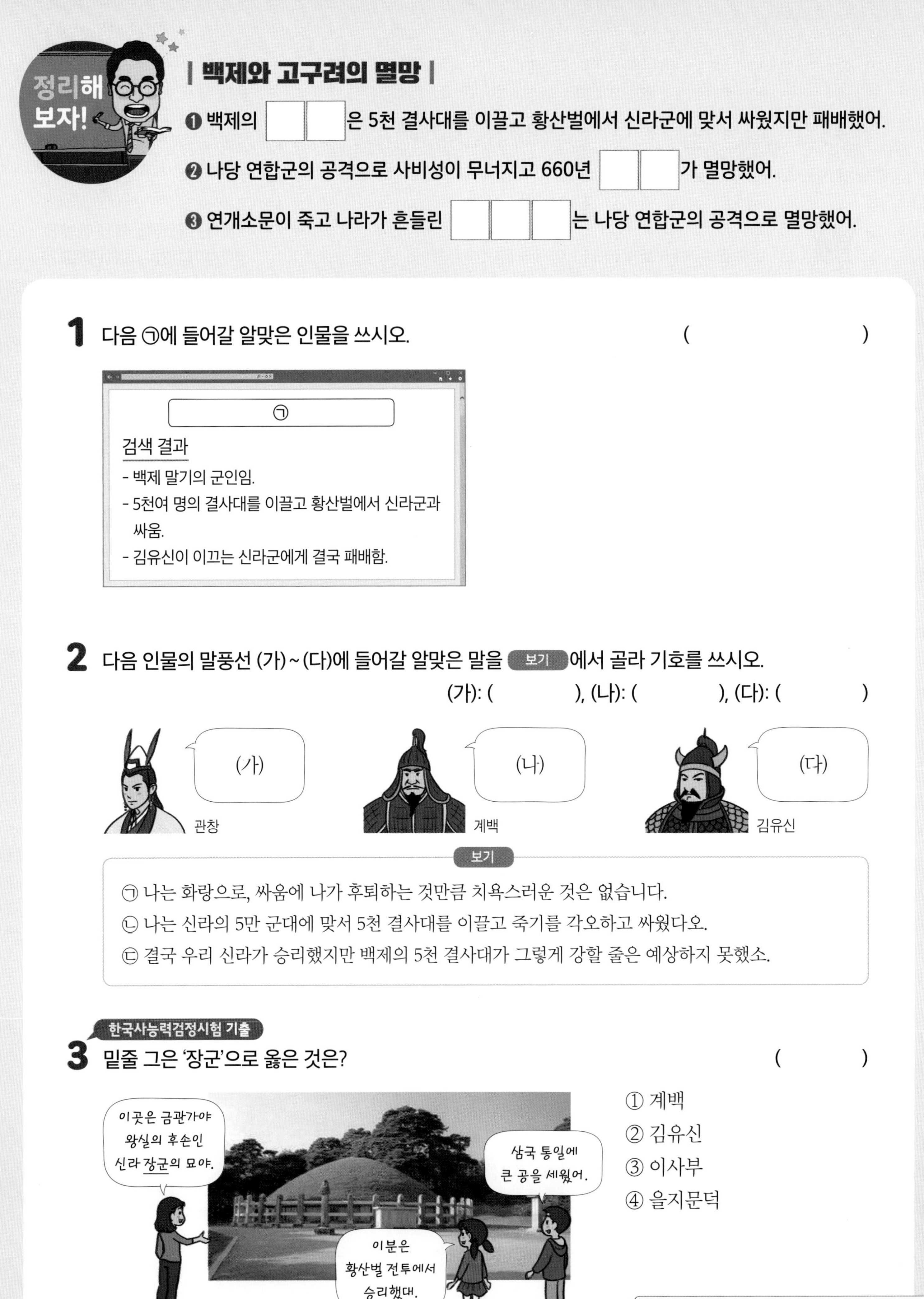

정리해 보자!

| 백제와 고구려의 멸망 |

❶ 백제의 [　][　]은 5천 결사대를 이끌고 황산벌에서 신라군에 맞서 싸웠지만 패배했어.

❷ 나당 연합군의 공격으로 사비성이 무너지고 660년 [　][　]가 멸망했어.

❸ 연개소문이 죽고 나라가 흔들린 [　][　][　]는 나당 연합군의 공격으로 멸망했어.

1 다음 ㉠에 들어갈 알맞은 인물을 쓰시오. (　　　　　　)

㉠

검색 결과
- 백제 말기의 군인임.
- 5천여 명의 결사대를 이끌고 황산벌에서 신라군과 싸움.
- 김유신이 이끄는 신라군에게 결국 패배함.

2 다음 인물의 말풍선 (가)~(다)에 들어갈 알맞은 말을 보기에서 골라 기호를 쓰시오.

(가): (　　　　), (나): (　　　　), (다): (　　　　)

보기

㉠ 나는 화랑으로, 싸움에 나가 후퇴하는 것만큼 치욕스러운 것은 없습니다.

㉡ 나는 신라의 5만 군대에 맞서 5천 결사대를 이끌고 죽기를 각오하고 싸웠다오.

㉢ 결국 우리 신라가 승리했지만 백제의 5천 결사대가 그렇게 강할 줄은 예상하지 못했소.

한국사능력검정시험 기출

3 밑줄 그은 '장군'으로 옳은 것은? (　　　)

① 계백
② 김유신
③ 이사부
④ 을지문덕

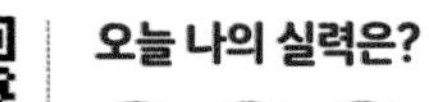

신라는 삼국을 어떻게 통일하였을까?

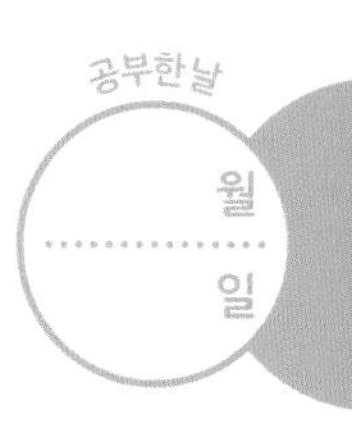

다음은 삼국 통일에서 주된 역할을 한 사람들이다. 사다리를 타고 내려가서 각 인물의 활동을 알아보자.

신라의 삼국 통일을 이끈 주역들을 살펴보았니?
신라는 6세기 진흥왕 때 전성기를 맞으며 삼국의 경쟁에서 주도권을 잡았지만 백제 의자왕의 공격으로 위기를 맞이하였어. 이에 김춘추는 당 태종을 찾아가서 나당 연합을 이끌어 냈고, 김유신은 신라의 군대를 이끌어 백제를 무릎 꿇게 했지. 이후 문무왕은 고구려를 멸망시키고 한반도를 집어삼킬 야욕을 보인 당나라까지 쫓아내며 삼국 통일을 완수했단다. 그럼 백제와 고구려 멸망 후에 신라가 어떻게 당나라 군대를 몰아내고 삼국 통일을 이루어 내는지 우리 함께 자세히 알아보자!

백제와 고구려를 되살리려 노력하다

백제 부흥 운동

660년에 백제가 멸망한 후, 백제의 왕족인 복신과 승려 도침은 일본에 머물던 의자왕의 아들 부여풍을 왕으로 받들어 백제를 다시 일으키기 위한 부흥 운동을 주도했단다.

부흥(復 다시 **부**, 興 일으킬 **흥**) 쇠퇴하였던 것이 다시 일어나는 것을 말한다.

한편, 백제의 무신 흑치상지는 군대를 모으고 당나라에 저항하였지. 백제 부흥군은 사비성으로 쳐들어가 20여 성을 회복하기도 했지만 나당 연합군과의 전쟁에서 패하고 부흥 운동을 이끌던 세력이 분열하면서 점차 힘을 잃었어.

백제 부흥군은 백강에서 일본이 보낸 4만의 군대와 힘을 합쳐 나당 연합군과 싸웠지만, 백강 전투에서 크게 패하면서 백제 부흥 운동은 실패로 돌아가고 말았지.

고구려 부흥 운동

668년에 고구려가 멸망한 후 고구려의 유민들 역시 당나라의 지배에 저항하여 고구려 부흥 운동을 일으켰어. 검모잠은 보장왕의 아들 안승을 왕으로 받들어 한성에서 부흥 운동을 전개했어. 또 고연무는 요동에서 군대를 조직해 당나라 군대에 맞서 싸웠지.

한편 신라는 당나라를 견제하기 위해 고구려 부흥 운동을 지원하기도 했단다. 고구려 부흥 운동은 지도층이 분열하여 안승이 검모잠을 죽이고 신라에 투항함으로써 결국 실패로 돌아갔지.

고구려를 멸망시킨 신라가 왜 고구려 부흥 운동을 지원했을까요?

당나라가 신라와의 약속을 저버리고 한반도 전체를 집어삼키려고 했기 때문이야. 신라 입장에서는 당나라가 고구려의 부흥 운동마저 저지하면 신라를 쳐들어오기 더 쉬울 거라고 생각했기 때문에 고구려 부흥 운동을 지원한 거지.

신라와 당의 전쟁이 이어지다

백제와 고구려가 멸망하자 대동강 북쪽 땅만을 차지하기로 했던 당나라는 백제의 옛 땅에 **웅진도독부**, 고구려의 옛 땅에 **안동도호부**를 설치하여 직접 다스리고자 했어. 또 당나라는 신라에도 **계림도독부**를 설치하여 신라의 정치까지 간섭하려고 했지.

당나라가 한반도 전체를 집어삼킬 욕심을 드러내자, 신라는 당나라와의 전쟁을 시작했단다. 신라는 고구려의 왕족 안승을 보덕국의 왕으로 임명해 고구려 유민들을 신라로 끌어들였어. 또 고구려 부흥군과 함께 요동을 공격하고 사비에서도 당나라 군대를 몰아냈지.

그러자 당나라는 대규모 군대를 파견하여 신라를 공격했단다. 당나라는 매소성 지역을 공격해 전세를 뒤집으려고 했지만 신라 군대에 막혀 뜻을 이루지 못했어. 당나라는 **매소성 싸움**에서 대패한 이후 다시 기벌포를 공격했어. 하지만 신라는 **기벌포 싸움**에서도 승리를 거두며 당나라 군대를 막아냈지. 결국 신라는 대동강 남쪽에서 당의 세력을 쫓아내고 마침내 **삼국 통일**을 이루었단다.

평양
수곡성
회양
동해
적성
매소성
삭주
영주
북한산주
한주
황해
국원
상주
사비
기벌포
금성
무주
탐라

신라군의 진격로
당군의 진격로
격전지

신라가 삼국을 통일하다

삼국 중 고대 국가로의 발전이 가장 뒤처졌던 신라는 차근차근 나라의 힘을 키우고 시대의 변화에 발맞춰 나가면서 삼국 통일을 이루어 냈지.

당나라를 끌어들이지 않았으면 더 좋지 않았을까요?

물론 통일을 이루는 과정에서 외세를 끌어들였고, 옛 고구려 땅 대부분을 잃고 대동강 이남 지역만 차지했다는 아쉬움이 있어. 하지만 고구려·백제 유민과 힘을 합쳐 당나라를 물리치고 삼국을 하나로 모아 **우리 민족 최초의 통일**을 이루었다는 의의도 있지. 백성들 입장에서는 기나긴 전쟁의 시대가 막을 내리고 평화의 시대를 맞이하게 되었다는 점에서 의미 있는 일이었지.

유민(遺 남길 **유**, 民 백성 **민**)
망해서 없어진 나라의 백성을 말한다.

| 나당 전쟁과 삼국 통일 |

❶ 백제 부흥군은 ☐☐에서 일본이 보낸 군대와 힘을 합쳐 나당 연합군과 싸웠어.

❷ ☐나라는 도독부와 도호부를 설치해 한반도 전체를 지배하려고 했어.

❸ 신라는 매소성, ☐☐☐에서의 승리로 당나라를 몰아내고 삼국 통일을 완성했어.

1 다음 인물과 관련 있는 것을 바르게 선으로 이으시오.

(1) 

(2) 안승

(3) 검모잠

(4) 부여풍

㉠ 백제 부흥 운동

㉡ 고구려 부흥 운동

2 다음 사건들을 순서대로 나열하시오. (　　　　)→(　　　　)→(　　　　)

(가) 백제 부흥군과 나당 연합군이 백강에서 맞서 싸웠다.

(나) 기벌포에서 신라의 군대가 당나라 수군에 맞서 싸웠다.

(다) 신라의 군대가 매소성 전투에서 당나라 군대를 물리쳤다.

한국사능력검정시험 기출

3 밑줄 그은 '전쟁' 중에 있었던 전투로 옳은 것은? (　　　　)

백제와 고구려의 멸망 후 당이 신라까지 지배하려 하자, 문무왕은 당을 몰아내기 위해 <u>전쟁</u>을 벌여 승리하였어요.

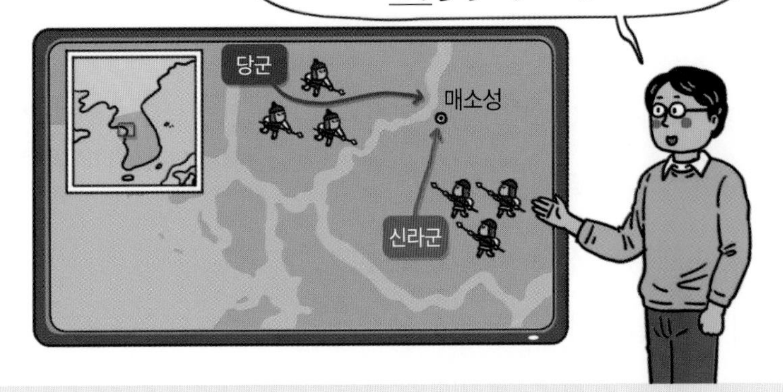

① 광성보 전투
② 기벌포 전투
③ 우금치 전투
④ 처인성 전투

정답 확인  오늘 나의 실력은? 확인

3. 통일 신라와 발해

발해는 어떻게 세워졌을까?

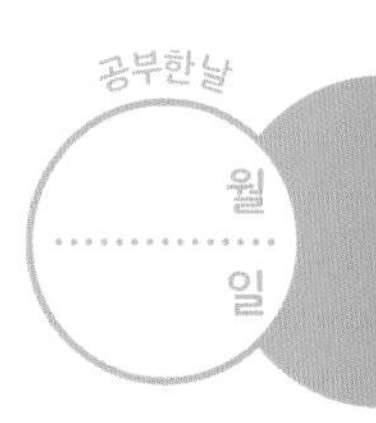

다음 지도는 발해와 신라가 있던 남북국 시대의 지도이다. 발해의 최대 영역을 색칠해 보자.

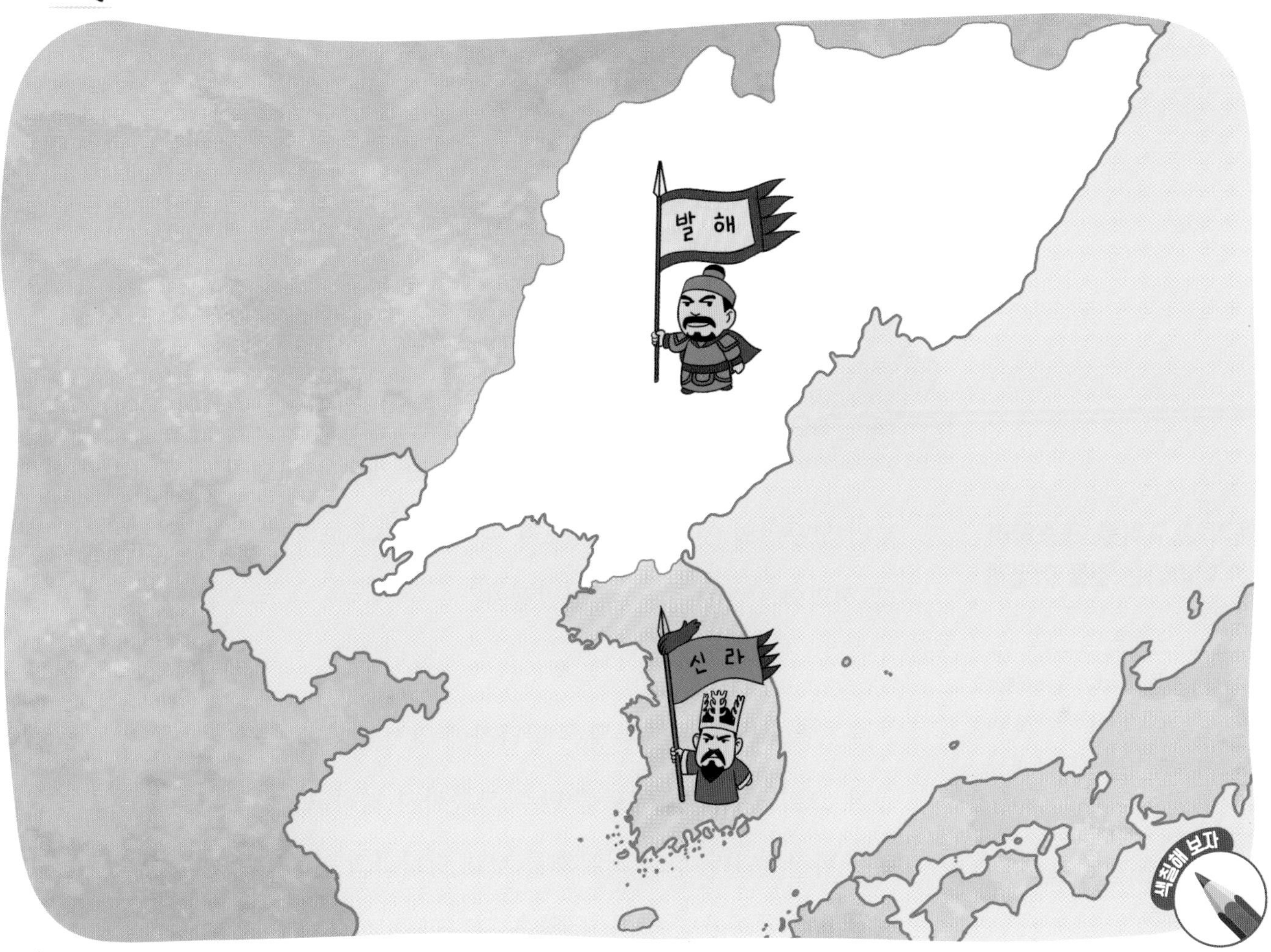

신라는 삼국을 통일했지만 옛 고구려 땅의 대부분을 잃었단다. 하지만 신라가 삼국을 통일한 지 20여 년 후 옛 고구려 땅에서 발해가 세워졌지. 발해가 세워지면서 지도에서 보는 것처럼 남쪽에 신라가, 북쪽에 발해가 자리 잡았어. 이 시기를 남북국 시대라고 해.

발해를 건국한 사람은 대조영이란다. 발해는 전성기 때 고구려의 옛 땅뿐만 아니라 만주 지역과 현재 러시아 영토인 연해주까지 그 영역을 확대하며 발전했어.

그럼 발해가 어떻게 건국되었고 발전했는지 우리 함께 자세히 알아보자!

발해, 고구려의 영광을 되찾기 위해 노력하다

고구려가 멸망하자 당나라는 고구려 사람들을 뿔뿔이 흩어져 살게 하였어. 요서 지역에 강제로 이주되었던 고구려 유민들은 당의 지배를 받으며 힘들게 살아갔지. 거란과 말갈 사람들도 이러한 어려움 속에서 당의 지배에서 벗어나기 위해 노력했단다.

옛 고구려 장수 출신인 **대조영**은 당나라의 횡포를 더 이상 두고 볼 수 없었지. 이에 고구려 유민들과 말갈 사람들을 모아 지린성 동모산 근처에 도읍을 정하고 발해를 건국했어.

발해는 옛 고구려 사람들이 중심이 되어 건국된 나라인 만큼 **고구려 계승**을 내세웠고, 당나라와 신라로부터 고구려의 옛 땅을 되찾고자 했어. 그러다 보니 발해 건국 초기에는 당나라, 신라와 사이가 좋을 수 없었겠지?

발해가 고구려를 계승하려고 한 나라라는 것을 어떻게 알지요?

발해는 스스로 고구려를 이어받은 나라임을 내세웠어. 발해의 왕은 일본에 보낸 문서에 스스로를 고구려 왕을 뜻하는 '고려 국왕'이라고 적었어. 일본 역시 발해 왕을 고려(고구려)의 왕이라고 불렀지.

대조영의 뒤를 이은 **무왕**은 당나라에 맞서기 위해 힘을 키웠어. 그리고 **발해의 영토를 만주 북쪽까지 넓히고 세력을 확장**했단다. 한편 장문휴를 보내 당나라의 산둥반도를 공격하기도 했어. 무왕은 당나라와 신라를 견제하기 위해 북방 민족인 돌궐, 남쪽의 일본과 친선 관계를 맺었지.

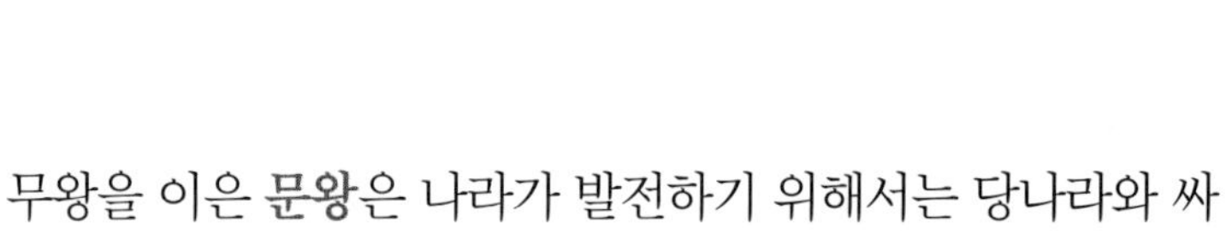

무왕을 이은 **문왕**은 나라가 발전하기 위해서는 당나라와 싸우기보다 당의 선진 문물을 받아들이는 것이 좋다고 생각했어. 문왕은 **당나라와 친선 관계**를 맺어 당의 문물과 제도를 받아들였어. 또한 신라와 교통로를 만들어 교류를 시작했단다. 그리고 일본과도 좋은 관계를 맺고자 노력했지.

발해는 점점 강한 힘을 가진 나라로 성장하였지. 선왕 때에는 옛 고구려 영토의 대부분을 회복하고 연해주까지 차지하였어. 이것은 **우리 민족 역사상 가장 넓은 땅**으로, 이때를 발해의 전성기라고 할 수 있단다.

발해는 당의 제도와 문화를 받아들이면서 점점 더 발전해 나갔지. 그리하여 9세기 초에 당나라는 발해의 강성한 모습을 보고 발해를 동쪽의 번성한 나라라는 의미로 '**해동성국**'이라고 불렀어.

번성(繁 많을 **번**, 盛 성할 **성**)
기운이나 세력이 한창 왕성하게 일어나는 것을 말한다.

한편, 발해는 넓은 영토를 효율적으로 다스리기 위해 중요한 지역에 5경을 두었단다. 이러한 5경은 지방의 중심지 역할을 하였지.

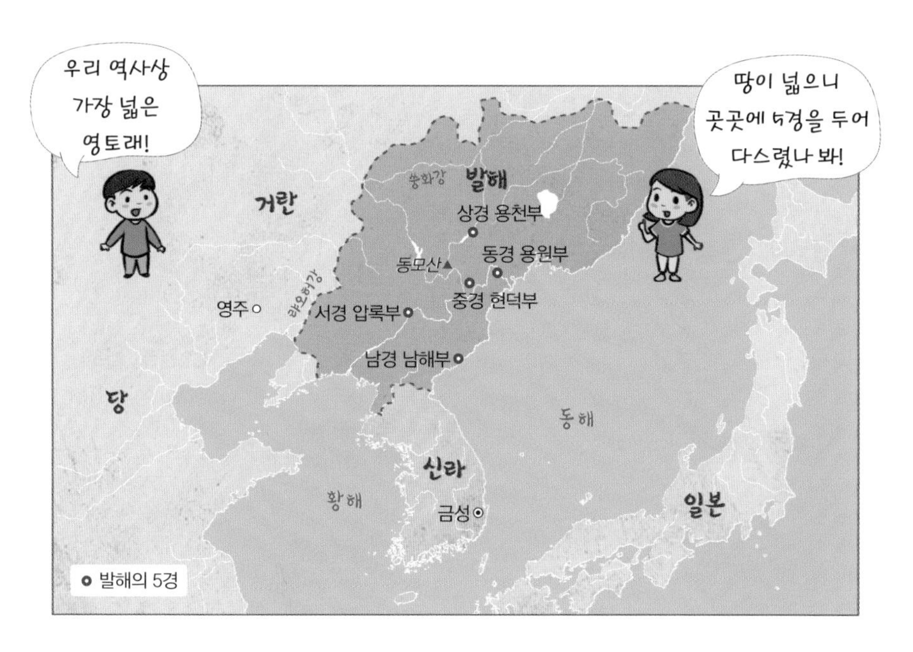

이렇게 번성하던 발해는 9세기 말에 귀족 간의 권력 다툼이 심해지면서 국력이 약해지기 시작했어. 결국 발해는 세력이 커진 거란의 공격을 받아 **926년에 멸망**했단다.

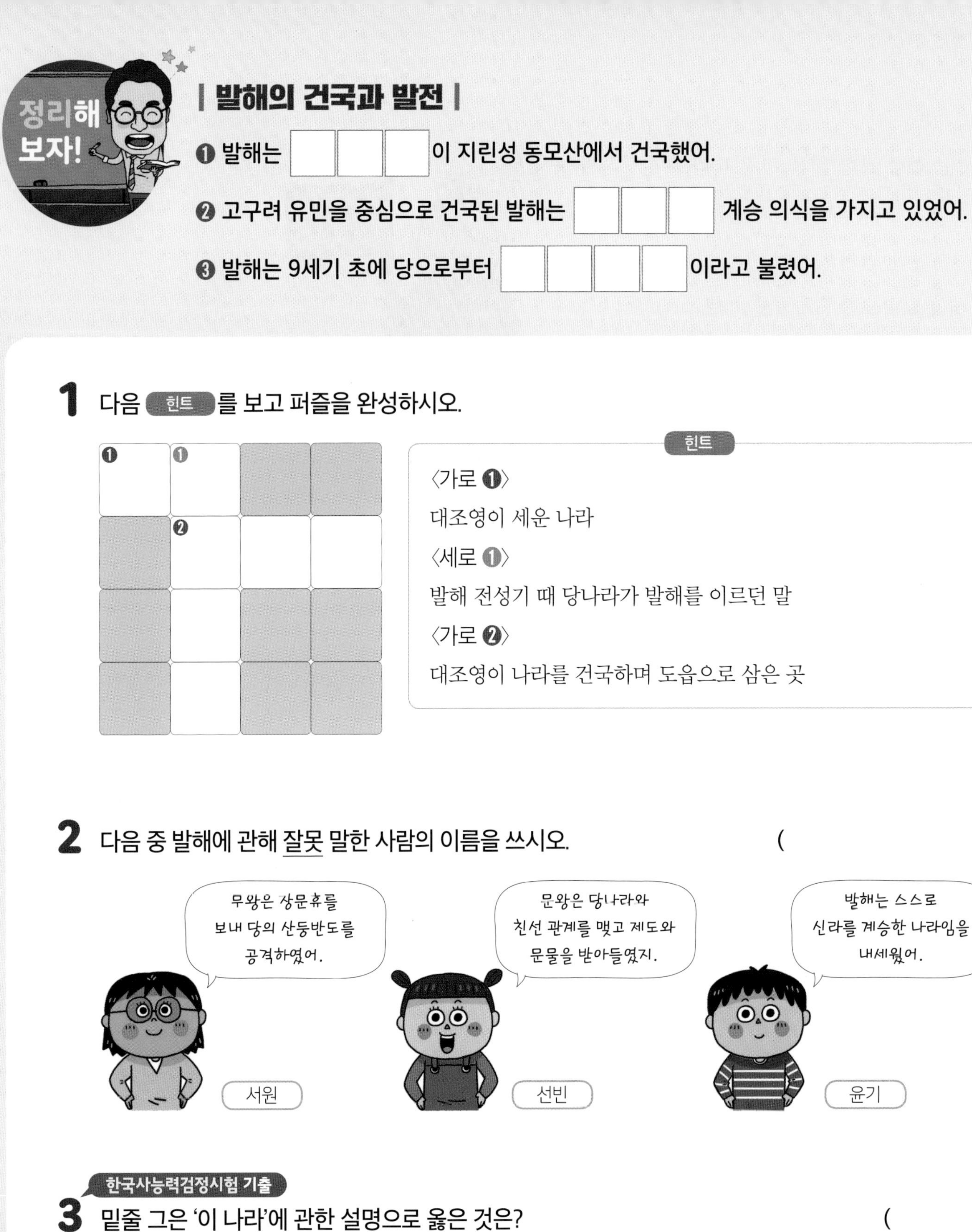

정리해 보자!

| 발해의 건국과 발전 |

❶ 발해는 ☐☐☐이 지린성 동모산에서 건국했어.

❷ 고구려 유민을 중심으로 건국된 발해는 ☐☐☐ 계승 의식을 가지고 있었어.

❸ 발해는 9세기 초에 당으로부터 ☐☐☐☐이라고 불렸어.

1 다음 힌트 를 보고 퍼즐을 완성하시오.

❶	❶		
	❷		

힌트

〈가로 ❶〉
대조영이 세운 나라

〈세로 ❶〉
발해 전성기 때 당나라가 발해를 이르던 말

〈가로 ❷〉
대조영이 나라를 건국하며 도읍으로 삼은 곳

2 다음 중 발해에 관해 잘못 말한 사람의 이름을 쓰시오. (　　　　)

서원: 무왕은 장문휴를 보내 당의 산둥반도를 공격하였어.

선빈: 문왕은 당나라와 친선 관계를 맺고 제도와 문물을 받아들였지.

윤기: 발해는 스스로 신라를 계승한 나라임을 내세웠어.

한국사능력검정시험 기출

3 밑줄 그은 '이 나라'에 관한 설명으로 옳은 것은? (　　)

① 지방에 22담로를 두었다.
② 송악을 도읍으로 정하였다.
③ 대조영이 동모산에서 건국하였다.
④ 별무반이라는 군대를 조직하였다.

정답 확인

통일 신라는 어떻게 발전해 갔을까?

다음은 대왕암에 관한 설명이다. 초성 힌트를 보고 □□ 안에 들어갈 말을 써 보자.

ㅁ ㅁ 대왕릉

동해 바다 위에 떠 있는 바위섬인 대왕암은 이 왕의 수중 릉으로 전해진다. 이 왕은 죽어서도 바다의 용이 되어 왜구를 물리치고 나라를 지키고자 하였다. 그래서 동해 입구의 큰 바위 위에서 장례를 치러 달라는 유언을 남겼다. 이 왕의 아들 신문왕은 아버지의 유언에 따라 동해 대왕암에 무덤을 만들었다.

사진에 보이는 바위섬은 문무왕의 무덤이란다. 바다 위에 왕의 무덤이 있다니 신기하지? 삼국 통일을 이루어 낸 문무왕은 나라를 사랑하는 마음이 지극했어. 그래서 죽은 후에라도 바다의 용이 되어 나라를 지키겠다고 유언을 남겼지. 유언에 따라 문무왕은 동해 바다의 바위섬 대왕암에 묻혔어.

문무왕이 지켜 주어서일까? 통일 신라는 문무왕의 아들인 신문왕 때 여러 제도를 정비했고, 왕권도 크게 강화되었단다.

그럼 문무왕과 신문왕을 거치며 삼국 통일 이후 신라가 어떻게 발전했는지 알아보자!

문무왕, 삼국 통일을 이루다

문무왕은 무열왕(김춘추)이 시작한 통일 전쟁을 끝내고 삼국 통일을 이루었어. 고구려를 무너뜨리고 한반도 전체를 차지하고자 했던 당나라까지 물리쳤지.

하지만 오랜 전쟁으로 백성들의 삶은 매우 어려웠어. 문무왕은 **백성들의 삶을 안정시키기 위해 많은 노력**을 기울였단다. 또한 옛 백제와 고구려 사람들에게도 관직을 내리며 백성들을 하나로 통합하고자 했지. 나라와 백성을 사랑하는 문무왕의 마음은 동해 감포 앞바다에 자리를 지키고 있는 대왕암을 통해 지금까지도 전해지고 있어.

만파식적

'만 개의 파도를 가라앉히는 피리'라는 의미로 이름 붙여졌지. 두 손으로 연주해야 능히 소리가 나는 것처럼 여러 힘을 합하라는 의미도 담겨 있다고 해.

죽어서도 나라를 지킬 테니 내가 죽으면 동해에 장사를 지내 다오.

문무왕은 죽어서도 나라를 지키겠다며 자신이 죽으면 화장해 동해 바다에 장사를 지내 달라는 유언을 남겼어. 신문왕은 아버지의 뜻을 기리기 위해 동해의 대왕암에 무덤을 만들고, 바다 가까이에 감은사라는 절을 지었단다.

만파식적 설화

어느 날 대왕암 근처에 작은 산이 하나 떠내려 왔어. 산에는 대나무 한 그루가 있었는데, 신기하게도 낮에는 갈라져 둘이 되고 밤에는 하나가 되었지. 신문왕이 배를 타고 다가가 그 모습을 바라보는데, 바다에서 용이 나타났어. 용은 "이 대나무로 피리를 만들어 불면 천하가 평화로울 것이다."라고 하였어. 신문왕은 대나무를 가져와 피리를 만들었지. 피리를 불었더니 신라에 침입한 적군이 물러가고 나라의 근심이 사라졌어. 그래서 이 피리를 '만파식적'이라고 불렀다고 해.

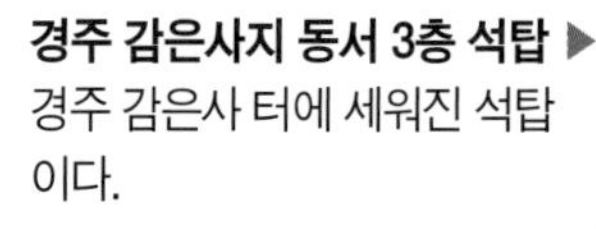

경주 감은사지 동서 3층 석탑 ▶
경주 감은사 터에 세워진 석탑이다.

신문왕, 왕권을 크게 강화하다

무열왕이 진골 출신으로는 처음으로 왕위에 오른 이후 무열왕의 자손들이 왕위를 이어 갔어. 그러자 진골 출신 왕을 얕잡아 본 진골 귀족들은 세력을 모아 왕권을 위협했어.

대표적인 사건이 **김흠돌의 난**이란다. 김흠돌은 삼국 통일 전쟁에 큰 공을 세우고 자신의 딸을 신문왕과 결혼시킨 대표적인 진골 귀족이었어. 김흠돌은 진골 귀족들을 모아 신문왕에 대한 반란을 꾀했지만 반란은 실패로 돌아갔어.

반란을 진압하여 왕권을 더 강화하겠다!

신문왕은 김흠돌의 난을 진압하면서 진골 귀족들의 힘을 눌러 **왕권을 강화**하고, 여러 제도들을 정비하였어. 왕권을 뒷받침할 인재를 키우기 위해 **국학**을 설치하고 유학을 가르쳤지. 또 왕의 명령을 수행하는 관청인 **집사부**를 만들고, 그 장관인 시중에게 많은 권한을 주었단다. 집사부의 기능이 강화될수록 귀족 회의인 화백 회의의 기능은 약화되었지.

집사부
왕의 명령을 수행하고 보고하며 중요한 나라의 일을 처리하는 신라 시대의 최고 기관이다.

또 넓어진 국토를 효율적으로 다스리기 위해 지방 행정 제도를 **9주 5소경**으로 개편했어. 전국을 9개의 주로 나누고, 수도 금성이 동남쪽에 치우친 점을 보완하기 위해 주요 지역에 수도의 역할을 하는 5소경을 설치한 거야.

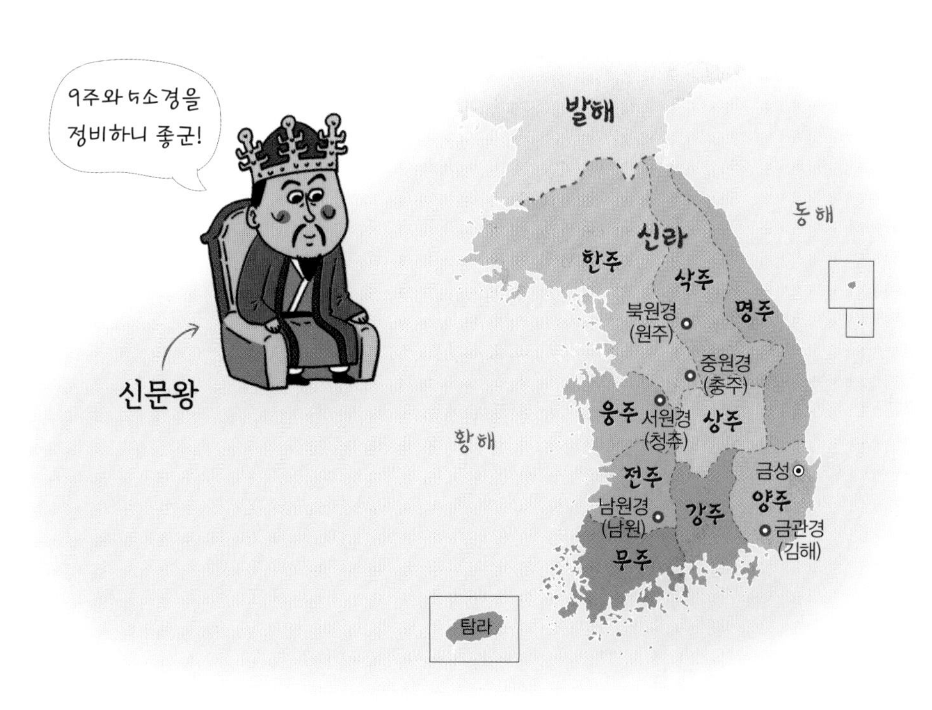

신문왕은 지방 통치 조직을 정비했단다. 9개의 주가 있고, 특별 행정 구역인 5소경에는 옛 고구려·백제·가야의 귀족을 일부 옮겨 살게 했지.

정리해 보자!

| 통일 이후 신라의 발전 |

❶ ☐☐☐은 당나라와의 전쟁에서 승리하며 삼국 통일을 완성했어.

❷ 신문왕은 나라의 인재를 기르기 위해 ☐☐을 세워 유학 교육을 실시했어.

❸ 신문왕은 전국을 9주로 나누고, 5개의 ☐☐을 설치했어.

1 다음 초성 힌트를 보고 ☐ 안에 들어갈 알맞은 말을 쓰시오.

(1) 신문왕은 집사부의 장관인 [ㅅ][ㅈ]의 권한을 강화하였다. (　　　)

(2) 신문왕은 [ㄱ][ㅎ][ㄷ]의 난을 진압하고 왕권을 강화하였다. (　　　)

(3) 신문왕은 아버지 문무왕의 은혜를 기리기 위한 절 [ㄱ][ㅇ][ㅅ]를 완성하였다. (　　　)

2 다음 이야기 중 ㉠에 들어갈 알맞은 말을 쓰시오. (　　　)

> 어느 날 대왕암 근처에 작은 산이 하나 떠내려 왔는데, 산에 낮에는 갈라져 둘이 되고 밤에는 하나가 되는 신비한 대나무가 있었다. 바다에서 용이 나타나 이 대나무로 피리를 만들어 불면 천하가 평화로울 것이라고 하였다. 신문왕이 대나무를 가져와 피리를 만들어 불었더니 신라에 침입한 적군이 물러가고 나라의 근심이 사라졌다. 그래서 이 피리를 '[㉠]'이라 부르고 신라의 국보로 삼았다.

한국사능력검정시험 기출

3 (가)에 들어갈 사찰로 옳은 것은? (　　　)

> 신문왕은 죽어서도 나라를 지키려는 아버지 문무왕을 위해 [(가)]를 완성하였어요. 이 사찰의 이름은 아버지의 은혜에 감사한다는 뜻을 갖고 있어요.

① 감은사
② 금산사
③ 법주사
④ 해인사

정답 확인　오늘 나의 실력은?　확인

신라는 왜 흔들리기 시작하였을까?

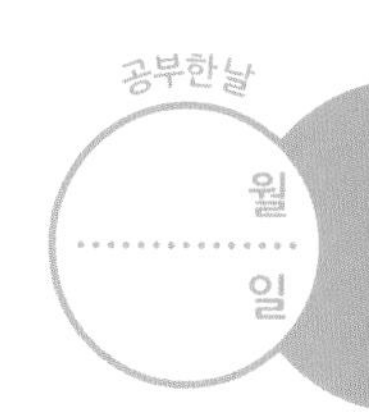

다음은 '임금님 귀는 당나귀 귀'라는 이야기의 일부이다. 초성 힌트를 보고 □□ 안을 채워 보면서 이 이야기가 생겨난 이유를 생각해 보자.

이 이야기는 신라 말의 ㄱ ㅁ 왕과 관련이 있는 이야기라고 전해진다.

'임금님 귀는 당나귀 귀' 이야기의 주인공은 신라 경문왕이라고 전해진단다.
경문왕은 왕위를 둘러싼 귀족들의 다툼이 계속되던 신라 말 혼란스러운 상황 속에서 왕위에 올랐어. 이러한 이야기가 전해지는 것은 당시의 사회가 매우 혼란스러웠기 때문일 거야. 백성들의 이야기를 귀담아 들으라는 바람에서 '임금님 귀는 당나귀 귀'라는 이야기가 생겨난 것은 아닐까?
경문왕 이후로도 신라는 계속 흔들렸지. 그럼 신라 말의 상황과 그 상황 속에서 새로운 세상을 꿈꾼 사람들의 이야기를 자세히 알아보자.

약 150년 동안 20명의 왕이 바뀌다

신문왕 이후 안정을 이루고 발전하던 신라는 소수의 진골 귀족들에게 권력이 집중되면서 흔들리기 시작했어. 혜공왕이 8세의 어린 나이로 왕위에 오르자, 그동안 강력한 왕권 아래 숨죽이고 있던 진골 귀족들은 왕권에 대항하기 시작했어. 혜공왕 이후 진골 귀족들은 서로 왕이 되기 위해 끊임없는 싸움을 벌였고, **약 150년 동안 20명의 왕이 바뀌는 혼란스러운 상황**이 이어졌지.

지방에서도 반란이 이어졌어. **김헌창**은 무열왕의 후손인 아버지 김주원이 왕이 되지 못하고 지방으로 밀려나자, 불만을 품고 난을 일으켰어. 또한 해상무역으로 세력을 키운 **장보고**도 반란을 일으켰지.

왕위를 차지하기 위한 싸움이 이어지고 왕의 권위가 떨어지면서 나라의 혼란은 계속되었단다. 귀족들은 혼란을 틈타 농민들의 땅을 빼앗고 몰락한 농민들을 노비로 삼았어. 백성들을 돌보지 못하던 신라는 오히려 지방에 관리를 보내 더 가혹하게 세금을 거두었지.

혜공왕

경덕왕에게는 대를 이을 아들이 없었어. 경덕왕은 표훈이라는 승려를 통해 하늘의 상제에게 아들을 갖게 해 달라고 했지. 상제는 아들을 낳게 해 주면 그 아들이 나라를 멸망하게 하므로 딸을 낳는 것이 좋겠다고 했대. 하지만 경덕왕은 나라를 멸망시켜도 좋으니 아들을 바란다고 간청하여 태어난 아들이 바로 혜공왕이라고 해.

백성들은 더 힘들어져. 이제 더 이상은 못 참겠어!

결국 힘들게 삶을 이어 가던 백성들의 분노가 폭발했어. 진성 여왕 때 **원종과 애노의 난**을 시작으로 전국 각지에서 백성들이 봉기했단다.

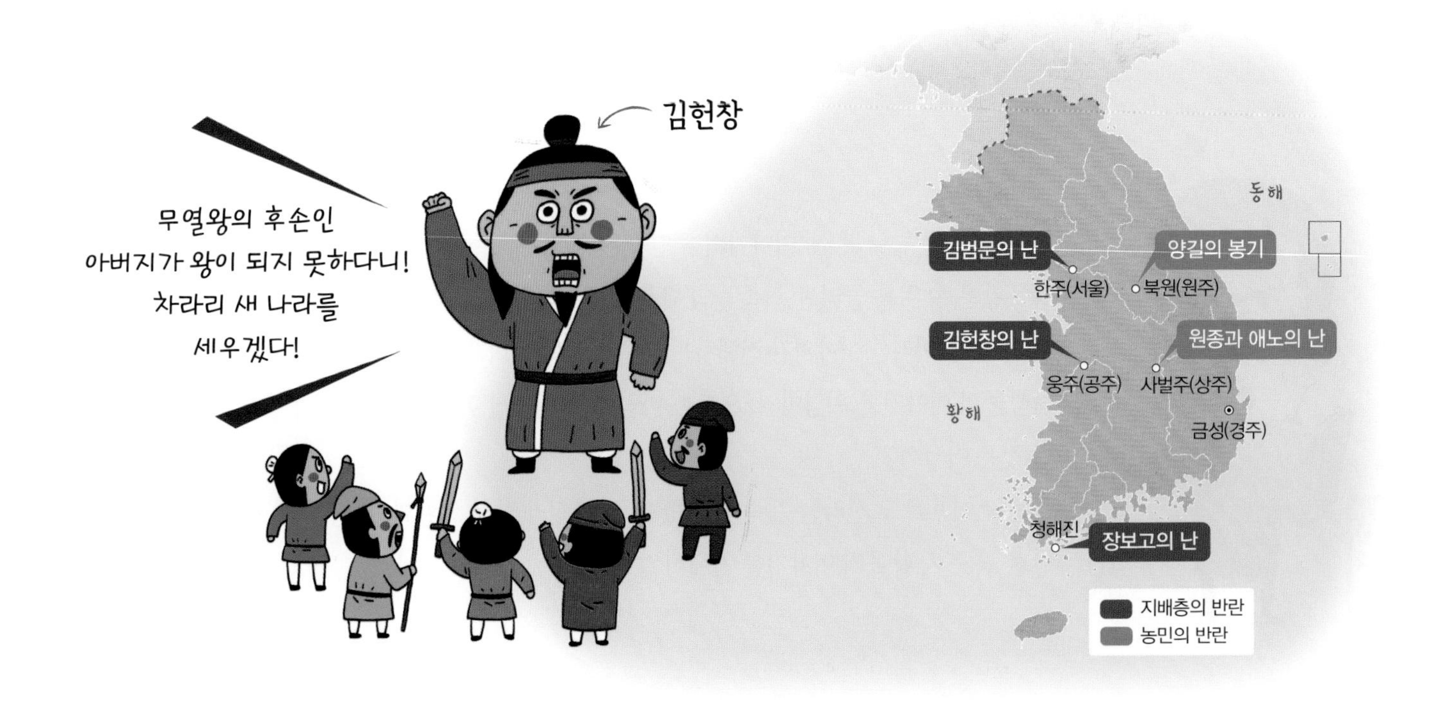

새로운 세력이 등장하다

중앙에서 왕위를 두고 싸움이 계속되는 혼란을 틈타 지방에서 세력을 키운 사람들이 등장했는데, 이들이 바로 **호족**이란다. 호족은 나라에 불만을 품은 사람들을 모아 자신의 근거지에 성을 쌓고 그 지역을 다스리기 시작했어.

신라 말 지방에서 군대를 키우고 재산을 모아 세력을 크게 성장한 대표적인 호족이 견훤과 궁예란다. 훗날 그들은 신라를 버리고 새로운 나라를 세우는데, 그것이 바로 견훤의 후백제와 궁예의 후고구려이지.

내가 바로 이 지역의 성주, 장군이다!

호족은 스스로를 **성주, 장군**이라고 하면서 세력을 모아 지방의 군사와 행정을 장악했지.

이러한 호족들을 도와준 사람들이 **6두품**이야. 이들은 신라 골품제의 진골 바로 아래 귀족이지만, 자신의 능력을 마음껏 펼칠 수가 없었어. 아무리 능력이 뛰어나도 올라갈 수 있는 **관직에 한계**가 있었기 때문이란다. 신라는 폐쇄적인 신분제에 갇혀 인재를 골고루 뽑아 쓰지 못했어. 그러니 6두품들의 불만이 쌓일 수밖에 없었겠지? 불만이 쌓인 6두품들은 당나라로 유학을 떠나 당의 관리가 되기도 하였고, **골품제를 비판**하며 신라가 바뀔 것을 주장하였어.

진골 귀족들은 나라의 발전보다 자신의 권력을 지키는 데에만 관심을 기울였어. 결국 6두품들은 지방의 호족을 도와 신라를 멸망시키고 새로운 사회를 만드는 데 앞장서게 된단다.

당나라로 유학을 다녀온 최치원

6두품 출신의 **최치원**은 당나라로 유학을 떠났어. 신라에서는 신분제의 벽 때문에 높은 관직에 오를 수 없었기 때문이지. 최치원은 열심히 공부해서 외국인을 대상으로 하는 과거 시험인 빈공과에 합격하고, 당나라에서 문장가로 이름을 떨쳤단다. 신라로 돌아온 최치원은 진성 여왕에게 개혁안을 올렸어. 하지만 진골 귀족들의 반대로 개혁이 받아들여지지 않았지. 결국 최치원은 관직을 버리고 숨어 살면서 학문에 힘쓰다 생을 마감했어.

| 신라 말 사회 혼란과 새로운 세력의 등장 |

❶ ☐☐ 귀족들의 왕위 다툼으로 신라 말 사회가 혼란에 빠졌어.

❷ 진성 여왕 때 원종과 ☐☐의 난을 시작으로 전국 각지에서 백성들이 봉기했어.

❸ 신라 말 ☐☐은 세력을 모아 지방의 군사와 행정을 장악했어.

1 다음 설명에 해당하는 세력을 낱말 카드에서 골라 쓰시오.

호족 | 6두품

(1) 

아무리 노력하고 실력을 키워도 신라에서는 진골을 넘어설 수 없어. 내 뜻을 펼치기 위해서는 당나라로 유학을 떠나야겠어.

( )

(2) 

신라에 불만이 가진 사람들이 이렇게 많다니. 이 사람들을 모아 성을 쌓고 성주가 되어 새로운 세상을 만들겠어.

( )

2 다음 밑줄 그은 '이 사람'의 이름을 쓰시오. ( )

이 사람은 신라 6두품 출신으로, 당나라로 유학하여 당의 빈공과에 합격하였다. 신라로 돌아와 진성 여왕에게 개혁안을 제출하였으나 진골 귀족들에 의해 받아들여지지 않았다. 그는 결국 관직을 버리고 숨어 살면서 많은 글을 남겼다.

한국사능력검정시험 기출

3 다음 퀴즈의 정답으로 옳은 것은? ( )

퀴즈 한국사

단계별로 제시된 힌트를 종합하여 알 수 있는 용어는 무엇일까요?

1단계	신라 말 지방에서 나타남.
2단계	스스로 성주 또는 장군이라고 칭함.
3단계	독자적으로 군대를 보유하고 백성에게 세금을 거둠.

① 양반
② 중인
③ 호족
④ 문벌 귀족

정답 확인 

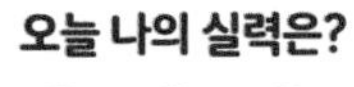

확인

3. 통일 신라와 발해

후삼국 시대는 어떻게 시작되었을까?

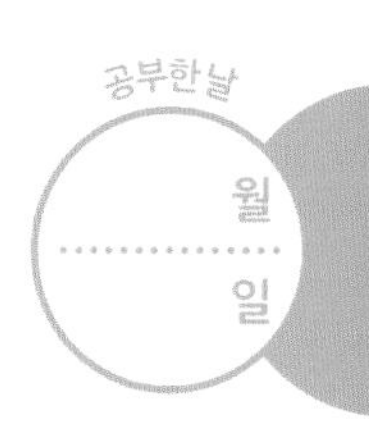

다음 지도는 후삼국 시대를 보여 준다. 초성 힌트와 낱말 카드를 보고 나라 이름을 써 보자.

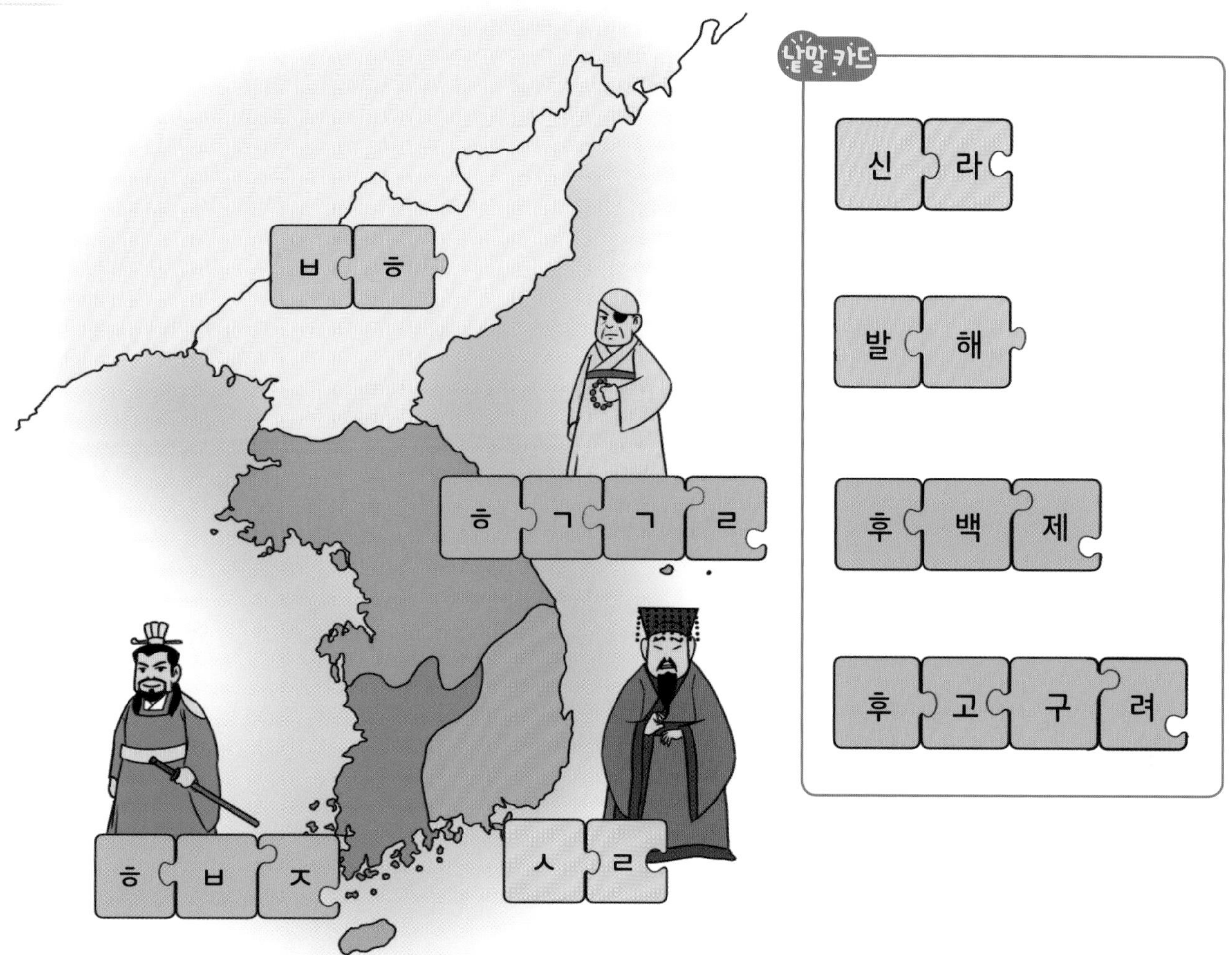

신라 말, 혼란 속에서 지방에서 세력을 키운 호족이 등장했다고 했지?
이들 중에서 특히 더 강한 세력을 가진 호족으로 견훤과 궁예가 있었단다. 견훤은 지금의 충청도, 전라도와 경상도 서쪽 지역을 중심으로, 궁예는 경기도, 황해도, 강원도를 중심으로 세력을 키웠어. 이들은 각각 백제와 고구려의 원수를 갚겠다고 외치며 견훤은 후백제, 궁예는 후고구려를 건국했단다. 그래서 신라, 후백제, 후고구려의 삼국으로 분열하게 되지. 이 시기를 후삼국 시대라고 해.
그럼 후삼국 시대가 어떻게 전개되었는지 우리 함께 자세히 살펴보자.

견훤, 후백제를 세우다

견훤은 서남 해안을 지키는 군인 출신이었어. 진성 여왕 때 나라의 혼란이 커지고 농민들이 들고 일어나자, 견훤은 이를 틈타 군사를 일으켰지. 견훤은 경주의 서남쪽에서 시작해서 백제의 옛 땅인 전라도, 충청도로 세력을 확대해 갔지.

멸망한 백제를 다시 세워 의자왕의 한을 풀어 주겠다!

신라 출신 견훤은 옛날 백제 땅에 살고 있는 사람들의 마음을 얻기 위해 백제를 이어받은 나라를 만들었다는 명분을 내세웠지. 그리고 완산주를 도읍으로 삼고 후백제를 건국했어. 당시에는 나라 이름이 '백제'였는데, '후'는 삼국시대의 백제와 구별하기 위해 나중에 사람들이 붙인 것이란다.

견훤은 특히 외교에 힘을 기울였다고 해. 중국, 거란, 일본 등과 사신을 주고받으면서 신라와 대등한 나라로 인정받고 싶어 했지.

궁예, 후고구려를 세우다

궁예는 신라의 왕족 출신으로 전해져. 궁예는 자라서 절에 들어가 승려가 되었는데, 이 시절부터 미륵 신앙에 관심을 가졌던 것 같아. 891년에 궁예는 절을 떠나 원주 지역의 양길이라는 사람을 찾아갔어. 양길의 부하로서 실력을 키워 자신만의 세력도 갖게 되었지.

궁예의 세력이 커지자 송악의 호족이었던 **왕건**이 궁예에게 찾아왔단다. 궁예는 고구려 부흥을 내세우며 송악을 도읍으로 정하고 **후고구려**를 세웠어.

한편 궁예는 전쟁을 치르고 큰 궁궐을 짓느라 백성들에게 끊임없이 세금을 거두어들였어. 스스로를 미륵불이라고 하고, 자신이 사람의 마음을 읽을 수 있다면서 자신에 반대하는 사람들을 해쳤지. 나중에는 자기 부인과 두 아들을 죽이기도 했어.

궁예의 폭정이 계속되자 신하와 백성들의 마음은 떠났어. 결국 궁예는 쫓겨나고 왕건이 왕위에 오르게 되었단다.

궁예는 왜 한쪽 눈이 멀었나요?

기록에 따르면 궁예는 신라 왕의 서자라고 해. 한 점쟁이가 왕에게 비범하게 태어난 궁예를 죽이라고 했고, 왕의 명을 받은 군사는 궁예를 포대기에 싸서 높은 곳에서 집어던졌대. 아래로 떨어진 궁예를 유모가 받아서 목숨은 구했지만, 이때 유모의 손가락이 눈을 찌르는 바람에 한쪽 눈을 잃어 평생을 애꾸눈으로 살았단다. 이후 유모는 궁예를 데리고 멀리 도망가 숨어 살았다고 해.

신라가 점점 저물어 가다

후고구려, 후백제, 신라 세 나라가 대립하는 **후삼국 시대**가 전개되었어. 후고구려와 후백제는 점차 땅을 넓히며 성장했고, 신라 땅은 점점 줄어들었지. 삼국 통일을 이루었던 신라는 어느덧 지금의 경상도 지역만 다스리는 작은 나라가 되고 만 거지.

한편 후백제는 927년 신라에 쳐들어와 신라의 **경애왕**에게 스스로 목숨을 끊도록 했어. 신라는 더 이상 옛 땅을 회복할 수 없을 뿐만 아니라 계속되는 왕위 다툼과 반란으로 나라를 지켜 나갈 힘을 잃고 말았지. 신라는 점점 최후를 향해 다가가고 있었단다.

◀ **경주의 포석정**
포석정은 연회 장소라는 설도 있고, 제사를 지내는 곳이라는 설도 있다. 927년 신라 경애왕이 이곳에서 후백제의 군대에 붙잡혔고, 스스로 목숨을 끊었다.

| 후삼국의 성립 |

❶ [ ][ ]은 옛 백제 땅에서 세력을 키워 완산주를 도읍으로 삼고 후백제를 세웠어.

❷ 양길의 부하였던 [ ][ ]는 세력을 키워 송악을 도읍으로 삼고 후고구려를 세웠어.

❸ 궁예의 폭정이 계속되자 결국 궁예가 쫓겨나고 [ ][ ]이 왕위에 올랐어.

1 다음 세 사람이 공통적으로 설명하는 밑줄 그은 '이 사람'은 누구인지 쓰시오. ( )

2 다음 역사 인물 카드의 (가)에 해당하는 인물이 누구인지 쓰시오. ( )

역사 인물 카드		
	이름	(가)
	출생	867년
	재위 기간	892~935년

활동
- 서남 해안의 군인 출신임.
- 900년 완산주를 도읍으로 후백제를 건국함.

한국사능력검정시험 기출

3 다음 가상 다큐멘터리에서 볼 수 있는 장면으로 적절한 것은? ( )

역사 다큐멘터리 기획안

분열의 시대를 극복한 왕건

- 기획 의도
  후삼국 시대의 혼란한 상황에서 왕건이 고려를 건국하고 통일하는 과정을 보여 준다.

① 

②

③ 

④ 

오늘 나의 실력은? 확인
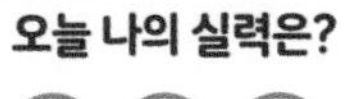

마무리 학습

도전! 한국사능력검정시험

고구려는 수와 당의 침략에 맞서 한반도를 지켜 냈고, 신라는 삼국을 통일하였단다.
고구려의 옛 땅에는 발해가 세워졌지. 남북국 시대의 모습을 정리해 보자!

고구려와 수·당의 전쟁

수의 침입	당의 침입
• 수나라가 중국을 통일함. → 고구려와 수나라가 대립함. • ★살수 대첩: 수가 고구려를 침략함. → 을지문덕이 살수에서 수를 물리침.	• 연개소문이 정변을 일으켜 권력을 잡음. → 당나라에 강경한 정책을 폄. • ★안시성 전투: 당 태종이 침략함. → 안시성에서 당을 물리침.

신라의 삼국 통일

나당 동맹 체결	백제의 공격을 받은 신라가 고구려에 도움을 청하였으나 거절당함. ➡ 신라의 김춘추가 당 태종에게 동맹을 제의함. ➡ 당은 신라에 군대를 보내 주고, 당이 대동강 이북의 땅을 가지기로 하는 조건으로 나당 동맹을 맺음.
백제 멸망(660년)	★황산벌 전투에서 신라가 승리하고 의자왕이 항복하면서 백제가 멸망함.
고구려 멸망(668년)	연개소문의 아들들 사이에서 권력 다툼이 벌어진 상황에서 나당 연합군이 평양성을 함락하면서 고구려가 멸망함.
★나당 전쟁과 삼국 통일	당이 한반도 전체를 지배하려고 함. ➡ 신라와 당나라 사이에 전쟁이 일어남. ➡ 매소성, 기벌포 전투에서 신라가 승리함. ➡ 당이 물러나면서 신라가 삼국 통일을 이룸.

발해와 통일 신라의 발전

구분	발해	통일 신라
발전	• 대조영: 고구려 출신으로, 동모산 근처에서 발해를 세움. • 무왕: 영토 확장을 위해 노력하였으며 당의 산둥 반도를 공격함. • 문왕: 당과 친선 관계를 형성하고 신라와 교류함. • 선왕: 영토를 더 넓혔으며 당으로부터 ★해동성국이라고 불리는 전성기를 맞이함.	• 무열왕: 최초의 진골 출신 왕으로, 삼국 통일의 발판을 마련함. • 문무왕: 삼국 통일을 완성하고, 백제와 고구려의 유민을 통합하는 정책을 폄. • ★신문왕: 녹읍 폐지, 관료전 지급, 국학 설치, 9주 5소경 정비 등의 정책으로 왕권을 강화함. (신문왕)
쇠퇴 및 멸망	귀족들의 권력 다툼으로 분열과 혼란을 겪으며 국력이 약해졌고, 거란의 공격을 받아 멸망함.	신라 말 귀족들의 다툼과 봉기가 일어나고, 후백제와 후고구려가 세워지면서 후삼국 시대가 전개됨.

1 (가)에 들어갈 전투로 옳은 것은? (　　　　)

이 그림은 고구려가 수의 군대를 물리친 (가) 을/를 그린 것입니다. 이 전투에서 을지문덕은 수의 별동대를 유인하여 지금의 청천강에서 큰 승리를 거두었습니다.

① 살수 대첩
② 관산성 전투
③ 기벌포 전투
④ 안시성 전투

2 (가)에 들어갈 인물로 옳은 것은? (　　　　)

① 지증왕
② 법흥왕
③ 진흥왕
④ 문무왕

3 (가)에 들어갈 내용으로 옳은 것은? (　　　　)

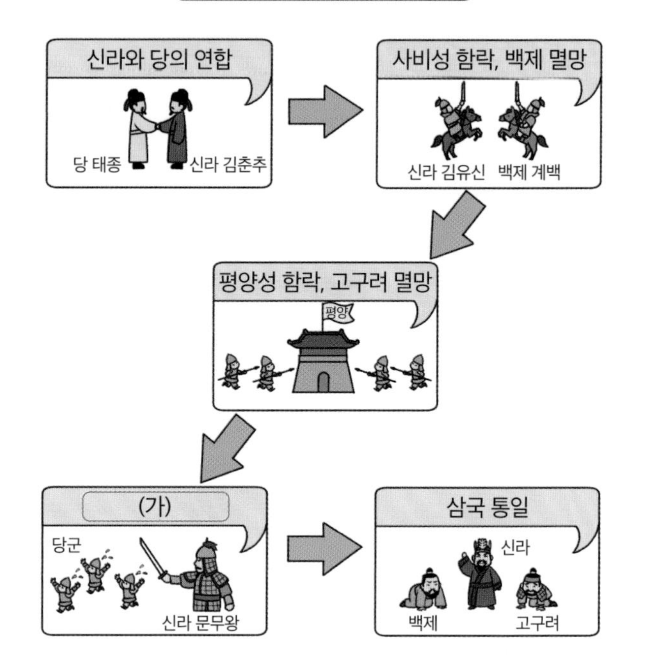

① 살수 대첩, 수군 격퇴
② 황산벌 전투, 신라 승리
③ 매소성 싸움, 당군 격퇴
④ 안시성 전투, 당군 격퇴

4 다음 대화 속의 나라에 관한 설명으로 옳은 것은? (　　　)

① 삼국 통일을 이룩하였다.
② 지방에 22담로를 두었다.
③ 해동성국이라고도 불렸다.
④ 화랑도라는 단체가 있었다.

5 (가)에 들어갈 왕으로 옳은 것은? (　　　)

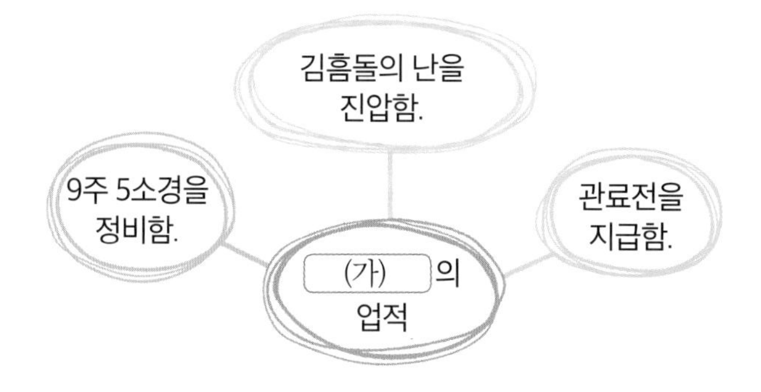

① 내물왕
② 신문왕
③ 의자왕
④ 근초고왕

6 (가)에 들어갈 정답으로 옳은 것은? (　　　)

① 진골
② 호족
③ 문벌 귀족
④ 신진 사대부

7 다음 인물이 한 일로 옳은 것은? (　　　)

① 발해를 세웠다.
② 후백제를 세웠다.
③ 후고구려를 세웠다.
④ 신라 경애왕의 목숨을 끊게 했다.

다음 글자판에는 한국사능력검정시험에 자주 출제되는 핵심 낱말이 숨어 있다.
공부한 내용을 떠올리며 숨은 낱말을 찾아 ○표 해 보자.

선	김	춘	추	고	무	신	유	태
두	당	비	정	다	화	대	주	일
사	문	을	치	백	변	조	종	연
안	하	나	지	랑	아	영	공	이
시	예	여	말	문	니	언	장	등
성	린	운	현	둥	덕	매	단	견
소	정	축	옷	남	벌	속	훤	도
본	야	거	묘	신	기	숙	영	누
벌	군	해	동	성	국	과	용	서

숨은 낱말

1 살수(청천강)에서 수나라의 대군을 물리친 고구려의 장군이다.

2 연개소문의 반란을 구실 삼아 쳐들어온 당의 침략을 645년에 물리친 곳이다.

3 고구려 장수 출신으로, 동모산 근처에 도읍을 정하고 발해를 건국한 사람이다.

4 '바다 동쪽의 번성한 나라'라는 뜻으로, 발해를 부르던 말이다.

5 삼국 통일의 발판을 마련한 최초의 진골 출신 왕의 원래 이름이다.

6 백제 부흥을 내세우며 완산주에 도읍을 정하고 후백제를 세운 사람이다.

정답 확인

오늘 나의 실력은?

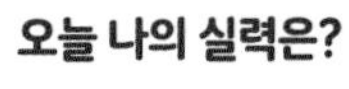

확인

3. 통일 신라와 발해

통일 신라와 발해 사람들은 어떻게 생활하였을까?

다음은 신라 귀족의 생활 모습을 나타낸 그림이다. 힌트를 보고 주령구를 찾아 동그라미 해 보자.

그림 속 장소는 삼국 통일을 이룬 문무왕이 만든 동궁과 월지야.
왕이 신하들과 함께 잔치를 벌이며 놀던 곳이었지. 인공 연못인 월지에서는 신라의 왕족과 귀족들이 사용하던 유물이 많이 출토되었는데, 그중에서도 주목할 만한 것이 바로 너희들이 찾은 '주령구'란다.
주령구는 왕과 귀족들이 놀이를 할 때 벌칙용으로 사용한 주사위야. 주사위의 각 면에는 '소리 없이 춤추기', '얼굴 간질여도 꼼짝하기 않기' 등 재미있는 벌칙이 쓰여 있어. 근엄하게만 느껴졌던 왕과 귀족들이 이런 놀이를 즐겼다니, 신기하지? 그럼 또 다른 유적과 유물을 통해 통일 신라와 발해 사람들은 어떻게 생활하였는지 알아보자.

통일 신라 사람들의 생활 모습

통일 이후 신라는 넓어진 영토와 늘어난 인구로 경제력이 크게 성장하였어. 다른 나라와 벌이던 전쟁도 끝나며 평화로운 시대 속에서 사람들은 풍요로운 생활을 하였지.

귀족의 생활

신라의 귀족은 대부분 도읍인 금성(경주)에 살았어. 이들은 토지를 나라에서 받거나 집안 대대로 물려받았으며, 화려하게 꾸민 큰 집에서 많은 노비를 거느리고 살고, 숯불로 지은 밥을 먹었지. 귀족 사회를 중심으로 당의 옷차림이 유행하기도 하였어. 중국의 역사서에도 이러한 신라 귀족의 **호화로운 생활 모습**을 알 수 있는 기록이 남아 있단다.

> 재상가에는 …… 노비가 3천 명이고 많은 수의 호위 군사와 소, 말, 돼지가 있었다. 짐승들을 바다 가운데 섬에서 길러 필요할 때 활로 쏘아서 잡아먹었다.
>
> -『신당서』-

경상북도 경주시에는 '**경주 동궁과 월지**'가 있어. 흔히 안압지라고 부르던 곳으로, 왕이 신하들과 함께 잔치를 벌이던 곳이었지. 연못인 월지 주변에서는 3만여 점의 유물들이 쏟아져 나왔는데, 금동 가위, 주령구 등 출토된 유물을 보면 당시 신라 귀족이 얼마나 호화로운 생활을 하였는지 알 수 있단다.

금동 가위

초의 심지를 자르는 가위로, 금동으로 만들어졌다.

주령구(복원 모형)

주사위의 14개 면에는 여러 가지 재미있는 벌칙이 새겨져 있어 당시 귀족들의 놀이 문화를 알 수 있다.

▼ 경주 동궁과 월지(경상북도 경주시)

평민의 생활

사회가 차츰 안정되고 농산물 생산이 늘어났지만, 평민은 여전히 농사를 지으며 힘들게 생활했어. 나라에 꼬박꼬박 **세금**을 내면서도 군사 훈련을 받으며 궁궐이나 성곽 등을 짓는 공사에도 동원되었지.

『삼국사기』에는 집안이 망해 부잣집에서 일하다 자신을 팔아 노비가 된 신라 시대 평민의 이야기도 나온단다. 귀족들이 사는 모습과는 너무나도 다른 모습이었지.

「신라 촌락 문서」(복제품)

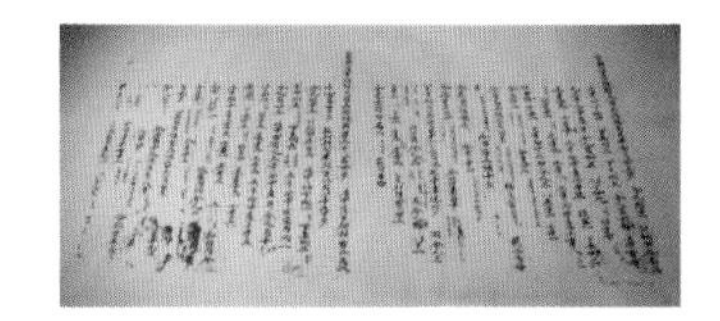

신라에서는 세금을 거두기 위해 인구를 조사하여 3년마다 촌락 문서를 작성했어. 문서에는 마을의 이름과 크기, 인구, 농사짓는 땅의 넓이, 가축의 수, 뽕나무와 잣나무의 수 등 마을의 특징을 자세히 기록해 놓았어.

발해 사람들의 생활 모습

발해는 산이 많고 날씨가 추운 곳이란다. 그래서 발해 사람들은 주로 밭농사를 지어 잡곡을 얻었어. 바다에서 해산물을 얻기도 하고, 가축도 길렀지.

발해 사람들도 신분에 따라 생활 모습이 달랐어. 귀족은 화려하게 장식한 기와로 지붕을 이은 집에서 살고, **고구려와 당 문화의 영향**을 받은 옷을 입었어. 하지만 평민은 땅 위나 반지하에 지은 집에서 힘들게 살았단다.

▲ 정효 공주 무덤에 그려진 발해 사람들

발해에서는 고구려의 영향으로 난방 시설인 **온돌**을 사용한 흔적도 발견되었어. 이를 통해서도 발해가 고구려 문화를 계승하였음을 알 수 있지.

▲ 고구려의 온돌

▲ 발해의 온돌

| 통일 신라와 발해의 생활 모습 |

❶ 경주 동궁과 [ ][ ]에서는 신라 귀족의 생활 모습을 엿볼 수 있는 유물이 발견되었어.

❷ 신라에서는 세금을 거두기 위해 3년마다 「[ ][ ] [ ][ ] [ ][ ]」를 작성했어.

❸ 발해는 고구려의 영향으로 난방 시설인 [ ][ ]을 사용했어.

1 통일 이후 신라 귀족의 생활 모습으로 맞으면 ○표, 틀리면 ×표 하시오.

(1) 대부분 도읍인 금성에 살았다. ( )

(2) 화려하게 꾸민 큰 집에서 살고, 숯불로 지은 밥을 먹었다. ( )

(3) 나라에 세금을 내고, 군사 훈련이나 궁궐, 성곽 등을 짓는 공사에 동원되었다. ( )

2 다음과 같이 고구려와 발해의 온돌 양식이 비슷하게 나타나는 까닭을 쓰시오.

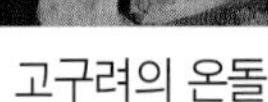
고구려의 온돌

발해의 온돌

한국사능력검정시험 기출

3 다음 학습 주제에 대한 학생들의 발표 내용으로 옳지 않은 것은? ( )

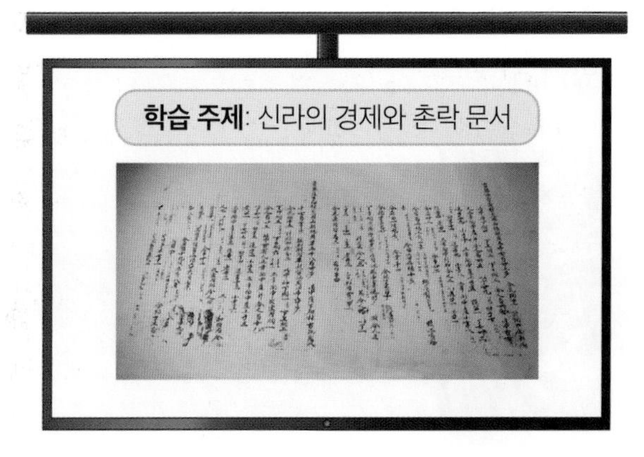

① 

② 

③ 노동력을 동원하고 세금을 걷기 위해 만들어졌어.

④ 

정답 확인 

오늘 나의 실력은?  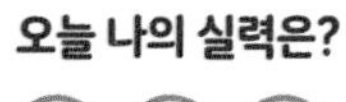 확인

통일 신라와 발해에서는 어떤 학문과 사상이 발달하였을까?

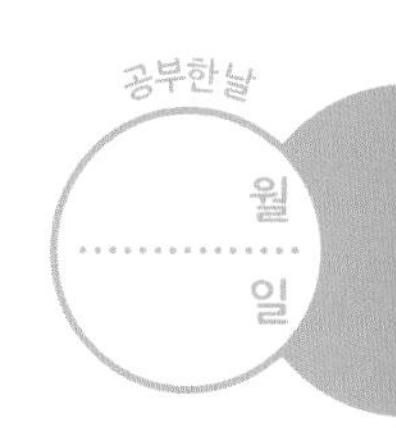

다음 그림은 원효가 백성에게 부처님의 가르침을 전하는 모습을 그린 것이다. 힌트를 보고 원효를 찾아 동그라미 해 보자.

'원효'는 신라를 대표하는 승려야. 불교의 대중화에 크게 기여한 분이지.
불교 경전을 읽으려면 글을 알아야 하는데 일반 백성들은 글을 읽을 줄 몰랐어. 이러한 상황에서 원효는 백성에게 어려운 불교 말씀 대신 '나무아미타불'만 열심히 외우면 극락에 갈 수 있다고 했어. 그리고 전국을 돌아다니며 '무애가'라는 노래를 부르고 춤을 추면서 불교를 전파하였지. 마냥 근엄할 것 같은 스님이 저잣거리에서 노래를 부르며 춤을 추다니 그 당시에도 참 파격적이었을 것 같아.
원효의 이야기가 더 궁금하지 않니? 그럼 우리 함께 신라와 발해 사람의 생활 속으로 들어가 당시에는 어떤 학문과 사상이 발달하였는지 알아보자!

유학이 발달하다

통일 신라는 유학을 정치 이념으로 삼아 왕권을 강화하였어. 신문왕은 국학을 세워 유학을 가르쳤고, 원성왕은 국학 학생의 유교 경전 이해 수준을 평가해 관리로 선발하는 독서삼품과를 실시하였어.

유학이 발달하면서 뛰어난 유학자가 많이 배출되었는데, 이들은 주로 6두품들이란다. 대표적으로 이두를 정리한 설총과 당나라의 빈공과에 합격하고 뛰어난 문장가로 활약한 최치원을 들 수 있단다.

발해에서도 주자감을 세우고 유학을 가르쳤어. 발해의 유학자들 중에도 당나라의 빈공과에 합격한 사람들이 많았단다.

이두
한자의 음과 뜻을 빌려 우리말을 적는 표기법을 말한다. 설총은 이두를 정리해 유교 경전을 우리말로 쉽게 풀이하였다.

불교가 더욱 발전하고 대중화되다

통일 이후 신라의 불교는 고구려, 백제는 물론 당의 불교까지 받아들이며 더욱 발전하였어. 또한, 왕실과 귀족뿐만 아니라 일반 백성들도 불교를 믿었고, 지방 곳곳에 많은 절이 세워졌단다. 이러한 불교의 대중화에 큰 역할을 한 인물들이 바로 원효와 의상이지. 두 승려에 얽힌 재미있는 이야기가 전해져.

깨달음을 얻은 원효는 당나라 유학을 포기하고 신라로 돌아갔고, 의상은 혼자 당나라 유학을 떠났단다.

신라
당나라

신라로 돌아온 원효는 “모든 진리는 한마음에서 나온다.”라는 깨달음을 통해 **일심 사상**을 내세웠어. 그리고 어려운 불교 경전을 읽지 못하는 백성들을 위해 부처님의 가르침을 노래로 만들어 불렀고, 누구나 ‘나무아미타불’만 열심히 외우면 극락정토에 갈 수 있다고 가르쳐 불교의 대중화에 힘썼단다.

한편 의상은 당나라에서 유학하고 돌아와 “하나가 전체요, 전체가 하나다.”라는 **화엄 사상**을 강조하여 불교를 통해 신라 사회를 통합하는 데 기여했어. 또한, 부석사를 비롯한 많은 절을 지었단다.

원효: ‘나무아미타불’만 열심히 외우면 극락정토에 갈 수 있어요.

의상: 하나가 전체요, 전체가 하나입니다.

발해도 불교를 중요하게 생각했어. 발해의 수도에서는 수많은 절터가 발견되었고, 절터에서 탑, 불상, 석등, 연꽃무늬 기와 등이 발굴되었단다.

발해 영광탑 ▶ (중국 지린성)

발해 연꽃무늬 기와와 벽돌 ▶

신라 말, 선종이 유행하다

신라 말에는 새로운 불교 사상인 **선종이 유행**하였어. 불교 경전을 읽고 그 가르침을 이해하는 것을 중요하게 생각했던 교종과 달리 선종에서는 경전을 읽지 않아도 누구나 열심히 수행하면 깨달음을 얻고 부처가 될 수 있다고 하였지.

당시 선종은 왕실뿐만 아니라 지방에서 세력을 키우던 **호족에게도 환영**을 받았어. 누구나 부처가 될 수 있다는 선종의 가르침 때문이었지. 호족의 후원으로 신라 말에는 지방 곳곳에 선종 사찰이 세워지고 화순 쌍봉사 철감선사탑처럼 승려의 사리를 보관하는 승탑이 만들어졌단다.

화순 쌍봉사 철감선사탑 ▶ (전라남도 화순군)

사리
원래는 석가모니나 성자의 유골을 말하는 용어이나, 오랜 수행을 한 승려를 화장한 뒤에 나오는 구슬 모양의 것을 이르기도 한다.

정리해 보자!

| 통일 신라와 발해의 학문과 사상 |

❶ 신라 신문왕은 [ ][ ]을 세워 유학을 가르쳤어.

❷ 승려 [ ][ ]는 누구나 '나무아미타불'만 열심히 외우면 극락정토에 갈 수 있다고 했어.

❸ 신라 말에 유행한 새로운 불교 사상인 [ ][ ]은 지방 호족에게 큰 호응을 얻었어.

1 다음에서 설명하는 제도의 이름을 쓰시오. (　　　　　　　　)

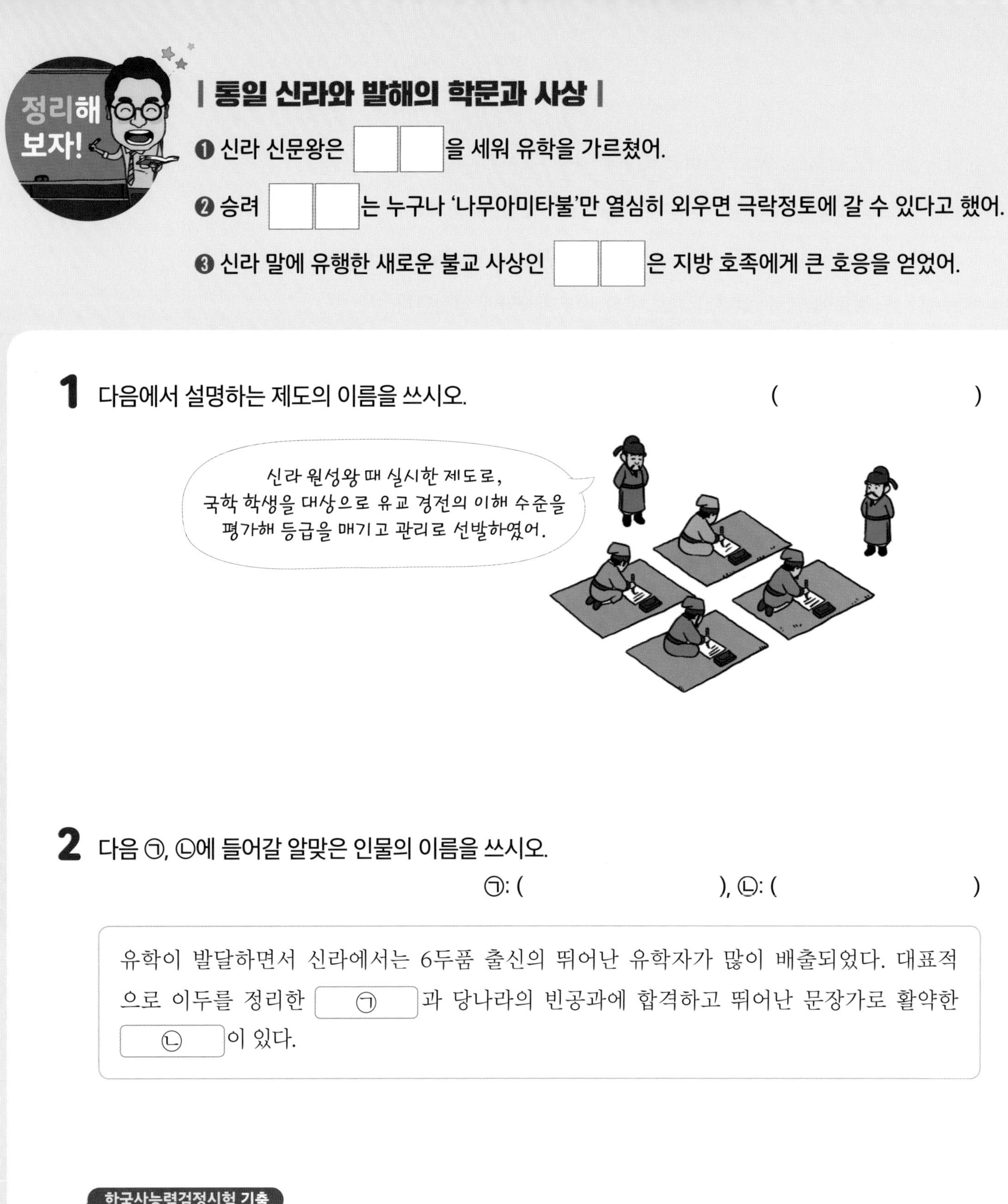

2 다음 ㉠, ㉡에 들어갈 알맞은 인물의 이름을 쓰시오.

㉠: (　　　　　　　　), ㉡: (　　　　　　　　)

> 유학이 발달하면서 신라에서는 6두품 출신의 뛰어난 유학자가 많이 배출되었다. 대표적으로 이두를 정리한 [　㉠　]과 당나라의 빈공과에 합격하고 뛰어난 문장가로 활약한 [　㉡　]이 있다.

한국사능력검정시험 기출

3 학생이 생각하고 있는 인물로 옳은 것은? (　　　)

① 의상
② 의천
③ 지눌
④ 혜초

정답 확인 | 오늘 나의 실력은? | 확인

통일 신라와 발해의 불교문화에는 어떤 특징이 있을까?

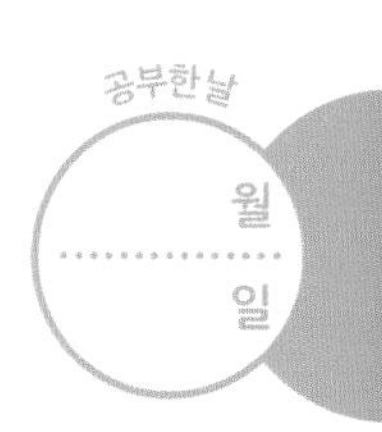

다음은 경상북도 경주시 토함산에 있는 불국사를 그린 그림이다. 불국사를 색칠하고, 통일 신라의 불교문화에 어떤 특징이 있는지 알아보자.

불국사를 색칠해 보았니?
통일 신라는 불교를 중심으로 문화를 크게 꽃피웠단다. 뛰어난 건축 기술과 예술 감각으로 절을 짓고 불상, 탑, 범종 등을 만들었지. 그중에서 가장 대표적인 것이 바로 불국사와 석굴암이야.
신라는 통일 이후 부처님의 나라를 꿈꾸며 불국사와 석굴암을 지었어. 불국사, 석굴암과 같은 문화유산이 나올 수 있던 것은 그만큼 왕권이 강해지고 나라가 안정되었다는 것을 의미하지. 그럼 통일 신라와 발해가 꽃피운 불교문화가 얼마나 우수하고 아름다웠는지 우리 함께 자세히 알아볼까?

통일 신라 시대에 꽃핀 불교문화

통일 신라에서는 불교가 크게 발달하여 절, 탑 등이 많이 세워지고 불상, 범종 등도 만들어졌어. 불국사와 석굴암은 이 시기의 불교문화를 대표하는 중요한 문화유산으로, 신라의 김대성이 지었다고 해.

불국사

불국사는 신라 사람들이 불교의 이상 세계인 불국토(부처의 나라)를 이루려는 마음을 담아 지었단다. 절로 올라가는 길에는 청운교와 백운교라는 계단을 만나게 돼. 계단이지만 불국토와 현실 세계를 이어 주는 다리라는 의미로 '다리 교(橋)' 자를 이름에 붙였다고 해.

불국사에는 신라의 전형적인 3층 석탑 양식으로 만든 '불국사 삼층 석탑'과 화려하면서도 균형 있는 독특한 모양의 '불국사 다보탑'이 있어. 불국사 삼층 석탑 안에서는 세계에서 가장 오래된 목판 인쇄물인 『무구정광대다라니경』이 발견되었단다.

▼ 경주 불국사(추정 모습)

청운교

백운교

▲『무구정광대다라니경』

불국사 삼층 석탑 ▶

▲ 불국사 다보탑

석굴암

석굴암은 화강암을 쌓아 올려 동굴처럼 만든 석굴 사원이야. 석굴암의 입구를 따라 내부로 들어가면, 본존불과 함께 부처의 가르침을 따르는 여러 보살과 제자들이 조각되어 있어. 내부의 천장은 석가모니가 있는 하늘 세계를 나타낸 것으로, 여러 개의 네모난 돌들을 맞추어 돔형으로 만들었단다. 정밀한 수학 지식과 우수한 건축 기술이 있었기에 가능한 일이었지.

돔형
절반으로 나눈 구를 엎어 놓은 모양을 말한다.

통일 신라의 불교 예술을 대표하는 건축물인 석굴암과 불국사는 세계적으로도 그 가치를 인정받아 유네스코 세계 유산으로 지정되었단다.

▲ 석굴암 본존불

▲ 석굴암 석굴의 내부 (복원 모형)

발해의 불교문화

발해에서도 불교가 유행하였어. 발해의 수도였던 상경성과 중경성 일대에 절터가 많이 남아 있는 것을 통해 불교가 귀족을 중심으로 유행하였다는 걸 알 수 있지.

상경성의 절터에 남아 있는 거대한 발해 석등은 발해에서 불교가 얼마나 유행했는지 짐작할 수 있게 해 줘. 몸체에 있는 연꽃무늬 장식은 고구려 문화의 영향을 받은 것으로 여겨진단다. 이외에도 두 명의 부처가 나란히 앉은 이불병좌상, 문왕의 딸인 정혜 공주 무덤에서 출토된 돌사자상 등도 고구려 문화의 영향을 받은 불교 문화재야.

▲ 돌사자상 (중국 지린성)

▲ 이불병좌상 (중국 지린성)

▲ 발해 석등 (중국 헤이룽장성)

| 통일 신라와 발해의 불교문화 |

❶ 불국사는 ☐☐☐이 현생의 부모님을 위해 지었다고 해.

❷ 석굴암과 불국사는 세계적으로 가치를 인정받아 ☐☐☐☐ 세계 유산으로 지정되었어.

❸ 발해의 정혜 공주 무덤에서 출토된 돌사자상은 ☐☐☐ 문화의 영향을 받았어.

1 불국사에 관한 설명으로 옳은 것을 보기 에서 모두 골라 기호를 쓰시오. (　　　　　　)

보기

㉠ 발해의 불교문화를 대표하는 문화유산이다.
㉡ 발해 사람들이 불국토를 이루려는 마음을 담아 지었다.
㉢ 불국사로 가는 길에는 청운교와 백운교라는 계단이 있다.
㉣ 불국사 삼층 석탑을 보수하는 과정에서 『무구정광대다라니경』이 발견되었다.

2 석굴암의 특징을 잘못 말한 사람의 이름을 쓰시오. (　　　　　　)

한국사능력검정시험 기출

3 (가)에 들어갈 문화유산으로 옳은 것은? (　　　　　　)

① 금동 대향로

② 이불병좌상

③ 금관총 금관

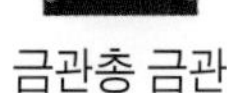

④ 철제 판갑옷과 투구

오늘 나의 실력은? 확인

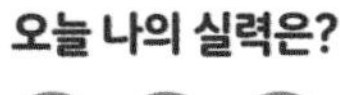

통일 신라와 발해는 주변 국가들과 어떤 것들을 주고받았을까?

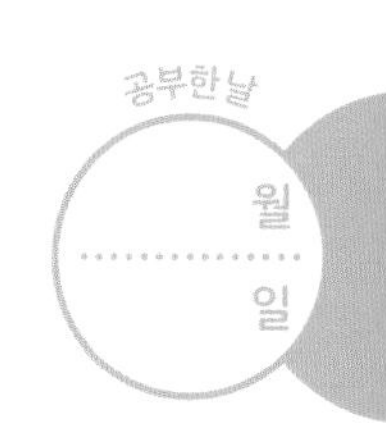

다음은 통일 신라가 당과 일본, 서역 등과 활발하게 교류하는 모습을 나타낸 그림이다. 숨은 그림 을 찾아 동그라미 해 보자.

통일 신라가 여러 나라와 활발하게 교류하는 모습을 잘 살펴보았니?
통일 신라는 바다를 통해 당과 일본뿐만 아니라 멀리 서역과도 활발하게 교류하였어. 발해도 통일 신라와 마찬가지로 당, 일본 등과 활발하게 교류하였어. 물론 신라와도 교류를 했단다.
'청해진'이라고 쓰인 깃발도 찾아보았니? 청해진은 해군 기지로, 지금의 전라남도 완도군에 있었어. 이 청해진의 우두머리가 바로 장보고였지. 우리가 찾은 3개의 숨은 그림들은 오늘의 주제에서 다룰 핵심 내용들이란다.
그럼 통일 신라와 발해의 대외 교류에 대해 우리 함께 자세히 알아볼까?

통일 신라, 여러 나라와 활발히 교류하다

통일 신라는 삼국을 통일하는 과정에서 단절되었던 당과의 관계를 회복하고 활발하게 교류하였어. 신라는 사신뿐만 아니라 유학생, 승려, 상인 등을 통해서 당의 발달한 문화를 받아들였어. 신라의 상인은 당에 금과 은으로 만든 공예품을 수출하고 귀족의 사치품을 수입하였지. 교류가 활발해짐에 따라 당의 산둥 반도 일대에는 신라인들이 모여 사는 마을인 '**신라방**'도 생겨났단다.

한편, 일본과의 교류도 활발하여 당에서 들여온 물건을 일본에 팔며 이익을 얻기도 했어. 이 시기에는 당으로 가는 **당항성**과 수도 금성 근처의 **울산항**이 크게 번성하였지. 울산항은 일본과 아라비아 상인들이 드나드는 국제 무역항으로, 저 멀리 이슬람 세계까지 신라의 이름이 알려졌단다.

해상왕 장보고 이야기

청해진은 해군 기지로서 해적을 무찌르고 신라인의 해상 무역로를 보호하는 역할을 하였어. 그리고 장보고는 청해진을 중심으로 당, 신라, 일본을 연결하는 국제 무역을 주도하여 세력을 크게 떨쳤단다.

사방으로 뻗어 나간 발해의 길!

발해는 교역로가 발달하여 당, 신라, 거란, 일본뿐만 아니라 중앙아시아의 나라들과도 교류하였어. 특히 당나라와 활발하게 교류하여 승려와 유학생 등을 통해 당의 앞선 문물을 받아들였어. 발해는 당에 말과 모피, 인삼 등을 수출하고 비단, 책 등을 수입하였지. 이에 따라 당의 산둥반도에 발해인들의 숙소인 발해관이 설치되었단다.

발해는 일본과도 활발히 교류하여 모피, 인삼 등을 수출하고 비단, 귀금속 등을 수입하였어. 일본에 남아 있는 목간과 외교 문서 등을 통해 이러한 사실을 확인할 수 있지. 한때 발해는 신라와 갈등이 있었지만 관계를 회복한 뒤 발해의 동경과 신라의 금성을 잇는 신라도를 통해 교역하였단다.

목간(木 나무 **목**, 簡 댓조각 **간**) 종이가 없던 시기에 문서나 편지로 쓰인, 글을 적은 나뭇조각을 말한다.

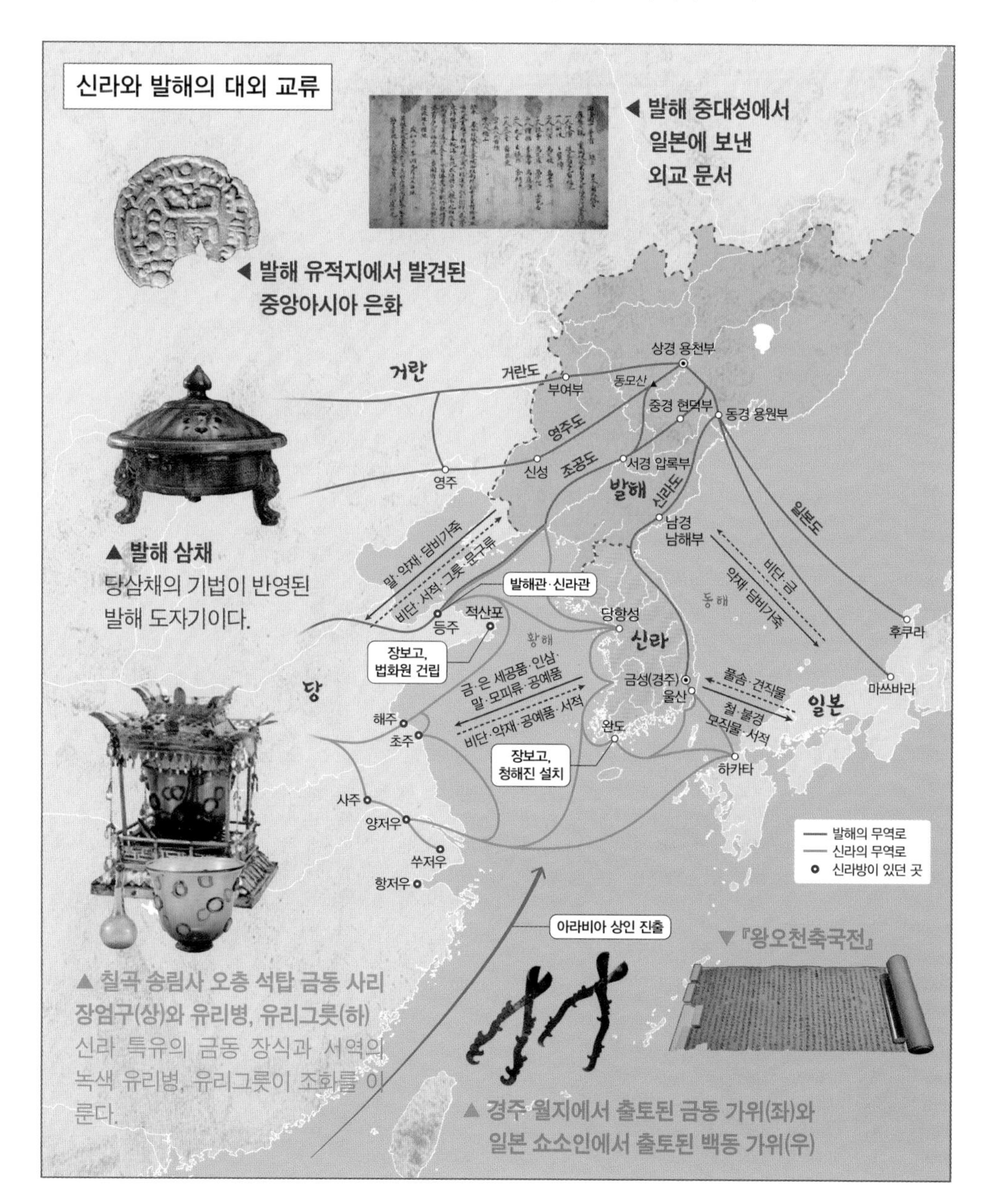

◀ 발해 중대성에서 일본에 보낸 외교 문서

◀ 발해 유적지에서 발견된 중앙아시아 은화

▲ 발해 삼채
당삼채의 기법이 반영된 발해 도자기이다.

▲ 칠곡 송림사 오층 석탑 금동 사리 장엄구(상)와 유리병, 유리그릇(하)
신라 특유의 금동 장식과 서역의 녹색 유리병, 유리그릇이 조화를 이룬다.

▼『왕오천축국전』

▲ 경주 월지에서 출토된 금동 가위(좌)와 일본 쇼소인에서 출토된 백동 가위(우)

『왕오천축국전』

신라의 승려 혜초는 당나라를 거쳐 불교가 처음 생겨난 인도로 갔단다. 4년 동안 인도와 중앙아시아를 여행하면서 『왕오천축국전』이라는 책을 남겼어. 이 책에는 당시 인도와 중앙아시아의 풍속과 역사 등이 기록되어 있단다.

| 통일 신라와 발해의 대외 교류 |

❶ 당의 산둥반도 일대에는 신라인들이 모여 사는 마을인 ☐☐☐이 생겨났어.

❷ 장보고는 완도에 ☐☐☐을 설치해 해적을 무찌르고 국제 무역을 주도했어.

❸ 발해와 신라는 발해의 동경과 신라의 금성을 잇는 ☐☐☐를 통해 교역했어.

1 통일 신라의 대외 교류에 관한 설명으로 맞으면 ○표, 틀리면 ×표 하시오.

(1) 나당 전쟁 이후 당과는 교류하지 않았다. (　　　)

(2) 발해와의 교류를 위해 신라 영토에 발해관을 설치하였다. (　　　)

(3) 신라의 상인은 당에 금과 은으로 만든 공예품을 수출하고 귀족의 사치품을 수입하였다. (　　　)

2 다음에서 신라의 대외 교류와 관련된 것에는 '신라'라고 쓰고, 발해의 대외 교류와 관련된 것에는 '발해'라고 쓰시오.

(가)

중앙아시아 은화

(　　　　　　)

(나)

『왕오천축국전』

(　　　　　　)

(다)

일본 쇼소인에서 출토된 백동 가위

(　　　　　　)

한국사능력검정시험 기출

3 (가) 인물의 활동으로 옳은 것은? (　　　)

① 청해진을 설치하였다.
② 불국사를 창건하였다.
③ 당의 빈공과에 합격하였다.
④ 안시성 싸움에서 승리하였다.

정답 확인 | 오늘 나의 실력은? | 확인

마무리 학습

도전! 한국사능력검정시험

통일 신라와 발해는 넓은 영토를 차지하며 문화를 발전시켜 나갔어. 또 주변 국가들과 활발하게 문물을 교류하였지. 통일 신라와 발해의 문화와 대외 교류에 대해 정리해 보자!

통일 신라와 발해 사람들의 생활 모습

구분	통일 신라 사람들의 생활 모습	발해 사람들의 생활 모습
귀족	대부분 도읍인 금성에 살면서 호화로운 생활을 함. ➡ 경주 동궁과 월지에서 금동 가위, 주령구 등 호화로운 생활을 보여 주는 유물이 출토됨.	화려하게 장식한 기와로 지붕을 이은 집에서 살고, 고구려와 당 문화의 영향을 받은 옷을 입는 등 화려하게 생활함.
평민	나라에 세금을 내고, 군사 훈련이나 궁궐·성곽 등을 짓는 공사에 동원되어 힘든 생활을 함.	땅 위나 반지하에 지은 집에서 힘들게 삶.

통일 신라와 발해의 학문과 사상

구분	통일 신라의 학문과 사상	발해의 학문과 사상
유학의 발달	• 신문왕 때 국학을 설립함. • 원성왕 때 독서삼품과를 실시함.	주자감을 설립함.
불교의 발전과 대중화	• 원효: '나무아미타불'만 열심히 외우면 극락정토에 갈 수 있다고 가르쳐 불교의 대중화에 힘씀. • 의상: 화엄 사상을 강조하여 신라 사회를 통합하는 데 기여함. (그림: 원효)	• 귀족 중심으로 발전함. • 수많은 절터와 탑, 불상, 석등, 연꽃무늬 기와 등이 발굴됨.
불교문화의 발전	유네스코 세계 유산인 ★불국사와 석굴암 건축, 성덕 대왕 신종 제작 등이 이루어짐.	발해 석등 건축, 이불병좌상과 돌사자상 제작 등이 이루어짐.

통일 신라와 발해의 대외 교류

통일 신라의 대외 교류	발해의 대외 교류
• 당과 일본, 서역과 활발하게 교류함. ➡ 당에는 신라인들이 모여 사는 마을인 신라방이 생겼고, 당으로 가는 당항성과 일본, 아라비아 상인들이 드나드는 울산항이 번성함. • ★장보고는 청해진을 설치하여 신라인들의 해상 무역로를 보호하고, 국제 무역을 주도함.	당, 일본, 신라와 활발하게 교류함. ➡ 당의 산둥반도에 발해관이 설치되고, 신라와 신라도를 통해 교역함. (그림: 발해관)

1 (가)에 해당하는 문화유산으로 옳은 것은? (　　　)

이것은 귀족들의 놀이 문화를 보여 주는 나무 주사위로 (가) 에서 출토되었어요. 주사위의 각 면에는 노래 없이 춤추기, 얼굴 간지럽혀도 참기 등 재미있는 벌칙들이 쓰여 있어요.

① 
부여 능산리 고분군

② 
경주 동궁과 월지

③ 
김해 대성동 고분군

④ 
제천 의림지

2 (가)에 들어갈 검색어로 옳은 것은? (　　　)

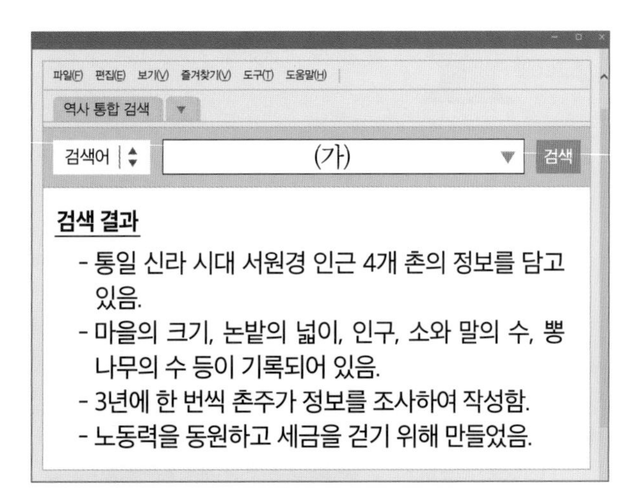

① 공명첩　　② 사발통문
③ 독립 선언서　　④ 신라 촌락 문서

3 (가) 인물에 관한 설명으로 옳은 것은? (　　　)

[역사 인물 소개]

이달의 인물, (가)

18세에 당의 빈공과에 합격해 벼슬을 하였고, 황소의 난 때 '토황소격문'을 지어 문장가로서 이름을 떨쳤다. 저서로는 『계원필경』, 『제왕연대력』 등이 있다.

① 이두를 정리하였다.
② 불국사를 창건하였다.
③ 『왕오천축국전』을 저술하였다.
④ 시무책 10여 조를 진성 여왕에게 올렸다.

4 (가)에 들어갈 인물로 옳은 것은? (　　　)

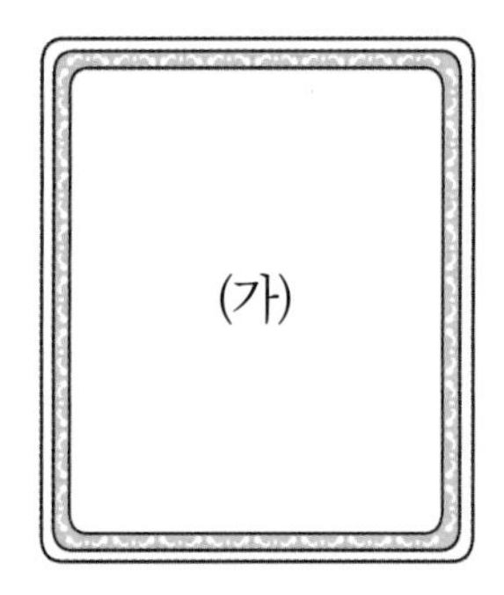

- 신라 귀족 출신 승려
- 당에 유학을 다녀온 후 낙산사, 부석사 등 여러 절을 창건
- 화엄 사상 강조

① 

의상

② 
원효

③ 
의천

④ 
이차돈

5 학생이 생각하는 인물로 옳은 것은? ( )

① 원효 ② 원광
③ 자장 ④ 혜초

6 (가)에 들어갈 문화유산으로 옳은 것은? ( )

파일(F) 편집(E) 보기(V) 즐겨찾기(V) 도구(T) 도움말(H)

우리역사넷

교과서 속 우리 역사 | 교양 우리 역사 | 영상·이미지 속 우리 역사 | 우리 역사 나침반

시대별 | 유형별

- 삼국 이전
- 삼국 시대
- 통일 신라와 발해
  - 통일 신라의 사회
  - 통일 신라의 문화
  - 발해의 성립과 발전
  - 발해의 문화

통일 신라의 문화유산

불국사	성덕 대왕 신종	(가)

① 
금동 대향로

② 
석굴암 본존불

③ 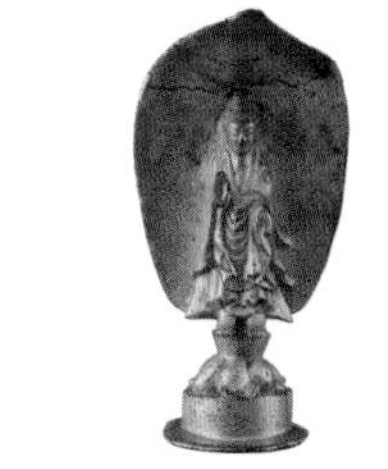
금동 연가 7년명 여래 입상

④ 
이불병좌상

7 (가)에 들어갈 문화유산 스탬프로 옳은 것은? ( )

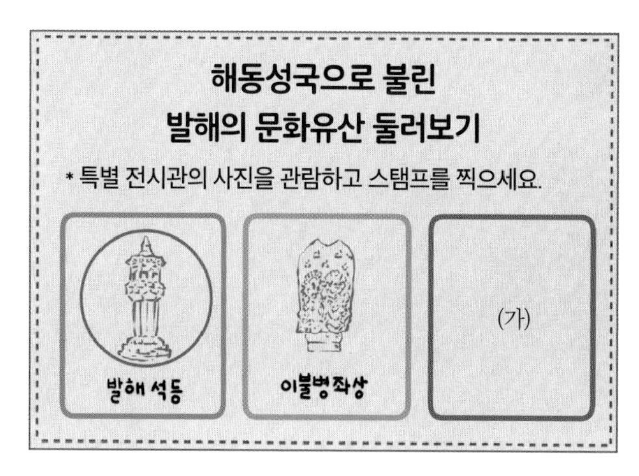

① 
영광탑

② 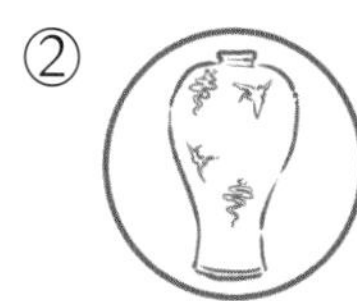
상감 청자

③ 
정림사지 오층 석탑

④ 
불국사 삼층 석탑

8 (가) 인물의 활동으로 옳은 것은? ( )

① 동북 9성을 쌓았다.
② 청해진을 설치하였다.
③ 『삼국사기』를 저술하였다.
④ '무애가'라는 노래를 지어 불렀다.

다음은 한국사능력검정시험에 자주 출제되는 핵심 낱말을 뽑아 구성한 가로세로 퍼즐이다. 공부한 내용을 떠올리며 퍼즐을 완성해 보자.

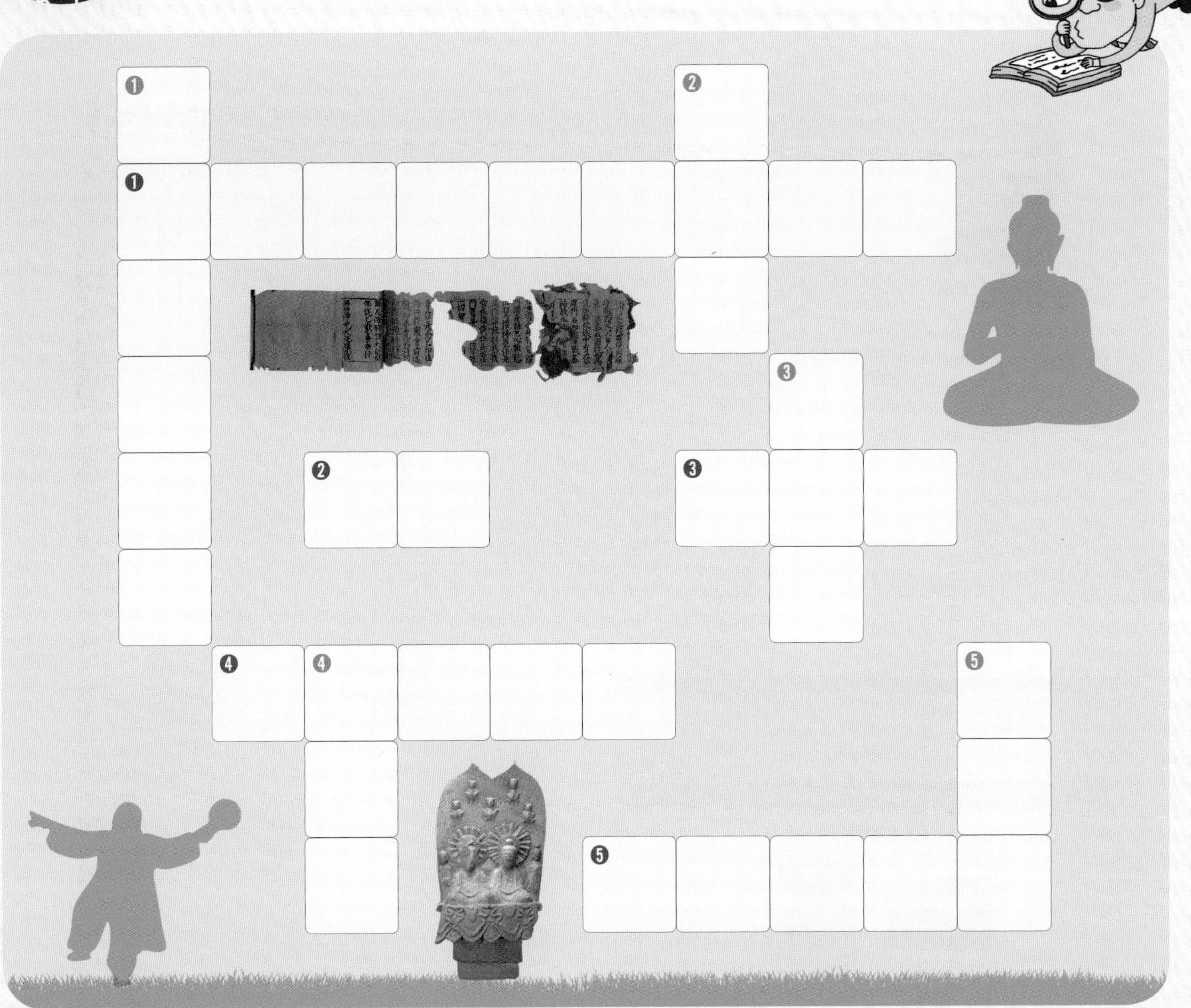

가로 열쇠

❶ 세계에서 가장 오래된 목판 인쇄물로, 불국사 삼층 석탑을 보수하는 과정에서 발견되었다.

❷ ○○은 신라 시대의 유학 교육 기관으로, 신문왕이 설치하였다.

❸ 장보고가 설치한 해군 기지로, 해적을 무찌르고 신라인의 해상 무역로를 보호하는 역할을 하였다.

❹ 발해의 불상 중 두 명의 부처가 나란히 앉은 ○○○ ○○은 고구려 문화의 영향을 받았다.

❺ 신라 원성왕 때 설치된 것으로, 국학 학생들의 유교 경전 이해 수준을 평가해 관리로 선발한 제도이다.

세로 열쇠

❶ 원효는 누구나 '○○○○○○'만 열심히 외우면 극락 정토에 갈 수 있다고 가르쳐 불교의 대중화에 힘썼다.

❷ 당의 산둥반도 일대에 만들어진, 신라인들이 모여 사는 마을을 말한다.

❸ 발해와 당나라의 교류가 활발해지면서 당의 산둥반도에는 발해인의 숙소인 ○○○이 설치되었다.

❹ 경상북도 경주시 토함산에 있는 절로, 신라 사람들이 불국토를 이루려는 마음을 담아 만들었다.

❺ 신라의 최치원은 18세의 나이에 당의 ○○○에 합격하고 뛰어난 문장가로 활약하였다.

정답 확인

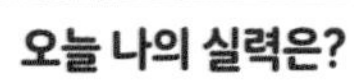

확인

하루한장
한국사

바른답 알찬풀이

1권

선사 ~ 통일 신라와 발해

1 선사 시대와 고조선

1주 1일

》정리해 보자!

❶ 선사 ❷ 역사 ❸ 호모 사피엔스

1 (1) ㉢ (2) ㉠ (3) ㉡

2 문자

3 ㉢

1 옛사람들이 남긴 흔적인 사료에는 유적, 유물, 문자 기록 등이 있어요. 유적은 인류가 남긴 자취로, 형태가 크고 무거워 옮기기 어려운 사료예요. 유물은 인류가 남긴 물품으로, 유적에 비해 크기가 작아 옮길 수 있는 사료예요. 문자 기록은 조상들이 문자로 남긴 기록이나 자료예요.

2 역사는 선사 시대와 역사 시대로 구분할 수 있어요. 이 구분의 기준은 '문자의 사용'이에요. 과거에 일어난 사실이 문자 기록으로 남겨지지 않은 시기는 선사 시대, 문자로 기록을 남긴 시기는 역사 시대라고 해요.

3 인류는 최초의 인류인 오스트랄로피테쿠스 아파렌시스를 거쳐 호모 에렉투스, 호모 네안데르탈렌시스, 호모 사피엔스로 진화해 왔어요. 특히 약 20만 년 전에 등장한 호모 사피엔스를 오늘날 인류의 직접적인 조상으로 보고 있어요.

1주 2일

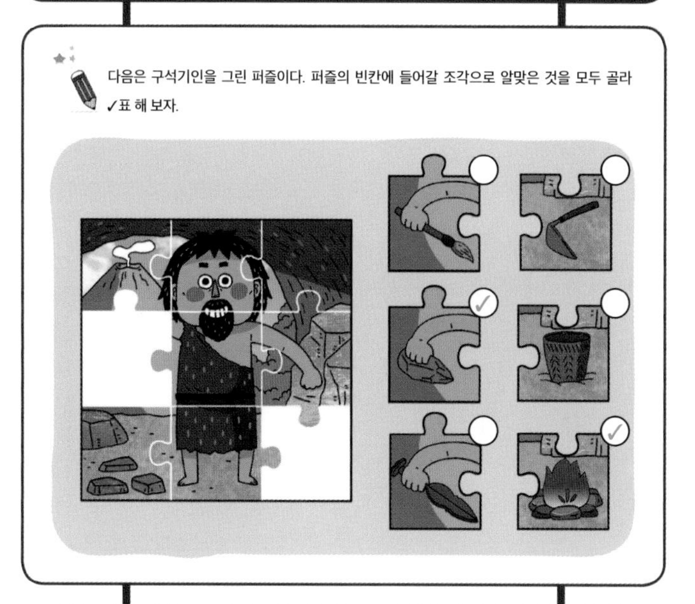

》정리해 보자!

❶ 이동 ❷ 불 ❸ 뗀석기

1 ㉢

2 뗀석기

3 ①

1 구석기인들은 돌을 깨뜨리거나 떼어 내서 만든 뗀석기를 사용하였어요. 또한 구석기인들은 불을 이용하면서 추위로부터 몸을 보호하고 사나운 짐승의 공격을 피했어요. ㉢ 농사를 지어 곡식을 먹고 정착 생활을 한 것은 신석기 시대 이후예요.

2 돌을 깨뜨리거나 떼어 내서 도구로 만든 것을 뗀석기라고 해요. 뗀석기는 구석기 시대의 도구예요. 이러한 뗀석기의 종류로는 찍개, 주먹도끼, 긁개 등이 있어요.

3 다양한 용도로 사용된 구석기 시대의 대표적인 유물을 찾아보면, ①번 주먹도끼가 해당해요. 주먹도끼는 뗀석기의 한 종류로, 손에 쥐고 사용하는 돌도끼예요. 주먹도끼는 찍는 날과 자르는 날이 모두 있는 구석기 시대의 만능 도구였어요. ② 갈돌과 갈판은 신석기 시대부터 사용하였어요. ③ 반달 돌칼은 청동기 시대부터 사용하였어요. ④ 비파형 동검은 청동기 시대의 유물이에요.

1주 3일

다음은 신석기 시대의 유물 카드이다. 카드 뒷면에 나와 있는 유물 설명에서 힌트를 얻어 카드 앞면의 □□□□ 안에 들어갈 말을 써 보자.

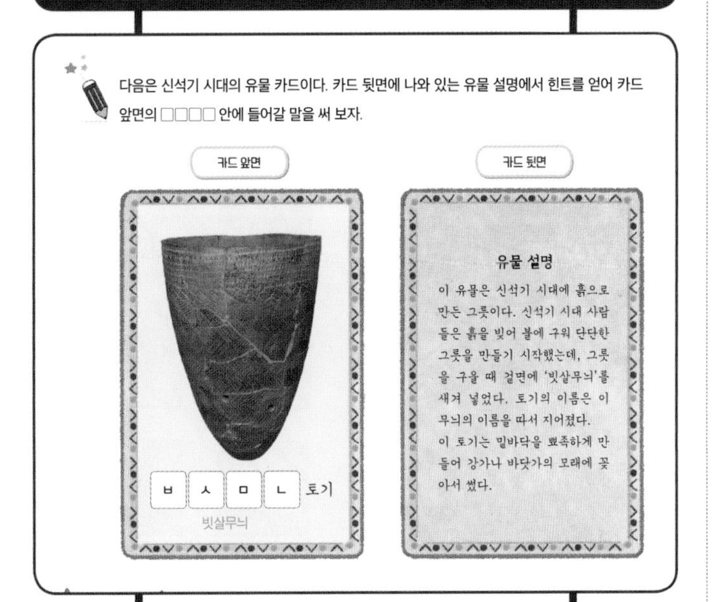

》 정리해 보자!

❶ 농사 ❷ 움집 ❸ 빗살무늬

1 (1) ㉢ (2) ㉠ (3) ㉡

2 가락바퀴

3 ③

1 신석기 시대에는 정착 생활을 시작하면서 땅을 파낸 후 갈대 등으로 지붕을 만든 움집을 지어 거주하였어요. 그리고 채집한 나무 열매의 껍질을 벗기거나 가루로 만들기 위해 갈돌과 갈판을 사용하였어요. 또한, 쉽게 구할 수 있는 고운 흙을 이용해 토기를 만들고 빗살무늬를 넣어 장식하여 그릇으로 사용하였어요. (1)은 갈돌과 갈판(㉢)에 관한 설명이고, (2)는 빗살무늬 토기(㉠), (3)은 움집(㉡)에 관한 설명이에요.

2 신석기 시대에는 식물의 줄기를 세로로 쪼갠 다음 가락바퀴로 꼬아 연결하는 방법으로 실을 만들었어요. 이 실로 옷감을 짜서 옷을 만들어 입었어요.

3 신석기 시대에는 움집을 지어 정착 생활을 하였으며 갈돌과 갈판, 빗살무늬 토기 등의 도구를 이용하였어요. 또한 ③ 가락바퀴를 사용하여 실을 뽑고, 옷을 지어 입기도 하였어요. ①은 철기 시대, ②와 ④는 청동기 시대에 관한 설명이에요.

1주 4일

다음 그림은 청동기 시대의 마을 모습이다. 그림 속에서 왼쪽 숨은 그림 의 두 지배자를 찾아 동그라미 해 보자.

》 정리해 보자!

❶ 청동기 ❷ 계급 ❸ 고인돌

1 예린

2 반달 돌칼

3 ④

1 청동기 시대 사람들은 지배자가 죽으면 거대한 고인돌을 만들고, 청동 검과 청동 거울 등을 함께 묻었어요. 고인돌은 받침돌을 세우고 그 위에 덮개돌을 올려 만든 청동기 시대 지배자의 무덤이에요. 고인돌은 매우 무겁고 크기 때문에 많은 사람들이 함께 만들어야 했어요. 따라서 이 고인돌을 보면 지배자의 권력이 컸음을 알 수 있어요.

2 청동기 시대에도 농사를 지을 때에는 여전히 석기가 사용되었어요. 청동은 귀한 금속인 데다가 만들기도 어려웠기 때문이에요. 반달 돌칼은 구멍에 끈을 끼워 손에 쥐고 이삭을 훑어 내거나 꺾어 이삭을 얻는 데 사용되었어요.

3 제시된 자료는 고인돌 축제 포스터예요. 고인돌은 청동기 시대를 대표하는 유적이에요. ① 비파형 동검, ② 반달 돌칼, ③ 민무늬 토기는 청동기 시대의 유물이에요. ④는 철기 시대에 제작된 철제 농기구예요.

1주 5일

》정리해 보자!

❶ 고조선 ❷ 청동기 ❸ 단군왕검

1 (1) ㉡ (2) ㉠

2 (1) 왕검 (2) 단군

3 ①

1 우리 역사 속 최초의 국가인 고조선의 건국 이야기를 살펴보면 그 당시 사회 모습을 짐작할 수 있어요. 그 중에 환웅과 웅녀가 결혼한 것을 통해 하늘을 상징하는 부족이 곰을 믿는 부족과 연합하였다는 것을 알 수 있어요. 또한 환웅이 농사를 짓는 데 중요한 요소인 바람, 비, 구름을 다스리는 신하를 데리고 인간 세계로 내려왔다는 것에서 농업을 중시하였던 사회 모습을 알 수 있어요.

2 '단군왕검'은 '단군'과 '왕검'을 합친 말이에요. '단군'은 하늘에 제사를 지내는 제사장을 말하고, '왕검'은 나라를 이끄는 정치적 지배자를 말해요.

3 하늘에서 내려온 환웅과 일행, 마늘과 쑥을 먹는 곰과 호랑이의 모습을 볼 수 있는 것은 단군의 고조선 건국 이야기예요. 고조선은 청동기 문화를 바탕으로 등장한 우리 역사 속 최초의 나라이며, 고려 시대 승려인 일연이 쓴 『삼국유사』에 그 건국 이야기가 실려 있어요.

2주 1일

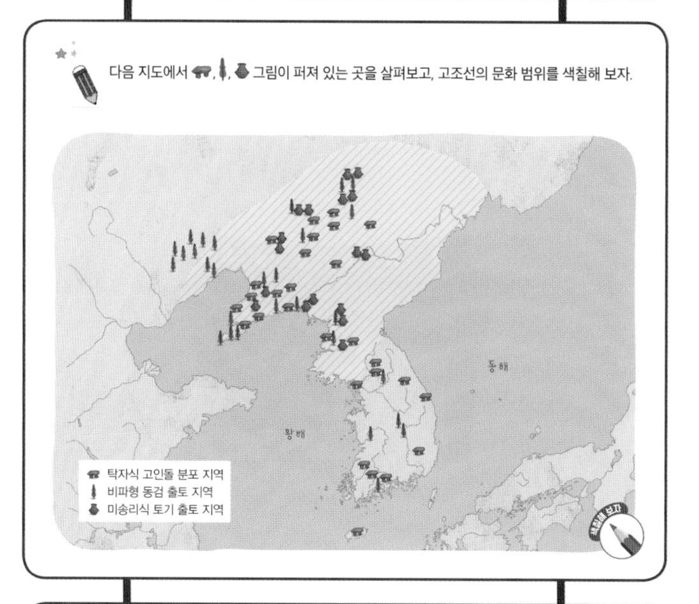

》정리해 보자!

❶ 비파형 ❷ 위만 ❸ 중계

1 ㉠, ㉢

2 (가) → (다) → (나)

3 ④

1 비파형 동검과 탁자식 고인돌은 고조선의 문화 범위를 알려 주는 문화유산이에요. 비파형 동검은 중국식 검과 달리 칼날과 손잡이를 따로 만들어 조립하였고, 탁자식 고인돌도 한반도의 특징적인 무덤 양식이었어요.

2 고조선은 단군왕검이 아사달을 도읍으로 정하고 건국한 나라로, 건국 이야기가 『삼국유사』에 실려 있어요. 중국의 연나라 사람인 위만이 고조선으로 건너오자 준왕은 국경을 수비하는 역할을 맡겼어요. 그러나 위만은 자신의 세력과 함께 준왕을 몰아내고 왕이 되었죠. 이후 고조선은 한의 침략으로 왕검성이 함락되면서 멸망했어요.

3 고조선은 '홍익인간'이라는 건국 이념으로 세워진 나라예요. 8조법을 만들어 사회 질서를 유지하였고, 한나라의 침략으로 멸망하였어요. ④ 진대법은 나중에 배울 고구려라는 나라의 제도예요.

2주 2일

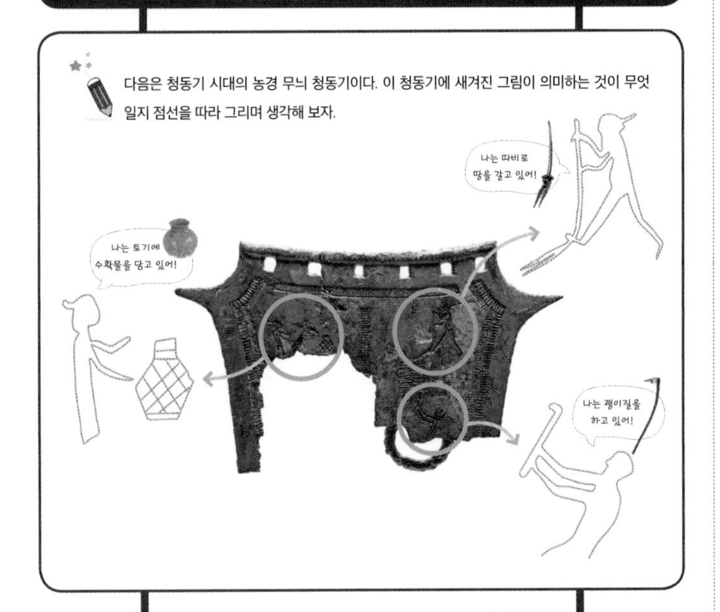

》정리해 보자!

❶ 8　❷ 농경　❸ 민무늬

---

1 ㉢

2 ㉠: 세형 동검, ㉡: 거푸집

3 ①

1 고조선은 법을 만들어 사회 질서를 유지하였는데, 당시 만들어진 8개의 법 조항 중 3개의 법 조항이 전해지고 있어요. 그중 "도둑질한 자는 노비로 삼는데, 죄를 면하려면 50만 전을 내야 한다."라는 법 조항에서 '노비'가 있었던 것으로 보아 고조선이 신분제 사회였음을 알 수 있어요.

2 한국식 동검이라고도 불리는 세형 동검과 청동기를 제작하는 틀인 거푸집의 발견으로 한반도 내 독자적 청동기 문화가 발달하였음을 알 수 있어요.

3 밑줄 그은 '이 나라'는 고조선이에요. 고조선은 사회 질서와 지배 체제를 유지하기 위해 8조법을 만들어 백성을 다스렸어요. ② 낙랑과 왜에 철을 수출한 것은 나중에 배울 변한이라는 나라예요. ③ 신분 제도인 골품제가 있었던 나라는 신라예요. ④ 민며느리제라는 혼인 풍습이 있었던 나라는 철기 시대에 등장한 옥저예요.

2주 3일

》정리해 보자!

❶ 철제　❷ 널　❸ 명도전

---

1 ㉢

2 이랑

3 ①

1 철기 시대에는 널무덤이나 독무덤을 만들어 시신을 매장하였어요. 한편 명도전은 중국의 화폐로, 중국과 교류했음을 보여 주어요. ㉢ 빗살무늬 토기는 신석기 시대의 유물이에요.

2 철은 청동기의 재료인 구리보다 매장량이 풍부했으며, 철기는 청동기보다 단단하여 농기구로 만들어 쓰기 좋았어요. 그리고 철기 시대에는 시신을 널무덤이나 독무덤에 넣고 매장하였어요. 한편, 철기 시대 유물인 붓과 명도전을 통해 중국과 교류하였음을 알 수 있어요. 거친무늬 거울은 청동기 시대의 유물이에요.

3 제시된 도구는 철기 시대의 유물이에요. 철기 시대에는 철제 농기구를 사용하여 농사를 지었어요. ② 빗살무늬 토기를 제작한 시기는 신석기 시대예요. ③ 주로 동굴이나 바위 그늘에서 무리 지어 생활한 시기는 구석기 시대예요. ④ 고인돌이 제작되기 시작한 시기는 청동기 시대예요.

2주 4일

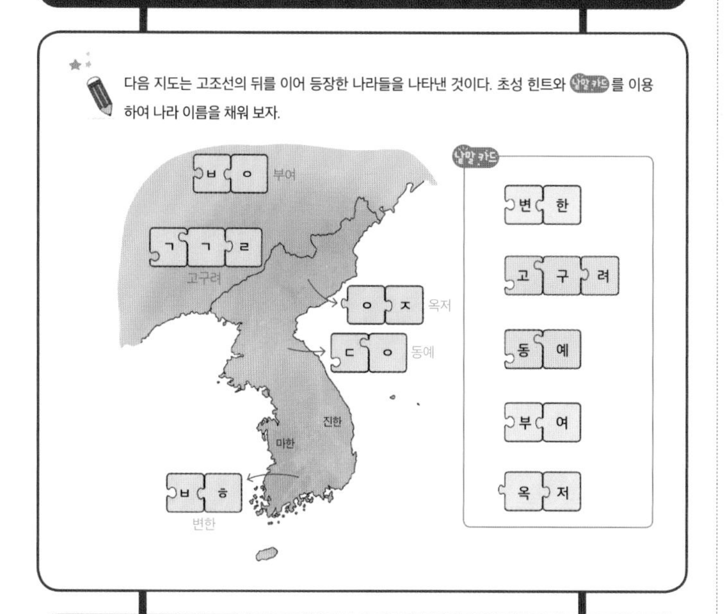

》 정리해 보자!

❶ 연맹 ❷ 서옥제, 민며느리제 ❸ 소도

---

1 (1) 옥저 (2) 고구려

2 예시 답안 정치와 종교가 분리되어 있는 제정 분리 사회임을

3 ②

1 (1) 여자아이를 남자 집으로 데려와 키우다 성인이 되면 혼인시키는 풍습은 민며느리제로, 옥저의 혼인 풍습이에요. (2) 신랑이 신부의 집 뒤꼍에 마련된 집에서 자식이 클 때까지 지내는 풍습은 서옥제로, 고구려의 혼인 풍습이에요.

2 삼한에는 종교적 지도자인 천군과 신성 지역인 소도가 있었는데, 이는 삼한이 정치와 종교가 분리되어 있었던 제정 분리 사회임을 의미해요. 군장은 정치를 담당하고, 천군은 하늘에 제사를 지냈어요.

3 철기 문화를 바탕으로 만주와 한반도에 여러 나라가 생겨났어요. (가) 부여는 만주 쑹화강 유역에서 건국되었어요. (나) 동예는 현재의 강원도 북부와 함경도 남부 지역에 위치하였어요. (다) 한반도 남부에는 마한, 진한, 변한의 삼한이 등장하였어요.

2주 5일

》 도전! 한국사능력검정시험

1 ② **2** ① **3** ③ **4** ③
5 ④ **6** ① **7** ③

1 구석기 시대의 유물

(가)에 들어갈 알맞은 유물은 구석기 시대의 유물인 주먹도끼예요. 구석기인들은 돌을 깨뜨려 생활에 필요한 도구를 만들어 썼는데, 이것을 뗀석기라고 해요.

왜 답이 아닐까? ①, ④는 신석기 시대의 유물이며, ③은 청동기 시대의 유물이에요.

2 신석기 시대의 생활 모습

신석기 시대의 생활 모습으로 옳은 것을 찾으면 돼요. 신석기 시대에는 농경과 목축이 시작되면서 정착 생활이 이루어졌어요. 또한, ① 빗살무늬 토기를 만들어 곡식을 저장하거나 음식을 조리하는 데 사용하였어요.

왜 답이 아닐까? ②, ③은 청동기 시대에 볼 수 있던 모습이에요. ④ 철제 농기구는 철기 시대부터 사용되었어요.

자료 더 보기 **신석기 시대의 유물**

▲ 빗살무늬 토기

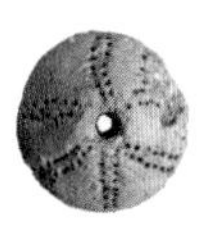
▲ 가락바퀴

▲ 갈돌과 갈판

신석기 시대에는 빗살무늬 토기 등 흙을 빚어 토기를 만들었습니다. 그리고 가락바퀴와 뼈바늘을 사용하여 옷이나 그물 등을 만들었습니다. 한편 갈돌과 갈판은 곡식을 가는 데 사용하였습니다.

3 청동기 시대의 생활 모습

고인돌은 청동기 시대에 만들어진 지배자의 무덤이에요. 청동기 시대부터 지배자가 등장하기 시작하였어요. ③ 사람들이 주로 동굴과 막집에서 살았던 시대는 구석기 시대예요.

왜 답이 아닐까? ① 청동기 시대에는 벼농사를 짓기 시작하였어요. 또한 ② 청동을 이용하여 비파형 동검, 청동 방울 등을 만들었어요. ④ 청동은 귀한 물건이었기 때문에 농사에는 여전히 석기를 이용하였어요. 반달 돌칼은 청동기 시대에 사용된 대표적인 농기구예요.

자료 더 보기 고인돌을 만드는 과정

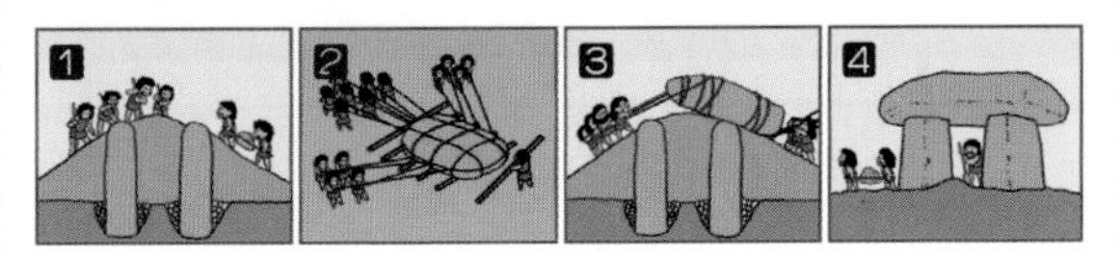

❶ 받침돌을 운반하여 세우고 흙을 다집니다.
❷ 커다란 덮개돌을 받침돌 쪽으로 끌어옵니다.
❸ 덮개돌을 받침돌 위에 올립니다.
❹ 받침돌 주변의 흙을 치우고 시신을 묻습니다.

4 고조선 건국 이야기

단군왕검의 건국 이야기가 전해지는 나라는 고조선이에요. 고조선은 우리 역사 최초의 나라로, ③ 8조법을 통해 백성을 다스렸어요. 8조법은 현재 세 가지 조항만 전해져요.

왜 답이 아닐까? ① 순장의 풍습이 있었던 나라는 부여예요. ② 고구려의 간섭을 받았던 나라는 옥저와 동예예요. ④ 낙랑과 왜에 철을 수출하였던 나라는 삼한 가운데 하나인 변한이에요.

5 고조선의 사회 모습

단군왕검이 세우고 8조법을 통해 백성을 다스린 나라는 고조선이에요. 고조선은 위만이 들어온 이후 본격적으로 철기 문화를 수용하였고, ④ 중국의 한과 한반도 남부의 나라들 사이에서 중계 무역을 하며 크게 성장하였어요.

왜 답이 아닐까? ① 영고는 부여의 제천 행사예요. ② 서옥제는 고구려의 혼인 풍습이에요. ③ 제가 회의에서 국가의 중요한 일을 결정한 나라는 고구려예요.

자료 더 보기 고조선의 문화 범위

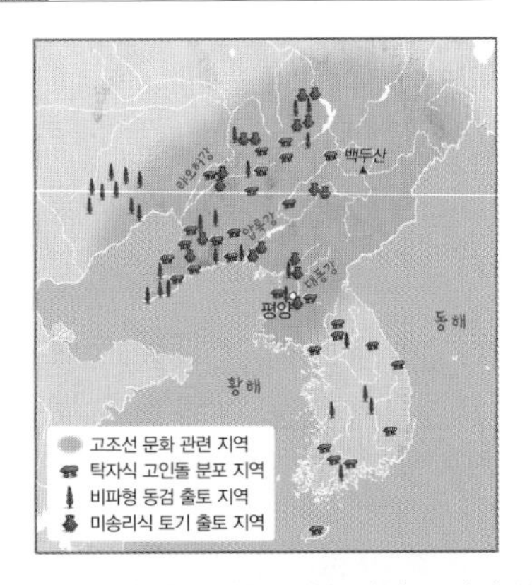

비파형 동검과 탁자식 고인돌, 미송리식 토기의 분포 지역과 고조선의 문화 범위가 대체로 일치함을 알 수 있습니다. 이 세 유물과 유적이 집중적으로 발굴되는 만주와 한반도 북부가 고조선의 문화 범위로 추정됩니다.

6 부여의 사회 모습

영고라는 제천 행사가 있었던 나라는 부여예요. 부여에는 전쟁이 나면 소를 잡아 발굽을 보고 점을 치는 풍습이 있었으며, 순장이 이루어졌어요. ① 부여는 연맹 왕국으로, 왕이 중앙을 다스리고 마가, 우가, 저가, 구가가 사출도를 다스렸어요.

왜 답이 아닐까? ② 책화라는 풍습이 있었던 나라는 동예예요. ③ 한의 침입으로 멸망한 나라는 고조선이에요. ④ 과하마, 반어피를 고구려에 바친 나라는 동예예요.

7 동예의 사회 모습

강원도 지역에 위치하였던 나라로 고구려에 정복당하였으며 활, 조랑말, 바다표범 가죽이 특산물로 유명하였던 나라는 동예예요. ③ 동예는 10월에 무천이라는 제천 행사를 열었어요.

왜 답이 아닐까? ① 소도라는 신성 지역이 있었던 나라는 삼한이에요. ② 제가 회의는 고구려의 귀족 회의예요. ④ 민며느리제는 옥저의 혼인 풍습이었어요.

》 **키워드 낱말 퍼즐**

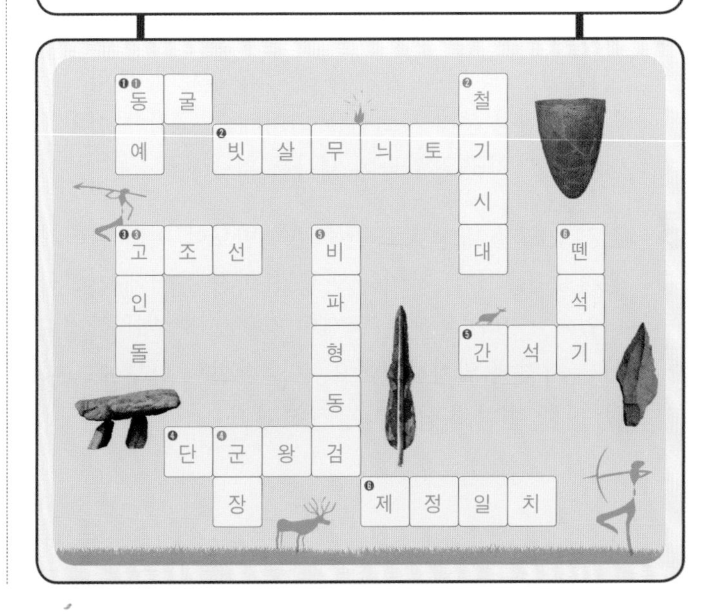

2 삼국의 성장과 발전

3주 1일

다음 그림은 부여에서 열린 활쏘기 대회 모습이다. 가장 높은 점수를 받은 사람을 찾아 동그라미 해 보자.

》 정리해 보자!

❶ 고구려　　❷ 활　　❸ 국내성

1 (다) → (나) → (라) → (가)

2 옥저

3 ③

1 (다) 부여에 머물던 유화가 낳은 알에서 주몽이 태어났어요. (나) 주몽은 어려서부터 활을 잘 쏘아 '활을 잘 쏘는 사람'이라는 뜻의 주몽이라 불렸어요. (라) 부여 왕자들의 위협 때문에 도망치던 주몽은 큰 강을 만나 위기에 빠졌지만, 물고기와 자라가 만든 다리의 도움으로 무사히 강을 건너 부여를 탈출했어요. (가) 졸본에 도착한 주몽은 고구려를 세웠어요.

2 고구려 태조왕은 옥저를 비롯한 주변 나라들을 정복하면서 체계적인 국가 체제를 갖추었어요.

3 (가) 나라는 고구려예요. 주몽은 졸본에 고구려를 세웠고, 이후 주몽의 아들 유리왕이 졸본에서 국내성으로 도읍을 옮겼어요. ① 화백 회의는 신라에서 신분이 높은 관리들이 모여 나라의 중요한 일을 결정하던 최고 회의 기구예요. ② 독서삼품과는 통일 신라 때 원성왕이 실시하였어요. ④ 소도라는 신성 구역이 있던 나라는 삼한이에요.

3주 2일

다음 지도는 한강 유역에서 발견되는 삼국의 흔적을 표시한 것이다. 한반도의 중심부를 지나는 한강을 따라 색칠하며 한강 유역에 어떤 나라의 흔적이 보이는지 살펴보자.

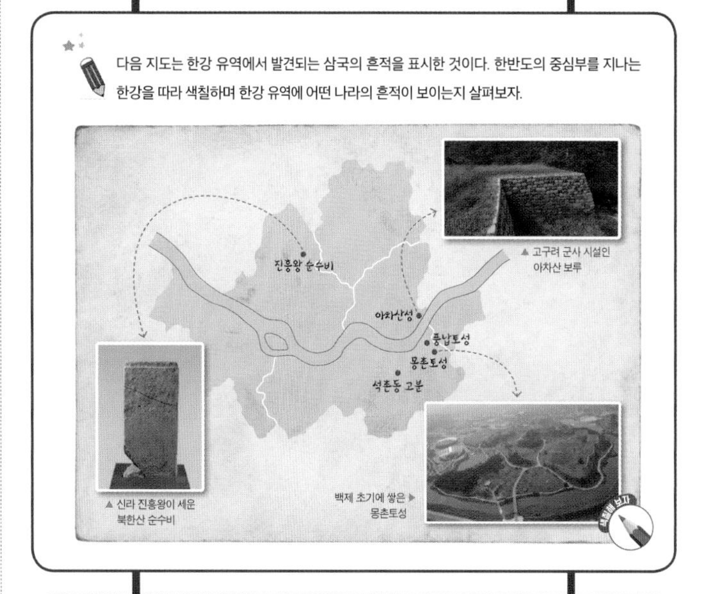

》 정리해 보자!

❶ 백제　　❷ 부여　　❸ 한강

1 승찬

2 ㉠, ㉣

3 ④

1 백제를 건국한 인물은 온조예요. 부여에서 온 주몽의 첫째 아들 유리가 고구려의 태자가 되자, 비류와 온조는 고구려를 떠나 남쪽으로 내려갔어요. 비류는 미추홀에 자리를 잡았고, 온조는 위례성을 도읍으로 삼고 십제(백제의 옛 이름)를 세웠지요. 이후 비류의 백성들이 온조를 찾아와 나라가 커지면서 나라 이름이 십제에서 백제로 바뀌었어요.

2 한강 유역은 땅이 비옥해 농사가 잘되었고, 한강이 한반도를 가로질러 황해로 이어져 교통이 편리하고 중국과 직접 교류할 수 있었어요. ㉡ 한강 유역은 평지가 넓어 도읍으로 삼기에 좋았어요. ㉢ 바닷가 근처라 물이 짜서 농사짓기에 좋지 않았던 곳은 비류가 도읍을 세운 미추홀이었어요.

3 백제의 옛 도읍지인 위례성은 지금의 서울특별시 잠실 일대로 추정되고 있어요. 〈답사 안내도〉에 제시된 답사 길을 따라가면 궁성인 풍납토성과 몽촌토성뿐 아니라 왕릉으로 추정되는 고분들이 석촌동 고분군 일대에 남아 있는 것을 살펴볼 수 있어요.

3주 3일

다음은 신라의 시조와 관련된 이야기를 그림으로 나타낸 것이다. 알에서 태어난 남자아이를 찾아 동그라미 해 보자.

》 정리해 보자!

❶ 사로국 ❷ 김 ❸ 금관가야

1 예시 답안 세상을 밝게 한다

2 ㉡, ㉣

3 ③

1 신라에는 박혁거세의 건국 이야기가 전해져요. 흰말이 우물 옆에서 울고 있어 한 촌장이 다가가자 말은 하늘로 올라가고 커다란 알만 남았대요. 알이 깨지자 남자아이가 나왔고, 사람들은 알이 박 모양과 비슷하여 박씨 성을 붙여 주고, 세상을 밝게 하라는 뜻으로 혁거세라는 이름을 붙여 주었다고 해요.

2 가야는 낙동강 유역에 자리 잡은 연맹 왕국으로, 풍부한 철의 생산을 기반으로 철기 문화를 계속 발전시키며 성장해 나갔어요. ㉠ 신라는 내물왕 때 김씨가 왕위를 독점하면서 왕을 부르는 칭호를 '마립간'으로 바꾸었어요. ㉢ 지금의 경주 지역에 자리 잡은 나라는 신라였어요.

3 밑줄 그은 나라는 김수로왕이 세운 금관가야로, 지금의 김해 지역을 중심으로 성장하였어요. ① 8조법으로 백성을 다스린 나라는 고조선이에요. ② 영고는 부여의 제천 행사로, 이때 하늘에 제사를 지내고 죄인을 풀어 주기도 하였어요. ④ 화백 회의는 신라에서 나라의 중요한 일을 결정하던 최고 회의 기구예요.

3주 4일

다음은 삼국이 크고 강력한 나라로 성장하게 된 비결을 나타낸 것이다. 사다리를 타고 내려가서 각 그림이 무엇을 나타내는지 알아보자.

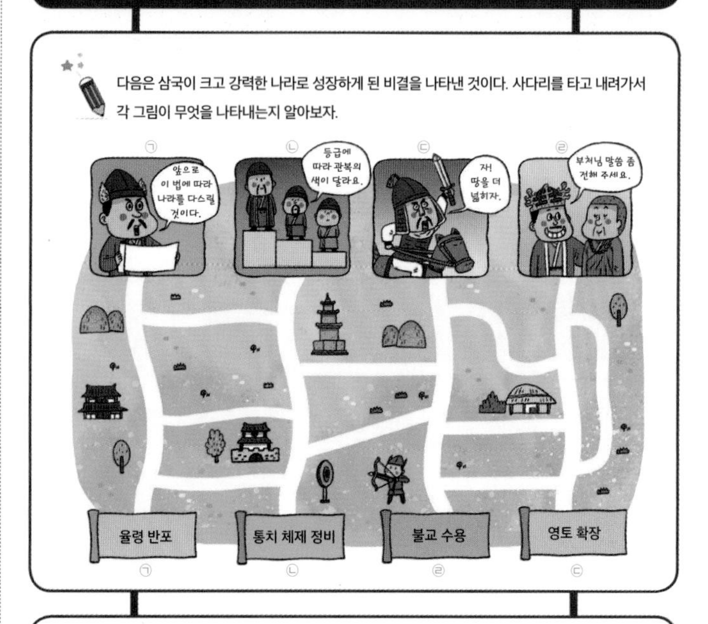

》 정리해 보자!

❶ 백제 ❷ 불교 ❸ 고구려

1 (1) ○ (2) × (3) ○

2 칠지도

3 ④

1 백제의 고이왕은 (1) 남쪽으로 진출해 마한의 여러 소국을 정복하여 한반도의 중부 지역을 확보하였어요. 또한, (3) 관리의 등급을 마련하고, 등급에 따라 관복의 색을 다르게 하여 서열을 구분하였어요. (2) 황해와 남해를 통해 중국의 동진, 왜 등과 활발히 교류한 왕은 근초고왕이에요.

2 칠지도는 백제 근초고왕 때 제작된 것으로 짐작되며, 표면에 '백 번이나 단련한 강철로 칼을 만들어 내려준다.'는 글이 쓰여 있는 것으로 보아 제후국(신하의 나라)의 왕인 왜왕에게 하사한 것으로 보고 있어요. 이를 통해 백제와 일본의 관계뿐만 아니라 백제의 뛰어난 기술력을 알 수 있지요.

3 자료에서 '백제 제13대 왕', '백제의 전성기를 이룸.', '평양성 전투 승리' 등을 통해 (가)는 근초고왕이라는 것을 알 수 있어요. 근초고왕은 백제의 전성기를 이룬 왕으로, 371년 고구려를 공격해 평양성 전투에서 승리하고 바다 건너 중국 및 왜와 활발하게 교류하였어요.

3주 5일

다음은 고구려가 전성기를 맞이했을 때의 지도이다. 점선으로 표시된 고구려의 영토를 모두 색칠하고, 고구려의 힘이 뻗어 나간 방향을 화살표 위로 따라 그려 보자.

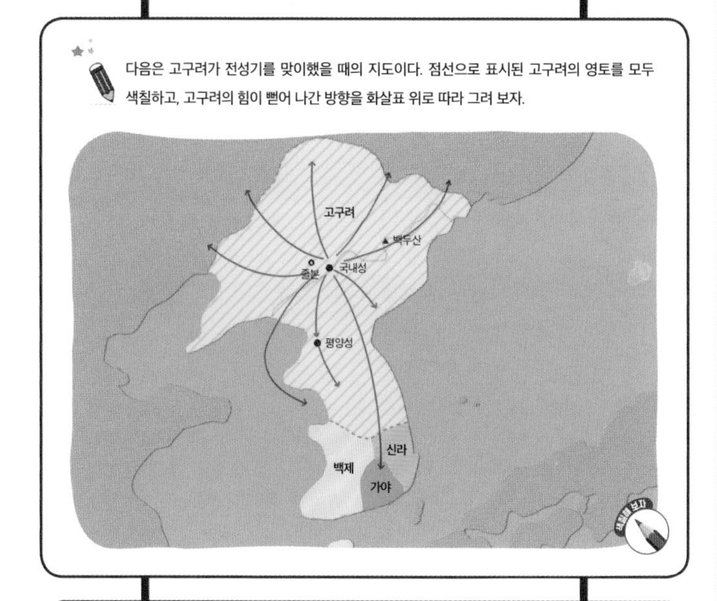

》정리해 보자!

❶ 태학 ❷ 광개토 대왕 ❸ 남진

1 ㉠, ㉡

2 미래

3 ①

1 소수림왕은 불교를 수용하고 율령을 반포하여 나라를 정비하였어요. 인재를 양성하기 위해 태학도 설립하였지요. ㉢ 신라에 침입한 왜군을 물리치고, ㉣ '영락'이라는 연호를 사용한 왕은 광개토 대왕이에요.

2 광개토 대왕릉비는 국내성 근처에 있는 높이 약 6.4 m의 비석으로, 광개토 대왕의 아들 장수왕이 아버지의 업적을 기리기 위해 세웠어요. 비석에는 고구려의 건국 이야기, 광개토 대왕의 업적 등이 기록되어 있어요.

3 자료에서 '광개토 대왕의 아들로 왕위 계승', '한강 유역 차지'를 통해 밑줄 그은 '나'는 장수왕임을 알 수 있어요. 장수왕은 도읍을 평양으로 옮기고 남진 정책을 펼쳐 백제를 공격해 한강 유역을 차지했어요. ② 22담로를 설치한 왕은 백제 무령왕이에요. ③ 경국대전은 조선 시대에 편찬된 법전이에요. ④ 독서삼품과는 통일 신라 원성왕이 실시한 것으로, 국학 학생을 유학 경전 이해 수준에 따라 3등급으로 나누고 관리 선발에 참고한 제도였어요.

4주 1일

다음은 백제의 성왕이 보낸 편지이다. 성왕이 되찾으려고 노력한, 편지 속의 ▢▢ 안에 들어갈 곳은 어디인지 써 보자.

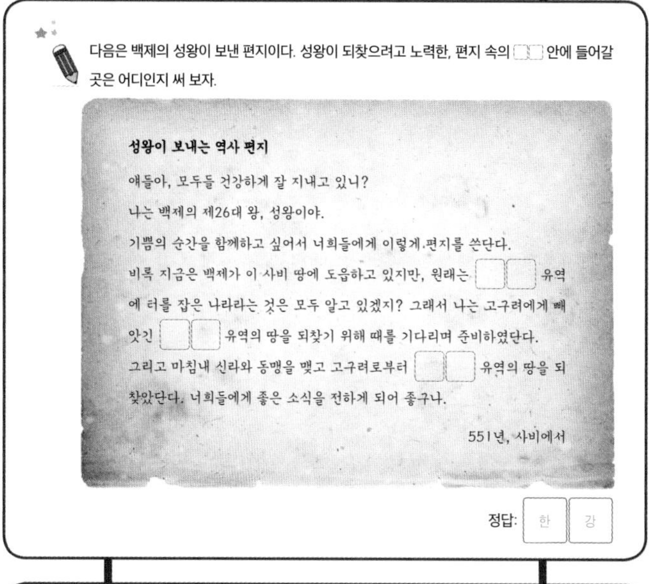

성왕이 보내는 역사 편지

얘들아, 모두들 건강하게 잘 지내고 있니?
나는 백제의 제26대 왕, 성왕이야.
기쁨의 순간을 함께하고 싶어서 너희들에게 이렇게 편지를 쓴단다.
비록 지금은 백제가 이 사비 땅에 도읍하고 있지만, 원래는 ▢▢ 유역에 터를 잡은 나라라는 것은 모두 알고 있겠지? 그래서 나는 고구려에게 빼앗긴 ▢▢ 유역의 땅을 되찾기 위해 때를 기다리며 준비하였단다.
그리고 마침내 신라와 동맹을 맺고 고구려로부터 ▢▢ 유역의 땅을 되찾았단다. 너희들에게 좋은 소식을 전하게 되어 좋구나.

551년, 사비에서

정답: 한 강

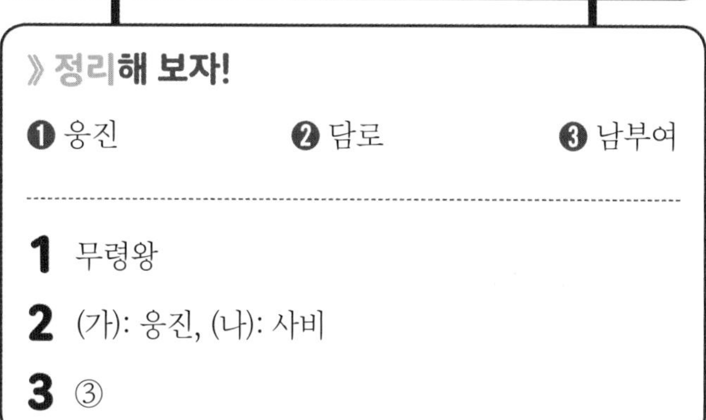

》정리해 보자!

❶ 웅진 ❷ 담로 ❸ 남부여

1 무령왕

2 (가): 웅진, (나): 사비

3 ③

1 백제의 제25대 왕이었던 무령왕은 지방 통제를 강화하기 위해 22담로에 왕족을 파견하였어요. 또한 중국 남조의 양나라와 국교를 맺고 문화 교류도 추진하였지요.

2 백제의 도읍은 475년에 한성에서 웅진으로, 538년에 웅진에서 사비로 이동했어요.

3 가상 일기에 나오는 백제 왕은 성왕이에요. 성왕은 백제를 다시 일으켜 세우기 위해 수도를 사비로 옮기고 나라 이름을 '남부여'로 바꾸기도 했어요. 이후 고구려에게 빼앗긴 한강 유역을 되찾기 위해 신라 진흥왕과 손잡고 고구려를 공격하여 한강 유역을 되찾는 데 성공하였죠. 하지만 신라 진흥왕의 배신으로 한강 유역을 다시 빼앗겼어요. 이후 성왕은 관산성 전투에서 복수를 하려고 했지만, 전투에서 패하고 목숨을 잃게 돼요. ① 태학은 고구려의 최고 교육 기관으로, 소수림왕이 설립하였어요. ② 우산국(지금의 울릉도)을 복속시킨 왕은 신라 지증왕이에요. ④ 독서삼품과를 실시한 왕은 통일 신라 원성왕이에요.

4주 2일

다음 그림은 화랑도의 모습을 나타낸 것이다. 원광의 세속 5계에 따라 행동하는 화랑들을 찾아 동그라미 해 보자.

》정리해 보자!

❶ 신라 ❷ 율령 ❸ 중국

1 ㉠: 순장, ㉡: 우경

2 태민

3 ④

1 신라 지증왕은 나라 이름을 '신라'로 정하고, 왕권이 성장하면서 변화하던 왕의 칭호를 '왕'으로 정하는 등 신라 발전의 토대를 만든 왕이에요. 또한, 백성의 생활을 안정시키고 농업 생산력을 높이기 위해 우경을 장려하였으며, 노동력을 보호하기 위해 순장을 금지하였답니다.

2 법흥왕은 율령 반포, 불교 공인, 금관가야 정복 등의 업적을 세우며 신라가 발전할 수 있는 토대를 만들었어요. 이사부를 보내 우산국을 정벌하도록 한 것은 지증왕, 백제와 연합하여 고구려를 공격해 한강 유역을 확보한 것은 진흥왕이에요.

3 신라 제24대 왕으로, 백제로부터 한강 유역을 차지한 후 북한산에 순수비까지 세운 왕은 진흥왕이에요. 진흥왕은 청소년 단체였던 화랑도를 국가 조직으로 만들어 인재 양성에 힘을 기울였지요. ① 태학은 고구려의 소수림왕이 설립하였어요. ② 8조법으로 백성을 다스린 나라는 고조선이에요. ③ 지방에 22담로를 설치한 왕은 백제 무령왕이에요.

4주 3일

다음 그림은 금관가야가 무역 활동을 하는 모습이다. 힌트를 보고 해당하는 사람을 찾아 동그라미 해 보자.

》정리해 보자!

❶ 철 ❷ 덩이쇠 ❸ 대가야

1 (1) × (2) ○ (3) ×

2 예시 답안 가야는 연맹의 각 나라들이 각각의 지역을 독립적으로 다스렸기 때문에 고구려, 백제, 신라처럼 힘을 하나로 모으지 못했고, 백제와 신라의 압력을 받아 세력이 약해지며 중앙 집권 국가로 성장하지 못하였다.

3 ④

1 (1) 낙동강 유역에 위치한 금관가야는 해상 교통이 발달하여 주변 나라들과 활발히 교류하였어요. (3) 금관가야는 신라 법흥왕에게 병합되고, 대가야는 신라 진흥왕에게 정복되었어요.

2 가야는 연맹국들이 힘을 하나로 모으지 못하였고, 백제와 신라의 끊임없는 압력을 받아 세력이 약해졌어요. 이에 삼국처럼 중앙 집권 국가로 성장하지 못하고 연맹 왕국 단계에 머무르게 되었답니다.

3 고령 지산동 고분군과 관련 있는 (가) 나라는 가야예요. 가야는 철의 풍부한 생산을 바탕으로 낙랑과 왜 등에 철을 수출하고 철제 판갑옷과 투구 등을 만들었어요. ① 금동 대향로와 ③ 정림사지 오층 석탑은 백제의 문화유산이고, ② 광개토 대왕릉비는 고구려의 문화유산이에요.

4주 4일

» 도전! 한국사능력검정시험

1 ② 2 ③ 3 ③ 4 ②
5 ① 6 ④ 7 ④

1 고구려의 건국 이야기

주몽이 건국한 나라는 고구려예요. 주몽은 부여에서 태어났으나 부여를 탈출한 후 졸본에서 고구려를 건국하였어요. 그리고 ② 주몽의 뒤를 이어 왕이 된 유리왕이 졸본에서 국내성으로 도읍을 옮겼지요.

왜 답이 아닐까? ① 왜에 칠지도를 보낸 나라는 백제예요. ③ 8조법으로 백성을 다스렸던 나라는 고조선이에요. ④ 무천이라는 제천 행사를 열었던 나라는 동예예요.

2 백제 고이왕의 업적

백제의 고이왕은 관등제 마련, 관리의 공복 제정 등을 추진하여 중앙 집권 국가의 토대를 마련하였어요. 또 대외적으로 주변의 마한 소국을 병합하였지요.

왜 답이 아닐까? ① 무령왕은 웅진이 백제의 도읍이었던 시기에 즉위한 왕으로, 지방 통제를 강화하기 위해 22담로에 왕족을 파견하였어요. ② 온조왕은 백제를 건국한 왕이에요. ④ 근초고왕은 백제의 전성기를 이끌었던 왕으로, 고구려의 평양성을 공격하여 고국원왕을 전사시켰어요.

3 고구려 장수왕의 업적

광개토 대왕의 아들로 광개토 대왕릉비를 세웠으며, 국내성에서 평양성으로 도읍을 옮긴 왕은 장수왕이에요. 장수왕은 평양으로 도읍을 옮긴 후 백제를 공격하여 한성을 함락하고 한강 유역을 차지하였어요.

왜 답이 아닐까? ① 청해진은 신라의 장보고가 완도에 설치한 해상 기지예요. ② 국호를 '남부여'로 바꾼 왕은 백제의 성왕이에요. ④ 신라의 요청으로 왜를 격퇴한 왕은 광개토 대왕이에요.

자료 더 보기 **광개토 대왕릉비**

고구려의 제19대 왕인 광개토 대왕의 업적을 기리기 위해 아들인 장수왕이 세운 비석입니다. '국강상광개토경평안호태왕'이라는 마지막 세 글자를 본떠서 '호태왕릉비'라고도 부릅니다.

4 백제 성왕의 업적

신라의 배신으로 한강 하류 지역을 빼앗긴 왕은 백제의 성왕이에요. 성왕은 넓은 평야가 있고, 강을 끼고 있어 교통에 유리한 사비로 도읍을 옮겼어요.

왜 답이 아닐까? ① 신라의 지증왕은 이사부를 보내 우산국을 정벌하였어요. ③ 금관가야를 정복한 왕은 신라의 법흥왕이에요. ④ 화랑도를 국가 조직으로 만든 것은 신라의 진흥왕이에요.

5 신라 법흥왕의 업적

신라의 왕으로 불교를 공인하고 금관가야를 정복한 왕은 법흥왕이에요. 법흥왕은 율령을 반포하여 법과 제도를 정비하였어요.

왜 답이 아닐까? ② 태학을 설립한 왕은 고구려의 소수림왕이에요. ③ 22담로에 왕족을 파견한 왕은 백제의 무령왕이에요. ④ 나라 이름을 '신라'로 정한 왕은 신라의 지증왕이에요.

6 신라 진흥왕의 업적

신라의 왕으로 영토를 넓히고 순수비를 세운 왕은 진흥왕이에요. 진흥왕은 화랑도를 국가적인 조직으로 정비하고 인재를 양성하였어요. 또한 백제와 연합해 한강 상류 지역을 차지한 후, 다시 백제를 공격하여 한강 유역 전체를 신라의 영토로 만들었어요.

왜 답이 아닐까? ① 내물왕 때부터 김씨가 왕위를 세습하기 시작하였어요. ② 지증왕은 '왕'이라는 칭호를 사용하고 국호를 '신라'로 정하였어요. 또한, 이사부를 보내 우산국을 정벌하기도 하였어요. ③ 법흥왕은 불교를 공인하고 율령을 반포하였으며, 금관가야를 정복하여 영토를 확장하기도 하였어요.

7 가야의 문화유산

자료에서 고령 지산동 고분군에서 출토된 유물이라는 내용을 통해 (가) 나라는 가야임을 알 수 있어요. 가야는 풍부한 철의 생산을 바탕으로 철을 다루는 기술이 발달하여 철제 판갑옷과 투구 등을 만들었어요.

왜 답이 아닐까? ①은 백제와 관련된 문화유산이고, ②는 청동기 시대의 유물이에요. ③은 고구려의 장수왕이 세운 비석이에요.

자료 더 보기 가야의 철

가야 문화와 관련된 역사 기록은 많이 남아 있지 않기 때문에 가야의 고분에서 출토된 물건들은 가야 문화를 이해하는 데 중요한 자료입니다. 특히 가야 유적에서는 철을 덩어리로 만들어 묶은 덩이쇠가 발견되었는데, 덩이쇠는 철의 소재로 쓰이거나 화폐로 사용되어 물건을 사고파는 등 여러 용도로 쓰였다고 합니다. 가야는 바닷길을 이용해 철과 철로 만들어진 물건들을 일본에 수출하기도 하였습니다.

▲ 덩이쇠

》키워드 낱말 퍼즐

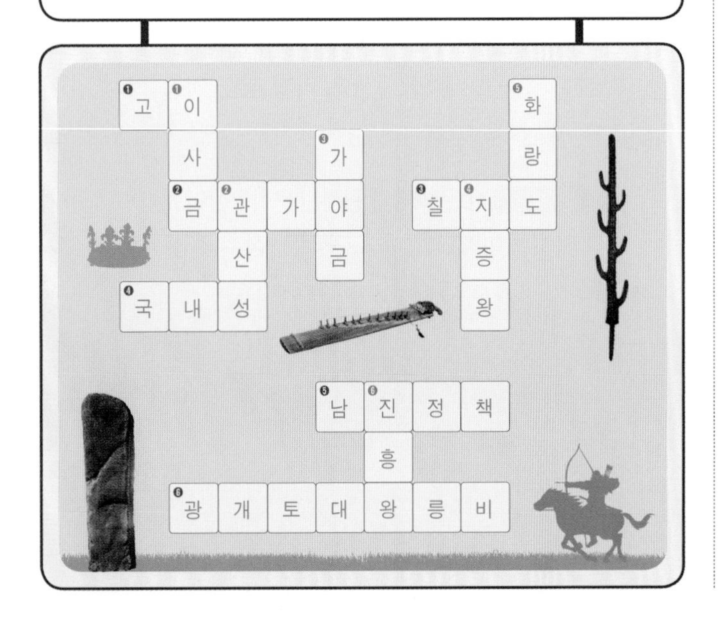

4주 5일

다음 사진은 신라 시대의 생활 모습을 알 수 있는 토기이다. 말을 탄 사람들의 옷과 말에 걸친 장식을 비교해 보고, 둘 중 더 화려해 보이는 토기에 동그라미 해 보자.

》정리해 보자!

❶ 신분 ❷ 세금 ❸ 노비

1 ㉢

2 예시 답안 신분에 따라 사람들의 크기를 다르게 그렸기 때문이다. / 신분이 높은 사람은 크게, 신분이 낮은 사람은 작게 그렸기 때문이다.

3 ②

1 삼국 시대의 귀족들은 ㉠ 거대한 기와집에서 좋은 음식을 먹으며 살았어요. ㉡ 비단옷을 입었는데 관직의 등급에 따라 옷 색깔이 다르기도 하였지요. ㉢ 궁궐을 짓는 일에 동원되었던 것은 평민이었어요.

2 삼국 시대에는 신분에 따라 하는 일, 입을 수 있는 옷, 집의 크기와 모양 등에서 차이가 많이 났어요. 당시 사람들의 신분에 대한 차별이 벽화에도 반영되어 사람들의 크기가 다르게 그려진 것이지요.

3 신라에는 골품제라는 엄격한 신분 제도가 있었어요. 골품에 따라 거주할 수 있는 집의 크기, 옷의 색깔, 올라갈 수 있는 관직의 높이 등이 달랐지요. ① 조선 후기에 논농사에서 모내기법이 널리 보급되었어요. ③ 청화 백자는 조선 후기에 유행하였어요. ④ 목화 재배는 고려 말 문익점에 의해 시작되었고, 조선 시대에 들어서는 목화 재배가 확대되어 의생활이 개선되었어요.

5주 1일

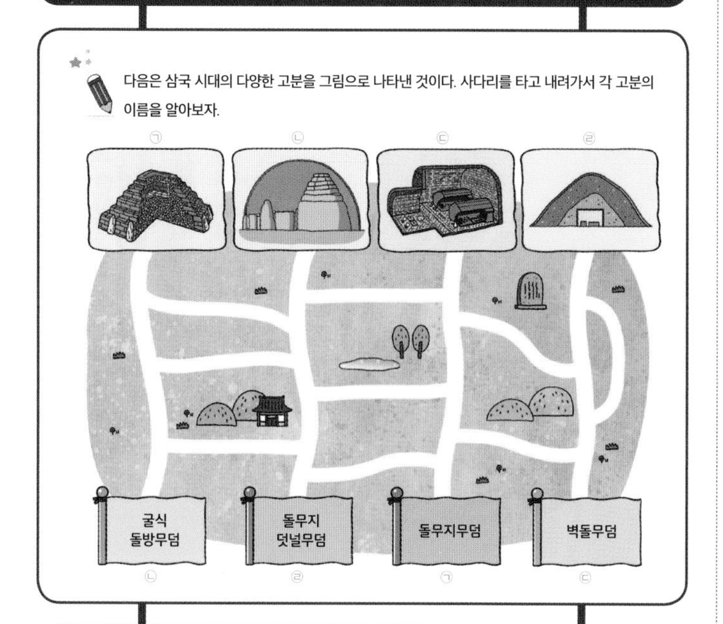

》정리해 보자!

❶ 껴묻거리 ❷ 돌무지 ❸ 돌무지덧널

1 (1) ○ (2) × (3) ×

2 ㉢

3 ③

1 백제는 고구려에서 내려온 세력이 세운 나라로, 그 영향을 받아 초기에 돌무지무덤을 만들었어요. (2) 무용총 사냥 그림, 쌍영총 연꽃 그림은 고구려의 고분에서 볼 수 있는 벽화예요. (3) 백제는 웅진으로 도읍을 옮긴 이후에는 굴식 돌방무덤을 주로 만들었고, 중국 남조의 영향을 받아 벽돌무덤을 만들기도 하였어요.

2 ㉢ 신라에서 만든 돌무지덧널무덤은 무덤이 돌과 흙으로 쌓여 있고 입구가 없어서 도굴이 어려웠어요. 반면에 굴식 돌방무덤은 입구가 있어서 입구만 찾으면 무덤 안으로 들어갈 수 있었기에 상대적으로 도굴이 쉬웠다고 해요.

3 제시된 자료에서 'OO왕릉'은 무령왕릉이에요. 백제의 무령왕릉은 중국 남조의 영향을 받아 만들어진 대표적인 벽돌무덤이에요. 무덤 안에서는 '오수전'이라는 중국의 화폐가 발견되었는데, 이는 당시 백제와 중국의 교류가 활발하였음을 보여 주는 것이지요.

5주 2일

》정리해 보자!

❶ 왕권 ❷ 이차돈 ❸ 도교

1 (나) → (가) → (다)

2 도교

3 ④

1 (나) 372년에 고구려의 소수림왕이 가장 먼저 불교를 받아들였고, (가) 384년에는 백제의 침류왕이 불교를 받아들였어요. (다) 527년에 이르러 신라의 법흥왕이 이차돈의 희생으로 불교를 국가의 종교로 인정하게 되었어요.

2 고구려 강서 대묘의 사신도에는 신선의 세계와 동서남북을 지키는 도교의 수호신이 그려져 있어요. 그리고 백제의 산수무늬 벽돌과 백제 금동 대향로에도 도교 사상이 나타나 있답니다.

3 자료에서 암벽에 조각되어 있고 '백제의 미소'로 널리 알려져 있다는 것을 통해 충청남도 서산시에 있는 서산 용현리 마애 여래 삼존상이라는 것을 알 수 있어요. ① 이불병좌상은 발해의 불상, ② 금동 연가 7년명 여래 입상은 고구려의 불상, ③ 파주 용미리 마애 이불 입상은 고려 시대의 불상이에요.

5주 3일

다음은 신라 선덕 여왕 때 만든 경주 첨성대를 그린 그림이다. '첨성대를 이루는 돌단'의 개수를 세어 ①~③에 적고, 어떤 의미가 있을지 생각해 보자.

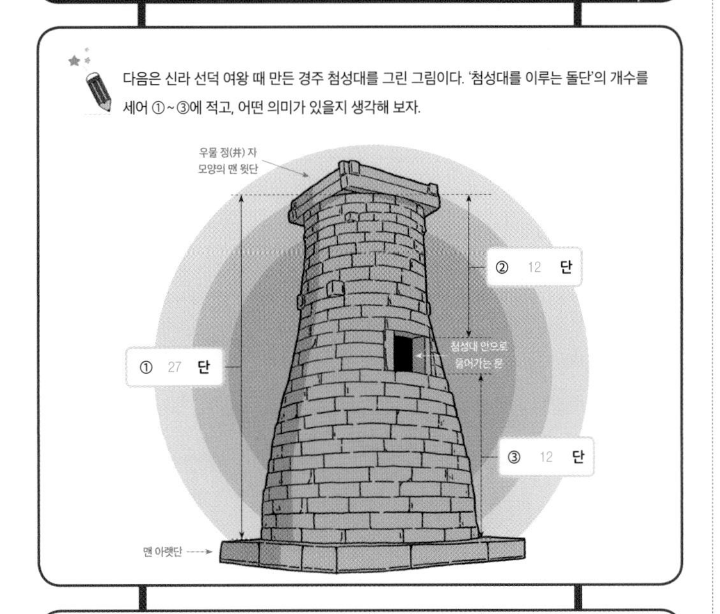

》정리해 보자!

❶ 태학 ❷ 오경박사 ❸ 첨성대

1 임신서기석

2 (1) ㉡ (2) ㉠ (3) ㉢

3 ④

1 신라의 임신서기석에는 신라 시대 두 청년이 국가에 대한 충성과 유교 경전 학습에 힘쓸 것을 다짐한 내용이 기록되어 있어요.

2 삼국은 역사서를 편찬해 왕실의 권위를 높이고자 하였어요. 고구려는 영양왕 때 『신집』 5권을, 백제는 근초고왕 때 『서기』를, 신라는 신흥왕 때 『국사』를 편찬하였어요. 백제의 근초고왕과 신라의 진흥왕은 당시 국가의 전성기를 이룩한 자신감을 역사서 편찬으로 드러낸 것으로 볼 수 있답니다.

3 경주 첨성대는 천문 현상을 관측하기 위해 만들어진 신라의 문화유산이에요. 신라는 선덕 여왕 때 만들어진 첨성대를 통해 하늘을 관찰하고 나라의 중요한 일을 결정하기도 했어요.

5주 4일

다음은 고구려의 영향을 받은 일본의 다카마쓰 고분 벽화를 나타낸 그림이다. 고구려의 수산리 고분 벽화를 보고 다카마쓰 고분 벽화를 색칠해 보자.

다카마쓰 고분 벽화

고구려의 수산리 고분 벽화

수산리 고분 벽화는 고구려의 귀족 부부가 나들이를 가는 모습을 그린 그림이에요.
하인이 검은 우산을 받치고 있고, 귀족은 여유롭게 걸어가고 있네요. 귀족의 화려한 옷차림이 다카마쓰 고분 벽화 속 여인들의 옷차림과 매우 비슷해 보여요.

색칠해 보자

》정리해 보자!

❶ 거문고 ❷ 서역 ❸ 스에키

1 예시 답안 커다란 코에 부리부리한 눈의 서역인이 그려져 있는 것으로 볼 때, 고구려가 서역과 교류하였다는 것을 알 수 있다.

2 (1) 왕인 (2) 담징

3 ①

1 고구려 각저총의 씨름도에는 커다란 코와 부리부리한 눈의 서역인이 고구려의 전통 놀이인 씨름을 하고 있는 모습을 볼 수 있어요. 이를 통해 고구려가 서역과 교류를 하였다는 것을 알 수 있답니다.

2 삼국의 문화는 일본으로 전파되어 일본의 고대 문화 발전에 큰 영향을 미쳤어요. (1) 백제의 왕인은 일본에 한자과 논어, 천자문을 전해 주었어요. (2) 고구려의 승려 담징은 일본에 종이와 먹을 만드는 기술을 전해 주었어요.

3 삼국과 일본의 교류 모습을 살펴볼 수 있는 문화유산으로는 칠지도가 있어요. 칠지도는 백제 근초고왕 때 일본의 왕에게 하사한 칼이라고 전해집니다. ② 청자 참외모양 병은 고려 청자를 대표하는 화병이에요. ③ 논산 관촉사 석조 미륵보살 입상은 고려 시대에 만들어진 대형 석불이에요. ④ 몽유도원도는 조선 세종 때에 화원 출신인 안견이 그린 그림이에요.

5주 5일

》도전! 한국사능력검정시험

1 ③ 2 ④ 3 ④ 4 ②
5 ③ 6 ① 7 ② 8 ③

1 고구려 고분 벽화 속 사회 모습

제시된 자료는 고구려의 수산리 고분 벽화의 한 부분으로, (가) 인물의 신분은 귀족이에요. 삼국 시대에는 신분이 귀족, 평민, 노비로 구분되었고, 신분 사이에 엄격한 차별이 있었어요. 이에 따라 벽화에서는 신분에 따라 사람의 크기를 다르게 표현하여 신분이 높은 귀족은 (가) 인물처럼 크게 그리고, 신분이 낮은 하인은 작게 그린 것이지요.

왜 답이 아닐까? ①, ②는 노비, ④은 평민에 대한 설명이에요.

2 신라의 골품제

신라에는 신분을 골과 품으로 구분하는 골품제라는 신분제가 있었어요. 골품에 따라 옷의 색깔, 집의 크기, 올라갈 수 있는 관직의 단계 등이 달랐답니다.

왜 답이 아닐까? ① 상감 청자는 고려 시대에 제작된 도자기예요. ② 고구마와 감자는 조선 후기에 우리나라에 들어왔어요. ③ 목화는 고려 후기 문익점이 원에서 들여온 후 재배되었어요.

3 고구려의 다양한 고분 벽화

고구려의 고분에서 발견된 벽화를 통해 당시의 생활 모습을 짐작해 볼 수 있어요. ④는 신라의 고분이었던 천마총에서 발견된 '천마총 출토 천마도'예요.

왜 답이 아닐까? ①은 고구려 무용총의 사냥 그림, ②는 고구려 쌍영총의 연꽃 그림, ③은 고구려 강서 대묘의 사신도 중 현무 그림이에요.

4 백제의 공주 무령왕릉

제시된 문화유산은 '공주 무령왕릉'이에요. 무령왕릉은 중국 남조의 영향을 받아 벽돌무덤의 형태로 되어 있는 것이 특징이에요.

왜 답이 아닐까? ①은 굴식 돌방무덤에 대한 설명이에요. ③ 무령왕릉은 도읍을 웅진으로 옮긴 이후에 만들어졌어요. ④ 무령왕릉은 백제의 제25대 왕인 무령왕의 무덤으로, 백제의 사회·문화를 엿볼 수 있는 다양한 유물이 출토되었어요.

자료 더 보기 **삼국의 다양한 고분 형태**

▲ 돌무지무덤 ▲ 굴식 돌방무덤 ▲ 벽돌무덤 ▲ 돌무지덧널무덤

5 경주 분황사 모전 석탑의 특징

경주에 위치한 석탑으로, 가장 오래된 신라의 석탑은 경주 분황사 모전 석탑이에요. 경주 분황사 모전 석탑은 돌을 벽돌 모양으로 깎아 쌓은 탑이랍니다.

왜 답이 아닐까? ① 익산 미륵사지 석탑과 ④ 부여 정림사지 오층 석탑은 백제의 석탑이에요. ② 경주 불국사 삼층 석탑은 통일 신라 시대에 만들어진 석탑이에요.

6 백제 금동 대향로의 특징

백제 금동 대향로는 백제 사람들의 뛰어난 예술 감각과 능력을 알 수 있는 백제의 대표적인 문화유산이에요. 향로에 조각된 모습을 통해 당시 백제에 불교와 도교가 유행하고 있었음을 알게 해 줘요.

왜 답이 아닐까? ② 기마 인물형 토기는 신라의 고분에서 출토된 문화유산이에요. ③ 금동 연가 7년명 여래 입상은 고구려의 불상이에요. ④ 성덕 대왕 신종은 통일 신라 시대에 제작되었어요.

7 경주 첨성대의 특징

천문 현상을 관측하였다고 전해지고, 신라의 높은 과학 수준을 보여 주는 문화유산이라는 힌트를 통해 신라의 경주 첨성대라는 것을 알 수 있어요. 첨성대는 신라 선덕 여왕 때 세운 천문 기상 관측대로, 경상북도 경주시에 있으며 동양에서 가장 오래된 관측대예요.

왜 답이 아닐까? ① 태학은 고구려 소수림왕이 인재를 키우기 위해 설치한 교육 기관이에요. ③ 석굴암은 통일 신라 시대를 대표하는 석굴 사원이에요. ④ 익산 미륵사지 석탑은 백제 무왕 때 세워진 탑으로, 우리나라에 남아 있는 석탑 중에서 가장 크고 오래된 석탑이에요.

자료 더 보기 **경주 첨성대**

경주 첨성대는 신라의 제27대 임금인 선덕 여왕 때 만들어진 천문대입니다. 경상북도 경주시에 있어 '경주 첨성대'라고도 부릅니다. 동양에서 가장 오래된 천문대로서 그 가치가 높아 국보 제31호로 지정되었습니다.

8 삼국과 일본의 교류

일본의 다카마쓰 고분 벽화는 고구려의 수산리 고분 벽화와 벽화 속 인물의 옷차림이 비슷하게 나타나고, 일본의 고류사 목조 미륵보살 반가 사유상은 삼국의 금동 미륵보살 반가 사유상과 비슷한 생김새를 가지고 있어요. 이러한 검색 결과를 통해 검색어는 ③ 일본에 전파된 삼국의 문화라는 것을 알 수 있어요.

》 키워드 **숨은 낱말 찾기**

3 통일 신라와 발해

6주 1일

다음은 고구려와 수의 대립으로 일어난 '살수 대첩'을 나타낸 전시물이다. 이 전쟁을 이끈 고구려 장군은 누구일지 찾아 동그라미 해 보자.

》정리해 보자!

❶ 수　　❷ 평양성　　❸ 을지문덕

1 우중문, 수나라, 을지문덕, 살수

2 을지문덕

3 ①

1 살수 대첩은 수나라의 군대에 맞서 고구려의 을지문덕 장군이 이끈 고구려 군대가 활약한 전쟁이에요. 을지문덕 장군은 수나라 장수 우중문이 이끄는 30만 명의 별동대를 살수(청천강)로 유인하여 큰 승리를 거두었어요.

2 수나라의 우중문은 고구려의 평양성 공격을 앞에 두고 을지문덕의 승전 축하 편지를 받았어요. 이에 우중문은 불안한 마음에 군대를 돌려 후퇴하였어요. 후퇴하던 수나라 군대는 살수(청천강)에서 고구려 군대의 공격을 받아 크게 패하고 30만 명의 군사 중 겨우 2,700여 명만이 살아 돌아갔어요.

3 을지문덕 장군은 수나라의 장수 우중문이 이끄는 30만 명의 별동대를 유인해 살수(청천강)에서 공격하여 크게 무찔렀어요. 이 전쟁이 살수 대첩이에요.

6주 2일

다음 지도에서 '천리장성'을 찾아 색칠하고, '안시성'을 찾아 동그라미 해 보자.

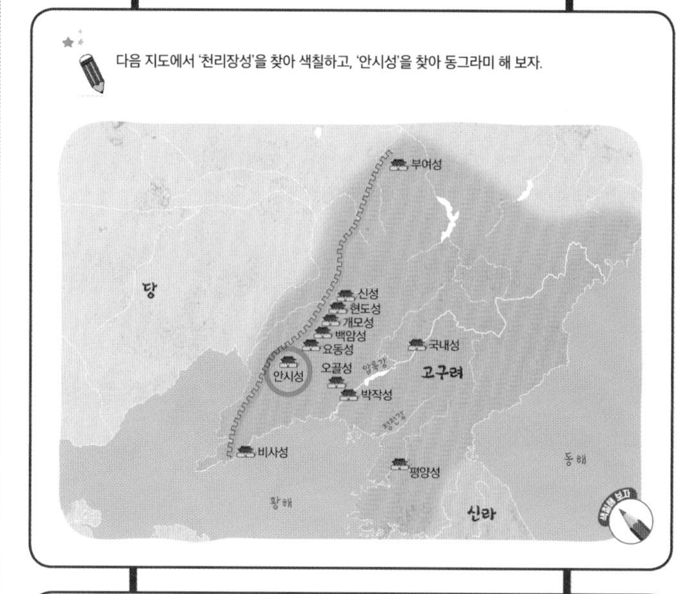

》정리해 보자!

❶ 천리장성　　❷ 연개소문　　❸ 안시성

1 연개소문

2 (나) → (가) → (다)

3 ③

1 고구려의 장군이었던 연개소문은 정변을 일으켜 당시 왕이었던 영류왕과 귀족들을 죽이고 권력을 잡았어요. 이후 연개소문은 당과 신라에 강경한 태도를 보였는데, 당 태종은 연개소문의 정변을 구실로 고구려에 침입하였어요. 당나라는 요동성과 백암성을 차례로 함락하였으나, 안시성 전투에서 패배하고 군대를 철수하였어요.

2 당 태종은 직접 군대를 이끌고 고구려 원정길에 나섰어요. 요동성과 백암성 등을 무너뜨린 후 안시성을 공격하였지만 안시성 함락에 거듭 실패하였어요. 이에 토성을 쌓아 공격하는 방법으로 작전을 바꿨지만, 고구려군과 안시성 성주 및 백성들의 끈질긴 저항으로 결국 당나라는 안시성 전투에서 패배하고 후퇴하였어요.

3 당 태종은 안시성 함락이 힘들자 토성을 쌓아 안시성 안을 공격하려고 하였어요. 하지만 안시성의 성주와 성의 백성들은 힘을 합쳐 당나라 군대를 막아 냈고, 결국 당 태종이 이끈 당나라 군대는 후퇴하였어요.

6주 3일

나당 동맹의 '나당'은 두 나라의 이름을 합친 것이다. '나'에 해당하는 나라에 ○표, '당'에 해당하는 나라에 △표 하고, 두 나라를 선으로 이어 보자.

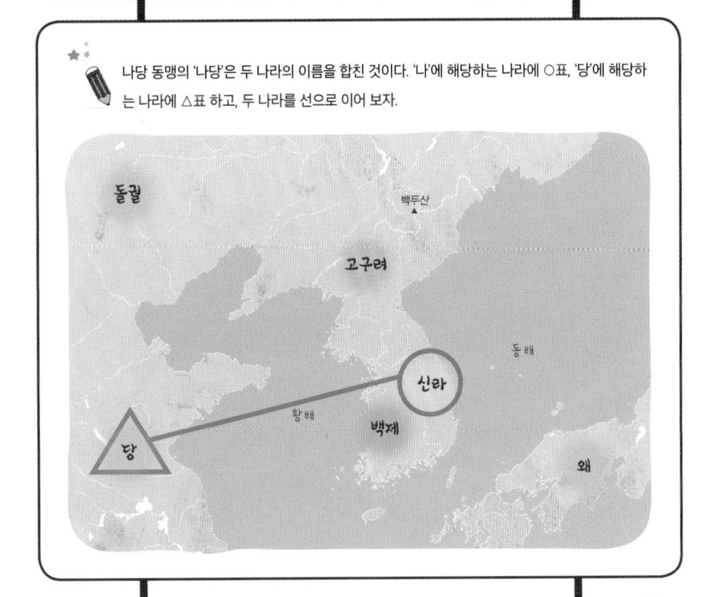

》 정리해 보자!

❶ 의자왕 ❷ 김춘추 ❸ 당

1 (1) ㉡ (2) ㉠

2 (가) → (다) → (나)

3 ④

1 신라의 선덕 여왕은 백제의 공격으로 위기를 맞자 김춘추를 고구려로 보내 군사 동맹을 요청하였어요. 백제의 의자왕은 신라의 대야성을 공격하여 무너뜨리는 등 신라의 40여 개 성을 빼앗았어요.

2 백제의 무왕은 40여 년간 왕위에 있으면서 내부의 혼란을 수습하고 신라에 대한 공세를 이어 갔고, 그 뒤를 이은 의자왕은 신라의 대야성을 빼앗았어요. 이에 신라의 김춘추는 고구려를 찾아갔지만 도움을 얻지 못하였어요. 당나라에서도 처음에는 동맹을 거절하였지만, 고구려에 연이은 패배를 당한 당나라는 결국 신라와 나당 동맹을 맺었어요.

3 백제의 의자왕은 신라의 대야성을 빼앗고, 김춘추의 사위였던 성주와 김춘추의 딸을 죽였어요. 김춘추는 고구려의 도움을 얻고자 평양을 찾아갔지만 고구려의 연개소문과 보장왕은 옛 고구려의 땅을 돌려주지 않으면 신라에 군사를 보낼 수 없다며 신라의 요청을 거절하였어요.

6주 4일

다음은 660년 백제와 신라 사이에 전투가 일어났을 때 신라의 화랑이 신라군에게 보낸 가상 편지이다. 초성 힌트를 보고 □□ 안에 들어갈 사람은 누구인지 각각 써 보자.

》 정리해 보자!

❶ 계백 ❷ 백제 ❸ 고구려

1 계백

2 (가): ㉠, (나): ㉡, (다): ㉢

3 ②

1 백제 말기의 군인으로, 5천여 명의 결사대를 이끌고 황산벌에서 신라군과 싸운 사람은 계백이에요. 계백이 이끄는 백제군은 적은 수의 군사로 신라군에 항전하였으나 결국 패하였어요.

2 황산벌에서 백제의 계백은 5천의 결사대를 이끌고 김유신이 이끄는 5만의 신라군에 맞서 싸웠어요. 계백이 이끄는 백제의 결사대는 신라에 네 번이나 연이어 승리하였지만 신라 화랑 반굴과 관창의 죽음을 계기로 사기가 높아진 신라군의 총공격을 막아 낼 수 없었어요. 한편, 신라는 10배가 넘는 군대를 가지고 있었지만 백제군을 맞이하여 힘겨운 승리를 거두었어요.

3 김유신은 금관가야의 왕족으로, 선덕 여왕과 김춘추를 도와 삼국 통일에 큰 공을 세운 인물이에요. 황산벌에서 김유신이 이끈 5만의 신라군과 계백이 이끈 5천의 백제군이 전투를 벌였고, 신라군이 결국 승리하였어요.

6주 5일

》 정리해 보자!

❶ 백강 ❷ 당 ❸ 기벌포

1 (1) ㉠ (2) ㉡ (3) ㉡ (4) ㉠

2 (가) → (다) → (나)

3 ②

1 복신과 도침은 의자왕의 아들 부여풍을 왕으로 추대하고 백제 부흥 운동을 주도하였고, 검모잠은 보장왕의 아들 안승을 왕으로 추대하고 고구려 부흥 세력을 이끌었어요.

2 백제가 멸망한 후 백제 부흥군은 일본이 보낸 4만의 군대와 힘을 합쳐 나당 연합군과 백강에서 싸웠지만 크게 패했어요. 한편, 신라는 고구려 유민들까지 포함한 군대를 이끌고 당과의 전쟁에 나섰어요. 신라는 매소성에서 당의 군대를 물리치면서 승리를 거두었어요. 그리고 신라군은 기벌포에서 당의 수군을 물리치고 승리를 거두면서 신라는 삼국 통일을 이루었어요.

3 백제와 고구려의 멸망 후 당이 한반도 전체를 다스리려 하자, 신라는 당나라에 맞서 싸웠어요. 신라는 매소성, 기벌포에서 당나라 군대를 막아 냈어요. 기벌포 일대에서의 싸움은 7년간 이어졌지만 당나라는 결국 승리하지 못하고 철수하였어요.

7주 1일

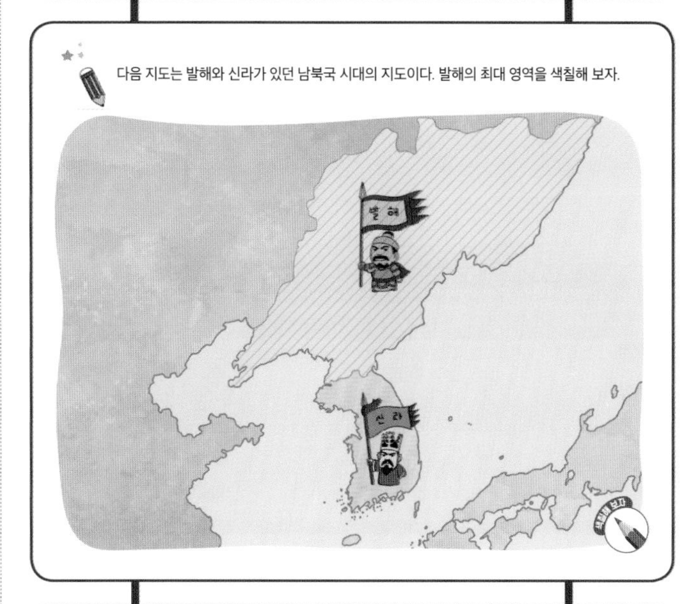

》 정리해 보자!

❶ 대조영 ❷ 고구려 ❸ 해동성국

1 〈가로 ❶〉 발해 〈세로 ❶〉 해동성국 〈가로 ❷〉 동모산

2 윤기

3 ③

1 고구려 유민인 대조영이 세운 나라는 발해예요. 대조영은 동모산 근처를 도읍으로 정하였어요. 강력한 힘을 가진 나라로 성장한 발해는 선왕 때에는 옛 고구려 영토의 대부분과 연해주까지 차지하였어요. 그리하여 발해는 9세기 초에 당으로부터 '해동성국'이라고 불리는 전성기를 맞이하였어요.

2 대조영의 뒤를 이은 무왕은 영토를 확장하기 위해 노력하였어요. 장문휴를 보내 당의 산둥반도를 공격하기도 하였지요. 무왕을 이은 문왕은 당과 친선 관계를 맺어 제도와 문물을 받아들였어요. 한편 발해는 스스로 고구려를 계승한 나라임을 내세웠어요.

3 제시된 영광탑과 기와는 발해의 문화유산이에요. 일본에 보낸 국서에서 고구려를 계승한 국가임을 밝혔으며 당으로부터 해동성국이라고 불린 나라는 발해예요. 발해는 대조영이 동모산에서 건국하였어요.

7주 2일

다음은 대왕암에 관한 설명이다. 초성 힌트를 보고 □□ 안에 들어갈 말을 써 보자.

》정리해 보자!

❶ 문무왕 ❷ 국학 ❸ 소경

1 (1) 시중 (2) 김흠돌 (3) 감은사

2 만파식적

3 ①

1 신문왕은 진골 귀족인 김흠돌의 난을 진압하며 귀족들을 숙청하고 왕권을 강화하였어요. 또한 신문왕은 왕의 명령을 수행하는 관청인 집사부의 장관 시중의 권한도 강화하였어요. 한편 신문왕은 아버지 문무왕의 은혜를 기리기 위해 대왕암이 보이는 곳에 감은사를 완성하였어요.

2 『삼국유사』에는 만파식적과 관련된 이야기가 전해져요. '만파식적'은 '만 개의 파도를 가라앉히는 피리'라는 뜻이에요. 신문왕이 이 피리를 불면 적의 군사가 물러가고, 가뭄이 들 때는 비가 내렸으며, 아픈 사람들은 병이 나았다고 해요. 이 설화는 통일 이후 신라가 평화로운 나라가 되었으면 하는 바람이 담겨 있다고 볼 수 있지요.

3 신문왕은 아버지인 문무왕의 뜻을 기리기 위해 동해 대왕암에 무덤을 만들고, 바다 가까이에 감은사라는 절을 완성하였어요.

7주 3일

다음은 '임금님 귀는 당나귀 귀'라는 이야기의 일부이다. 초성 힌트를 보고 □□ 안을 채워 보면서 이 이야기가 생겨난 이유를 생각해 보자.

경문

》정리해 보자!

❶ 진골 ❷ 애노 ❸ 호족

1 (1) 6두품 (2) 호족

2 최치원

3 ③

1 6두품은 골품제의 한계로 일정 관직 이상으로는 오를 수 없었어요. 그러한 신라 사회에 불만을 갖고 당나라로 유학을 떠난 6두품도 많았어요. 한편 신라 말 혼란한 상황 속에서 지방에서 세력을 키워 스스로 성주, 장군이라고 하는 호족이 등장하였어요. 호족은 자신의 근거지에서 세력을 모아 군사권과 행정권을 장악하였어요.

2 신라의 6두품 출신으로 당나라에서 문장가로 이름을 떨친 최치원은 신라로 돌아온 뒤, 진성 여왕에게 개혁안을 건의하였어요. 그러나 진골 귀족들의 반대로 받아들여지지 않았어요. 결국 그는 관직을 버리고 전국을 돌아다니며 일생을 마쳤어요.

3 신라 말 지방에서 등장하였으며, 스스로를 성주 또는 장군이라고 칭하고, 독자적으로 군대를 보유하고 백성에게 세금을 거둔 세력은 호족이에요. 호족은 중앙에서 왕위를 두고 싸움이 계속되는 혼란을 틈타 세력을 키웠어요.

7주 4일

다음 지도는 후삼국 시대를 보여 준다. 초성 힌트와 낱말 카드를 보고 나라 이름을 써 보자.

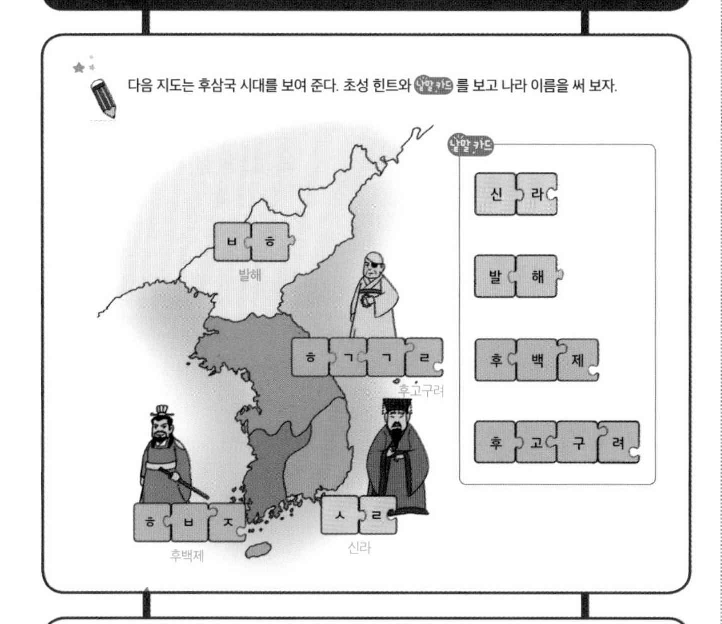

》 정리해 보자!

❶ 견훤 ❷ 궁예 ❸ 왕건

1 궁예

2 견훤

3 ③

1 신라의 왕족 출신으로 알려진 궁예는 원주 지역 양길의 부하로 있다가 세력을 모았어요. 그렇게 힘을 키워 고구려 부흥을 내세우며 송악(개성)에서 후고구려를 세웠어요. 이후 철원으로 도읍을 옮기고 나라 이름을 태봉으로 고쳤어요. 그는 스스로를 미륵불이라고 칭하였어요.

2 견훤은 상주 출신으로 서남 해안을 지키는 군인이었는데, 진성 여왕 때 농민 봉기를 틈타 독자적인 세력을 이루었어요. 견훤은 남서부 지역에서 힘을 키워 후백제를 세우고, 완산주에 도읍하였어요. 후백제는 오늘날 전라도와 충청도, 경상도의 일부를 지배하였어요.

3 폭정을 일삼던 후고구려의 궁예는 결국 왕위에서 쫓겨나고 왕건이 신하들의 추대로 왕위에 올랐어요. 왕위에 오른 왕건은 고려를 건국하고 후백제를 멸망시켜 후삼국을 통일해요.

7주 5일

》 도전! 한국사능력검정시험

1 ① **2** ④ **3** ③ **4** ③

5 ② **6** ② **7** ③

1 살수 대첩

고구려의 을지문덕이 살수(청천강)에서 수나라의 별동대를 물리친 전투는 살수 대첩이에요.

왜 답이 아닐까? ② 관산성 전투는 신라가 백제와 연합하여 고구려를 공격하고 한강 유역 상류를 차지한 후, 백제를 공격하면서 일어난 전투예요. 이 전투에서 백제의 성왕이 전사하였어요. ③ 기벌포 전투는 나당 전쟁 당시 있었던 전투예요. ④ 안시성 전투는 고구려가 당의 침략을 안시성에서 물리친 전투예요.

2 삼국 통일을 완성한 문무왕

삼국 통일을 완성한 왕으로, 죽어서도 신라를 지키는 용이 되겠다는 유언을 남긴 왕은 문무왕이에요. 문무왕은 나당 전쟁을 승리로 이끌어 삼국 통일을 완성하였어요.

왜 답이 아닐까? ① 지증왕은 '왕'이라는 호칭을 사용하기 시작하였으며, '신라'라는 국호를 정한 왕이에요. ② 법흥왕은 율령 반포, 불교 수용 등을 한 신라의 왕이에요. ③ 진흥왕은 한강 유역을 차지하는 등 영토를 크게 확장한 신라의 왕이에요.

자료 더 보기 문무 대왕릉

▲ 문무 대왕릉

문무 대왕릉은 삼국 통일을 완성한 문무왕의 무덤입니다. 바다의 용이 되어 신라를 지키겠다는 문무왕의 유언을 받들어 동해 바다에 화장하였답니다.

3 신라의 삼국 통일 과정

신라와 당의 연합 후, 백제와 고구려 멸망 이후에 있었던 사실을 찾는 문제예요. 고구려의 멸망 이후 당이 한반도 전체를 차지하려고 하자 신라가 당과의 전쟁에 나섰어요. 신라는 매소성 싸움, 기벌포 싸움에서 당에 승리한 후 삼국 통일을 완성하였어요.

왜 답이 아닐까? ① 살수 대첩은 고구려가 수나라 군대를 물리친 전투예요. ② 황산벌 전투는 신라와 백제 사이에 벌어진 전투예요. ④ 안시성 전투는 고구려가 당나라 군대를 물리친 전투예요.

4 해동성국으로 불린 발해

동모산에서 대조영이 세운 나라로, 고구려 계승 의식을 가지고 있던 나라는 발해예요. 발해는 전성기에 '동쪽에 융성한 나라'라는 뜻으로 해동성국이라고 불리기도 하였어요.

왜 답이 아닐까? ① 삼국 통일을 이룩한 나라는 신라예요. ② 지방에 22담로를 두었던 나라는 백제예요. ④ 화랑도가 있었던 나라는 신라예요.

자료 더 보기 해동성국

발해의 선왕은 옛 고구려의 영토 대부분과 연해주까지 차지하였습니다. 그리하여 발해는 9세기 초에 당나라로부터 '바다 동쪽의 번성하는 나라'라는 뜻의 '해동성국'이라고 불리는 전성기를 맞이하였습니다.

5 신문왕의 업적

김흠돌의 난을 진압하고 9주 5소경을 정비하였으며, 관료전을 지급한 왕은 신문왕이에요. 신문왕은 왕권 강화를 위한 정책을 펴고, 통일 이후의 국가 체제를 정비하였어요.

왜 답이 아닐까? ① 내물왕 때부터 김씨가 왕위를 세습하기 시작하였어요. ③ 의자왕은 백제의 마지막 왕이에요. ④ 근초고왕은 백제의 전성기를 이끌었던 왕이에요.

6 신라 말 호족 세력

신라 말 지방을 실질적으로 다스리며 스스로 성주 또는 장군이라고 칭한 지방 세력은 호족이에요. 호족은 신라 말 중앙 정부의 힘이 지방까지 미치지 못하자, 독자적으로 군대를 보유하고 세금을 거두며 지방을 실질적으로 다스렸어요.

왜 답이 아닐까? ① 진골은 신라의 귀족 신분이에요. ③ 문벌 귀족은 고려 전기의 지배 세력으로, 왕실과 혼인 관계를 맺으며 권력을 강화하였어요. ④ 신진 사대부는 고려 말 성리학을 공부하여 과거를 통해 관직에 진출해 개혁을 추진하던 세력이에요.

자료 더 보기 신라 말 새로운 세력의 등장

호족

6두품

신라 말 귀족들이 서로 권력을 차지하려고 다투면서 왕권은 약화되고 전국 각지에서 봉기가 이어졌습니다. 이러한 혼란으로 지방에서는 호족이 성장하였는데, 그들은 자신의 군대를 가지고 지방을 지배하였습니다. 한편 신라의 골품제로 높은 관직에 오르지 못하는 것에 불만을 가지고 있었던 6두품은 골품제의 잘못된 점을 비판하고, 신라의 정치 개혁을 주장하였습니다.

7 궁예

신라의 왕족 출신으로 알려진 궁예는 중부 지방의 호족 세력을 모아 송악(개성)을 도읍으로 하고 후고구려를 세웠어요. 이후 궁예는 철원으로 도읍을 옮기고 나라 이름을 태봉으로 고쳤어요. 이로써 한반도에는 신라, 후백제, 후고구려의 삼국이 자리 잡게 되는 후삼국 시대가 전개되었어요.

왜 답이 아닐까? ① 발해를 세운 것은 대조영이에요. ②, ④ 후백제를 세우고, 포석정에서 신라 경애왕에게 스스로 목숨을 끊게 한 사람은 견훤이에요.

》키워드 숨은 낱말 찾기

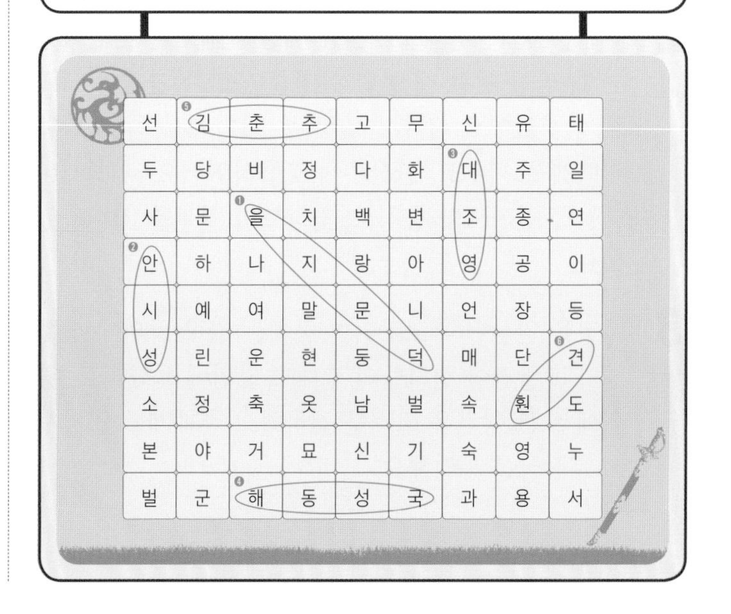

8주 1일

다음은 신라 귀족의 생활 모습을 나타낸 그림이다. 힌트를 보고 주령구를 찾아 동그라미 해 보자.

》정리해 보자!

❶ 월지 ❷ 신라 촌락 문서 ❸ 온돌

---

1 (1) ○ (2) ○ (3) ×

2 예시 답안 발해가 고구려 문화의 영향을 많이 받았기 때문이다. / 발해가 고구려를 계승하였기 때문이다.

3 ④

1 신라의 귀족들은 (1) 대부분 도읍인 금성에 살면서 토지를 나라에서 받거나 집안 대대로 물려받았고, 많은 노비도 거느렸어요. 또한, (2) 화려하게 꾸민 큰 집에서 살고, 숯불로 지은 밥도 먹었지요. (3) 나라에 세금을 내고, 군사 훈련이나 나라의 온갖 공사에 동원되었던 것은 신라 평민들의 생활 모습이에요.

2 우리나라 고유의 난방 시설인 온돌이 발해에도 나타나는 것으로 볼 때, 발해가 고구려 문화의 영향을 받았다는 것을 알 수 있어요. 실제로 고구려의 온돌과 발해의 온돌을 비교해 보면, 그 양식이 비슷하게 나타난답니다.

3 신라에서는 세금을 걷기 위해 3년에 한 번씩 촌락 문서를 작성했어요. 촌락 문서에는 마을별로 마을의 크기, 농사짓는 땅의 넓이, 인구, 가축의 수, 뽕나무의 수 등 마을에 대한 자세한 내용이 기록되어 있지만, ④ 우리 풍토에 맞는 농사법은 기록되어 있지 않아요.

8주 2일

다음 그림은 원효가 백성에게 부처님의 가르침을 전하는 모습을 그린 것이다. 힌트를 보고 원효를 찾아 동그라미 해 보자.

》정리해 보자!

❶ 국학 ❷ 원효 ❸ 선종

---

1 독서삼품과

2 ㉠: 설총, ㉡: 최치원

3 ①

1 독서삼품과는 신라 원성왕 때 도입된 관리 선발을 위한 제도였어요. 국학의 졸업생을 대상으로 유교 경전에 대한 이해 수준에 따라 상품, 중품, 하품으로 평가하여 관리를 선발하는 데 이용하였어요.

2 신라는 학문이 발달하면서 뛰어난 학자가 많이 나왔는데, 특히 6두품 출신이 많았어요. 원효의 아들이었던 설총은 이두를 정리하였고, 당나라의 빈공과에 합격한 최치원은 뛰어난 문장가로 이름을 떨쳤어요.

3 의상은 진골 출신의 승려로 당나라에 건너가 화엄 사상을 공부하고 돌아왔어요. 원래 의상과 원효는 함께 당나라에 가려고 하였으나, 원효가 깨달음을 얻고 신라로 돌아가 의상 혼자 유학을 다녀왔지요. 의상은 당나라에서 유학하고 신라로 돌아와 신라 화엄종을 열고, 부석사를 비롯한 여러 절을 세웠어요.

8주 3일

다음은 경상북도 경주시 토함산에 있는 불국사를 그린 그림이다. 불국사를 색칠하고, 통일 신라의 불교문화에 어떤 특징이 있는지 알아보자.

》정리해 보자!

❶ 김대성 ❷ 유네스코 ❸ 고구려

1 ㉢, ㉣

2 지수

3 ②

1 불국사는 ㉠ 통일 신라의 불교문화를 대표하는 중요한 문화유산으로, 경상북도 경주시 토함산에 있는 절이에요. ㉡ 신라 사람들은 불국토(부처의 나라)를 이루려는 마음을 담아 불국사를 지었어요.

2 석굴암은 통일 신라 시대를 대표하는 석굴 사원으로, 경상북도 경주시 토함산에 있어요. 석굴암 내부에는 동굴 모양의 방이 있는데, 이 안에는 본존불과 함께 불교의 여러 신과 불교와 관련된 인물들이 조각되어 있어요. 특히 내부의 천장은 돔형으로 되어 있어 당시 신라의 건축 기술 수준이 얼마나 높았는지 알 수 있어요.

3 이불병좌상은 발해의 불교문화를 보여 주는 대표적인 유물이에요. ① 금동 대향로는 백제의 문화유산이고, ③ 금관총 금관은 신라의 문화유산이며, ④ 철제 판갑옷과 투구는 가야의 문화유산이에요.

8주 4일

다음은 통일 신라가 당과 일본, 서역 등과 활발하게 교류하는 모습을 나타낸 그림이다. 숨은 그림을 찾아 동그라미 해 보자.

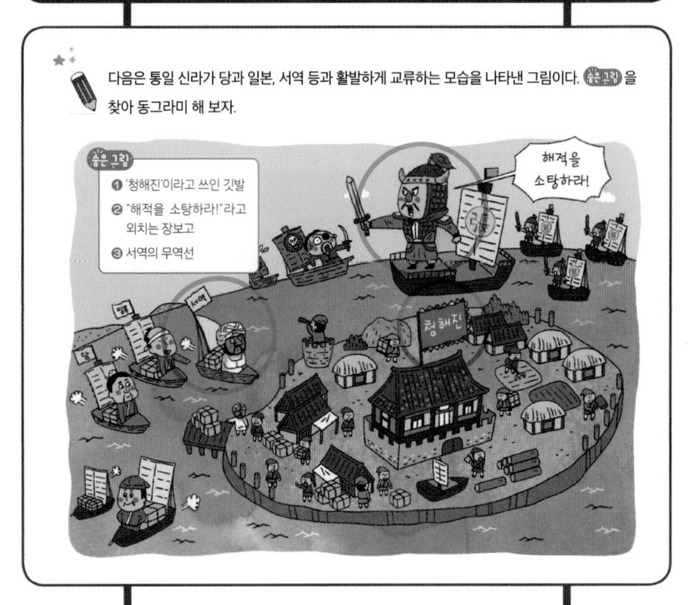

》정리해 보자!

❶ 신라방 ❷ 청해진 ❸ 신라도

1 (1) × (2) × (3) ○

2 (가): 발해, (나): 신라, (다): 신라

3 ①

1 (1) 신라는 나당 전쟁으로 처음에는 당나라와 관계가 좋지 않았지만, 시간이 지나면서 당과의 관계를 회복하고 교류를 시작하였어요. (2) 발해관은 당의 산둥반도에 발해인들의 숙소로 설치된 곳이에요.

2 (1) 중앙아시아의 은화는 발해 유적지에서 발견된 것이에요. (2) 『왕오천축국전』은 신라의 승려 혜초가 인도와 중앙아시아를 여행하면서 남긴 책이에요. (3) 일본 쇼소인에서 나온 백동 가위는 경주 월지에서 나온 금동 가위와 모양이 흡사해 신라와 일본이 활발하게 교류하였다는 것을 알게 해 줘요.

3 장보고는 해상 교통의 요지에 자리한 완도에 청해진을 설치하여 해적을 소탕하고 당, 신라, 일본을 연결하는 국제 무역을 주도하였어요. ② 불국사는 통일 신라 시기 경덕왕 때 김대성이 지었어요. ③ 6두품 출신 유학자인 최치원은 일찍이 당의 빈공과에 합격하였고, '토황소격문' 등을 써서 문장가로 이름을 떨쳤어요. ④ 안시성 싸움은 645년에 고구려가 안시성에서 당나라 군대를 물리친 전투로, 안시성의 성주인 양만춘과 관련 있어요.

8주 5일

》도전! 한국사능력검정시험

1 ②	2 ④	3 ④	4 ①
5 ①	6 ②	7 ①	8 ②

1 통일 신라 귀족들의 생활 모습

14개 면에 벌칙이 쓰여 있는 주령구는 ② 경주 동궁과 월지에서 출토되었어요. 동궁과 월지에서는 당시 귀족들의 생활을 볼 수 있는 많은 유물이 출토되었어요.

왜 답이 아닐까? ① 부여 능산리 고분군은 백제 때의 고분군으로, 백제 금동 대향로가 이곳에서 출토되었어요. ③ 김해 대성동 고분군은 금관가야 때의 고분군이에요. ④ 제천 의림지는 삼한 시대부터 있었던 것으로 알려진 저수지예요.

자료 더 보기 **주령구에 적힌 벌칙**(일부)

- 금성작무(禁聲作舞) – 노래 없이 춤추기
- 중인타비(衆人打鼻) – 여러 사람 코 때리기
- 음진대소(飮盡大笑) – 술잔 비우고 크게 웃기
- 자창자음(自唱自飮) – 스스로 노래 부르고 마시기
- 공영시과(空詠詩過) – 시 한수 읊기

2 「신라 촌락 문서」

「신라 촌락 문서」는 신라에서 세금을 걷기 위해 작성한 문서로, 마을의 크기, 논밭의 넓이, 인구, 소와 말의 수, 뽕나무 수 등 마을의 자세한 정보를 담고 있어요. 「신라 촌락 문서」를 통해 신라 평민들의 생활 모습을 짐작해 볼 수 있어요.

왜 답이 아닐까? ① 공명첩은 이름 칸이 비어 있는 관직 임명장이에요. 나라에서 재물을 받고 형식상의 관직을 부여하기 위해 발급했어요. ② 사발통문은 사람을 모으기 위해 여러 사람에게 알리는 문서로, 주모자를 알 수 없도록 사발을 엎어 놓고 그 둘레를 따라 이름을 적어 놓았어요. ③ 독립 선언서는 일제 강점기 우리 민족의 독립을 선언한 문서로, 대표적으로 3·1 운동 때 발표한 독립 선언서를 들 수 있어요.

3 최치원의 업적

당의 빈공과에 합격하였다는 점, '토황소격문'을 지어 문장가로서 이름을 떨쳤다는 점에서 (가) 인물은 최치원임을 알 수 있어요. 최치원은 진성 여왕에게 개혁안인 시무책 10여 조를 올렸으나, 귀족들의 반대로 받아들여지지 않았어요.

왜 답이 아닐까? ① 설총이 이두를 정리하였어요. ② 통일 신라 경덕왕 때 김대성이 불국사와 석굴암을 창건하였어요. ③ 혜초가 인도와 중앙아시아를 다녀온 뒤, 『왕오천축국전』을 썼어요.

4 의상의 업적

신라 귀족 출신으로 당에 유학을 다녀왔으며, 화엄 사상을 강조한 승려는 의상입니다.

왜 답이 아닐까? ② 원효는 신라의 승려로 '나무아미타불'만 외우면 누구나 극락에 갈 수 있다고 주장하였어요. 또한 '무애가'라는 노래를 지어 불교가 대중에게 쉽게 다가갈 수 있도록 노력하였어요. ③ 의천은 고려 시대의 승려로 천태종을 창시하였어요. ④ 이차돈은 신라 법흥왕 때 불교를 공인하기 위해 순교한 인물이에요.

5 원효의 업적

의상과 같은 시기에 활동하였으며, 누구나 '나무아미타불'만 외우면 극락에 갈 수 있다고 한 승려는 원효예요.

왜 답이 아닐까? ② 원광은 화랑에게 알려 준 다섯 가지 계율인 세속오계를 지은 승려이고, ③ 자장은 선덕 여왕에게 황룡사 9층 목탑의 건립을 건의한 승려예요. ④ 혜초는 인도와 중앙아시아를 여행하고 『왕오천축국전』을 지은 승려랍니다.

6 통일 신라의 문화유산

석굴암은 통일 신라 시대에 만들어진 석굴 사원이에요. 석굴암 내부의 본존불을 비롯한 조각상들을 통해 이 시기 돌을 다루는 기술이 얼마나 뛰어났는지 알 수 있어요.

왜 답이 아닐까? ① 금동 대향로는 백제의 문화유산이에요. ③ 금동 연가 7년명 여래 입상은 고구려의 불상이에요. ④ 이불병좌상은 발해의 불상이에요.

7 발해의 문화유산

영광탑은 발해의 탑으로, 벽돌로 쌓아 만든 전탑이에요.

왜 답이 아닐까? ② 상감 청자는 고려의 독창적인 기법으로 만들어진 도자기예요. ③ 정림사지 오층 석탑은 백제의 석탑이에요. ④ 불국사 삼층 석탑은 통일 신라 시대에 만들어진 석탑으로, 탑 내부에서 『무구정광대다라니경』이 발견되었어요.

8 장보고의 업적

완도를 해상 무역의 거점으로 삼고 해적을 소탕한 후 국제 무역을 주도한 인물은 장보고예요. 장보고는 당에서 군인으로 활약한 후 신라에 돌아와 완도에 청해진을 설치하였어요.

왜 답이 아닐까? ① 고려 시대 윤관은 별무반을 이끌고 여진을 정벌한 후 동북 9성을 쌓았어요. ③『삼국사기』를 저술한 인물은 김부식이에요. ④ 원효는 '무애가'라는 노래를 지어 부르면서 불교를 전파하였어요.

》 키워드 낱말 퍼즐

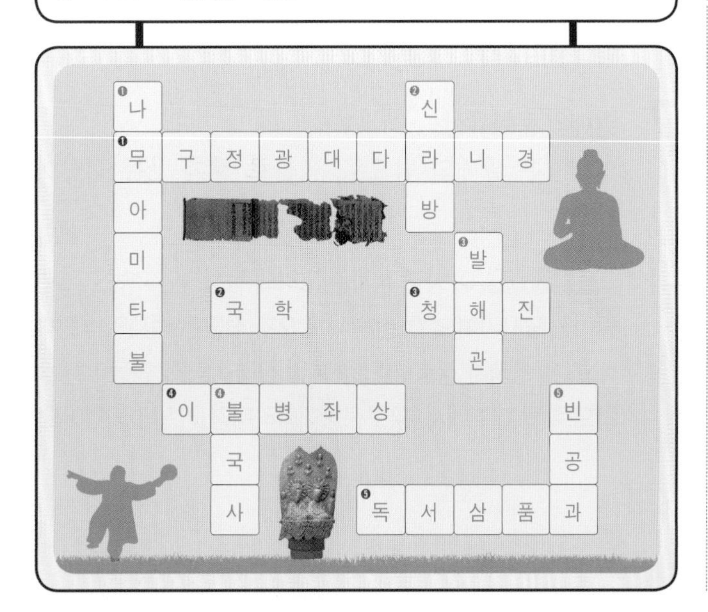

사진 출처

엔터프라이즈 게티이미지(http://enterprise.gettyimageskorea.com/)

1주 5일 ③, 3주 1일 ③(하1, 하2), 3주 2일 ④(하3), 6주 1일 ①, 6주 5일 ①, 8주 4일 ②

문화재청 국가문화유산포털(http://www.heritage.go.kr/)

1주 3일 ①, 1주 3일 ④(상1, 상2, 하2, 하3), 2주 1일 ②(하), 2주 1일 ④(상2), 2주 3일 ④(상3), 2주 5일 ①(상2, 상3), 2주 5일 ②(상1, 상2, 하3, 하4), 2주 5일 ④(상, 하3), 4주 2일 ③, 4주 3일 ④(하4), 6주 4일 ④, 8주 3일 ②(하3), 8주 5일 ②(상1, 중1, 중2), 8주 5일 ③(하5)

문화재청 전통문화포털(http://www.kculture.or.kr/)

8주 5일 ②(상3, 하1, 하2, 하3, 하4)

e뮤지엄(http://www.emuseum.go.kr/)

1주 1일 ②(상2, 상3), 1주 1일 ④(상1, 상2), 1주 2일 ③, 1주 2일 ④(상1, 상2, 상3), 1주 2일 ④(하1, 하3, 하4), 1주 4일 ②(상, 하1, 하2, 하3), 1주 4일 ④(상, 하1, 하2, 하3, 하4), 2주 1일 ②(상1, 상2), 2주 1일 ④(상1), 2주 2일 ①(상1, 상2, 중, 하), 2주 2일 ③(1, 2, 3), 2주 2일 ④(상1, 상2), 2주 3일 ③(상, 하), 2주 3일 ④(상1, 상2, 하), 2주 5일 ①(상1), 2주 5일 ②(중1, 중2, 하1, 하2), 2주 5일 ④(하2), 3주 2일 ①(하1), 4주 3일 ④(하2), 4주 4일 ③(중2), 4주 4일 ④(중), 4주 5일 ①, 5주 1일 ③(상1, 상2, 상3, 상4, 상5, 하1, 하2, 하3, 하4), 5주 1일 ④(하1, 하2, 하3), 5주 2일 ③(상1, 하1, 하2), 5주 2일 ④(하2), 5주 3일 ②, 5주 3일 ④, 5주 4일 ②(중1, 중2, 하1, 하2, 하3, 하4, 하5, 하6), 5주 4일 ③(하1), 5주 4일 ④(상, 하4), 5주 5일 ②(중2), 5주 5일 ③(하1, 하2, 하3, 하4), 5주 5일 ④(하1, 하2, 하3, 하5), 7주 3일 ④, 8주 1일 ②(하2, 하3), 8주 2일 ③(중1, 중2), 8주 3일 ④(하1, 하2, 하4), 8주 4일 ③(하1, 하2), 8주 5일 ③(중2, 하1, 하3)

연합포토(http://www.hellophoto.kr/)

1주 1일 ②(상1), 1주 1일 ④(상3), 1주 2일 ④(하2), 1주 3일 ③(상), 1주 3일 ④(상3, 하1), 1주 4일 ③, 2주 1일 ④(상3), 2주 2일 ④(하), 2주 4일 ③, 2주 5일 ①(하), 2주 5일 ③, 2주 5일 ④(하1), 3주 2일 ①(상, 하2), 3주 2일 ③(상1, 상2, 하), 3주 2일 ④(하1, 하4), 3주 4일 ④(중2), 4주 1일 ③(하1,하2), 4주 3일 ②, 4주 3일 ③(하1, 하2), 4주 3일 ④(하1, 하5), 4주 4일 ③(상, 중4), 5주 1일 ④(하4), 5주 2일 ②(하1, 하2), 5주 2일③(상2, 상3), 5주 2일 ④(하3, 하4), 5주3일③(중2), 5주 4일 ③(하2), 5주 4일 ④(하2, 하5, 하6), 5주 5일 ②(하), 5주 5일 ③(하5, 하6), 5주 5일 ④(하4), 6주 2일 ③, 7주 2일 ①, 7주 2일 ②, 8주 1일 ②(하1), 8주 1일 ③(상, 중, 하1, 하2), 8주 1일 ④(중1, 중2, 하), 8주 2일 ③(중3, 하), 8주 3일 ②(하1), 8주 3일 ③(중1, 하3), 8주 3일 ④(하2, 하6), 8주 4일 ③(하5), 8주 4일 ④(중2), 8주 5일 ②(상2), 8주 5일 ③(하2), 8주 5일 ④(상1)

셔터스톡(https://www.shutterstock.com/kr/)

3주 4일 ③(하1), 5주 4일 ③(상), 7주 2일 ①(하), 8주 3일 ②(하2, 하4), 8주 5일 ③(중1)

동북아역사재단(http://contents.nahf.or.kr/)

4주 5일 ③, 4주 5일 ④, 5주 1일 ②(하3), 5주 3일 ③(중1), 5주 4일 ①, 5주 4일 ④(하1), 5주 5일 ②(상1, 중1)

메모